GERSTENBERG VERLAG

50 Klassiker

BIBEL

Die bekanntesten Geschichten des Alten Testaments

dargestellt von Christian ECKL

Das Buch der Bücher

»Des vielen Büchermachens ist kein Ende, und viel Studieren macht den Leib müde«, warnte schon der Verfasser des Buches Kohelet (Prediger) in der Bibel, Kapitel 12, Vers 12. Recht hat er gehabt. Wenn man schon meint, der Bücherflut unbedingt noch ein weiteres Buch hinzufügen zu müssen, sollte das Thema sehr genau überlegt sein, und da bietet sich das Buch der Bücher geradezu von selbst an. Die Bibel ist *das* prägende Buch der christlichen und jüdischen Weltreligionen, mit vielen ihrer Stoffe auch des Islam, und hatte eine geschichtliche Wirkung, deren Beschreibung allein Tausende von Seiten füllen würde. Die Bibel ist aber auch das Buch der Bücher, weil sie wunderschöne Geschichten enthält.

■ Der biblische Gott – Gottvater, wie ihn die Christen nennen – wie er der volkstümlichen Vorstellung entspricht.

In diesem Buch nun sind gleichermaßen die schönsten und die wichtigsten Geschichten aus der vorchristlichen Bibel, dem Alten Testament, versammelt und in der biblischen Reihenfolge nacherzählt.

Nun könnte man anstatt der Nacherzählungen auch die Bibel selbst lesen (sollte man auch), allerdings ist für eine historisch nachvollziehbare Einordnung des Gelesenen eine ganze Menge von Zusatzinformationen nötig. Und genau die möchte dieses Buch auch geben.

Schon die Frage, wer das Alte Testament geschrieben hat, lässt sich nicht immer ganz konkret beantworten. Präziser lässt sich aber sagen, wer es nicht geschrieben hat. So weiß man beispielsweise heute sehr genau, dass nicht Moses die *fünf Bücher Mose* verfasst hat – konnte er nicht, denn das fünfte Buch Mose berichtet von seinem Tod und den nachfolgenden Ereignissen. Tatsächlich, so haben Historiker nachgewiesen, stammen die fünf Bücher Mose, die den Kern des Alten Testaments bilden, aus ganz verschiedenen Epochen. Das erste Buch heißt *Genesis* und berichtet über die Schöpfung sowie die Urväter des Volkes Israel. Das zweite Buch nennt sich *Exodus* und erzählt vom Auszug der Israeliten aus Ägypten. Hier spielt Moses eine zentrale Rolle. *Levitikus*, das dritte Buch, handelt vom Gesetz der Priester des israelitischen Stammes Levi. Der Name des vierten Buches, *Numeri*, leitet sich von den Zahlen ab, die sich bei der Musterung der wehrfähigen Männer Israels ergaben. Und *Deuteronomium*, das fünfte Buch, heißt »Zweites Gesetz«, denn hier findet sich eine zweite Fassung der Zehn Gebote, die bereits im Buch Exodus in

■ Die Arche Noah als Filmrequisit in einem Hollywood-Monumentalfilm.

■ Der Beginn des menschlichen Elends: die Vertreibung aus dem Paradies.

einer leicht abweichenden Form stehen. Diese fünf Bücher wurden später von den griechisch sprechenden Juden und Christen Pentateuch genannt, was soviel wie »fünf Buchrollen« bedeutet. Auf hebräisch heißen sie einfach Thora (»Lehre«).

Die ersten zwanzig Geschichten in diesem Buch, also fast die Hälfte von allen, stammen aus dem Pentateuch. Es lohnt sich, deren Herkunft etwas genauer zu untersuchen. Historiker haben festgestellt, dass der Inhalt des Pentateuch in seiner heutigen Form im fünften Jahrhundert v. Chr. weitgehend feststand. Die endgültige Redaktion erfolgte dann vom ersten vorchristlichen bis zum ersten nachchristlichen Jahrhundert. Man unterscheidet in den fünf Büchern Mose vier Quellenschichten, die der endgültigen Schriftfassung zugrunde liegen. Die älteste Quelle ist der so genannte Jahwist, der sich durch einen lebhaften, farbigen Stil auszeichnet. Wie die sprachlichen Analysen seiner Schriften ergeben haben, verfasste er sein Werk um 900 v. Chr. im südlichen Königreich Juda des damals zweigeteilten Israel. Beim Jahwisten handelt es sich um einen oder möglicherweise auch mehrere fromme

■ Moses (seine Hörner sind die Folge eines Übersetzungsfehlers) führt die Israeliten aus Ägypten und sicher durch das Rote Meer. Die Soldaten Pharaos, die sie verfolgen, werden untergehen »mit Ross und Wagen«.

Sammler alter Überlieferungen, die die ihnen vorliegenden Erzählungsfragmente theologisch interpretierten.
Die zweite Quelle des Pentateuch ist der Elohist, der etwas später, vermutlich im achten Jahrhundert v. Chr., im Nordreich Israel etwas nüchterner und auch farbloser geschrieben hat. Die Bezeichnungen beider Quellen ergeben sich aus ihrem Gebrauch des Gottesnamens. Der Jahwist benutzte von Anfang an das »Tetragramm«, also die Buchstabenfolge *jhwh* der hebräischen Konsonantenschrift, die in gesprochener Form den Gottesnamen Jahwe ergibt. Der Elohist schreibt von Gott als Elohim, der Pluralform (Majestätsplural) des aramäischen Wortes »El« für Gott.
Die dritte Quellenschicht des Pentateuch ist das »Deuteronomium«, das kurz vor dem babylonischen Exil der Juden von der Hand unbekannter Verfasser entstanden ist und besonders die Konzentration des Jahwe-Kultes an einem Ort betont, nämlich Jerusalem, sowie die religiösen Vorschriften detailliert ausführt. Als letzte Quellenschicht kommt schließlich die »Priesterschrift« hinzu, die sich in eher abstraktem Stil vor allem mit kultischen Vorschriften befasst. Die Priesterschrift ist im babylonischen Exil verfasst worden.
Die vier verschiedenen Quellen wurden nach dem Ende des Exils von Schriftgelehrten zusammengefasst. Dabei kam es hin und wieder zu Wiederholungen oder Widersprüchen. So finden sich deshalb vor allem in der Genesis gelegentlich zwei Versionen derselben Geschichte kurz hintereinander, es gibt beispielsweise zwei Schöpfungsberichte.
Durch das babylonische Exil wurde die politische Identität Israels nahezu vollständig zerstört. Das Volk konnte sich nur noch über seine religiösen Inhalte definieren. Zur Stärkung seines kaum noch vorhandenen Selbstbewusstseins erzählte es seine eigene Geschichte als die Geschichte des auserwählten Gottesvolkes. Die biblischen Berichte leiten die Ursprünge der gesamten Menschheit von göttlicher Schöpfung her und verengen in der weiteren Erzählfolge den

■ So stellt sich ein mittelalterlicher Buchmaler die Eroberung von Jericho vor. Links im Bild die Hörner, die die Mauern zum Wanken brachten.

■ Immer wieder erstanden Männer, die das Volk vom Götzendienst abbrachten – notfalls mit Gewalt. Hier zerstören die Soldaten Gideons eine Statue des Gottes Baal.

Blickwinkel immer mehr auf das auserwählte Volk. Nach Adam, Eva und Noah samt Söhnen wird schließlich über Abraham, den Stammvater des auserwählten Volkes, seinen Sohn Isaak und dessen Sohn Jakob, den Namensgeber des Volkes, berichtet, der von Gott den Beinamen Israel erhielt. Dies macht aber auch deutlich, dass die biblischen Geschichten nicht nur von ihren Verfassern geprägt sind, sondern auch von den Ursprüngen des hebräischen Volkes. Die Verfasser des Pentateuch stützten sich in aller Regel auf alte, teils mündliche, teils schriftliche Überlieferungen, die sie kreativ in ihr theologisches Weltbild einpassten. Der frühgeschichtliche Kern dieser Überlieferungen übte aber immer noch einen erheblichen Einfluss auf die endgültige Niederschrift aus. So wird gerade in den Geschichten über die Urväter deutlich, dass die Israeliten ursprünglich ein nomadisches Hirtenvolk waren, das in Stammesverbänden lebte und kulturell stark von der alten orientalischen Welt geprägt war. Diesem Einfluss entspringen wohl auch die ausufernde Phantasie und die Lust am Fabulieren, die sich in den biblischen Geschichten für den Leser so gewinnbrin-

■ »Wo du hingehst, da gehe ich ich auch hin, und wo du bleibst, da bleibe auch ich. Dein Volk ist mein Volk, und dein Gott ist mein Gott.« Ruth und Boas:

gend niederschlagen. Anklänge an andere frühe Mythen, sei es bei der Schöpfungsgeschichte, sei es bei der Sintflut oder dem Turmbau zu Babel, finden sich an vielen Stellen. In den meisten Erzählungen ist darüber hinaus die Stammeszugehörigkeit wichtiger als die nationale Identität.

Die deuteronomistische Quellenschicht spielt schließlich auch noch über den Pentateuch hinaus eine große Rolle. In Form des so genannten Deuteronomistischen Geschichtswerkes führt sie die Erzählung weiter über die Bibelbücher Josua und Richter, die von der Landnahme und Festsetzung der zwölf Stämme Israels im kanaanitischen Kulturland berichten, bis hin in die Königszeit. In dieser hatten sich die Stämme zu einer Monarchie zusammengeschlossen. Das Deuteronomistische Geschichtswerk bleibt auch hier seinem theologischen Ansatz treu. Es erklärt den späteren Niedergang des davidischen Königreichs konsequent als Strafgericht für die Untreue gegenüber Gottes Gesetz.

- Die erbauliche Erzählung von Susanna, die verleumdet wird und ihre Unschuld beweisen kann, erfreute sich im Barock großer Beliebheit, weil sie ein guter Vorwand war, eine unbekleidete Frau darzustellen.

- Jonah und der große Fisch – wird er gerade verschlungen oder ausgespien?

Zu den weiteren Büchern des Alten Testaments gehören die Schriften der Propheten, die häufig von deren Schülern aufgeschrieben wurden, denn die Propheten verstanden sich selbst als Redner oder »Rufer«, wie das Wort übersetzt heißt, nicht aber als Schreiber.

Mit den so genannten Apokryphen sind die Bücher gemeint, deren Zugehörigkeit zum Bibelkanon, also zum Gesamtbestand der Heiligen Schriften, in der christlichen Kirche oder auch im Judentum umstritten ist. Beispielsweise fallen darunter die Makkabäerbücher, die über einen Aufstand der Juden gegen die seleukidische Oberherrschaft berichten und damit eher einen modernen Geschichtsmythos als ein religiöses Erbauungswerk bilden.

Und schließlich ist da noch die biblische Weisheitsliteratur, die dem Muster vergleichbarer Werke des Alten Orients folgt. Es handelt sich um kunstvolle Lehrerzählungen oder auch eingängige Sprichwörter. Das Buch Kohelet mit seiner Warnung vor der Bücherflut ist ein typisches Beispiel für diese Gattung.

Die Schöpfung

Genesis 1, 11 – 2, 4a und 2, 4b-25

■ *Die Erschaffung der Tiere.* Fresko, um 1515–1518, von Raffael (1483–1520). Rom, Vatikan, Loggien

DAS CHAOS

Das griechische Wort Chaos bedeutet gähnende Kluft. Nach einer im Altertum weit verbreiteten Vorstellung handelte es sich um die ungeformte Stoffmasse, die den Anfang der Welt bildete. Es bleibt unklar, ob das in Genesis, Kapitel 1, Vers 2 als »Tohuwabohu« bezeichnete Chaos von Gott geschaffen wurde oder ob es ein Gott gegenüberstehender Anfangszustand war.

Genesis bedeutet Schöpfung. Da die Bibel mit der Schöpfungsgeschichte beginnt, erhielt das erste Buch Mose den Namen Genesis. Nahezu alle Religionen versuchten, die Entstehung der Welt durch das Wirken eines oder mehrerer Götter oder Göttinnen zu erklären. In der Bibel ist es der eine wahre Gott Israels, der Himmel und Erde schuf, indem er ein urzeitliches Chaos überwand und ordnete.

»Wüst und wirr« war die Erde zunächst, heißt es gleich im zweiten Vers der Bibel. Das ist die Übersetzung der hebräischen Begriffe »tohu« und »bohu«. Unsere Umgangssprache verwendet den Ausdruck »Tohuwabohu«, um eine wilde, chaotische Situation zu bezeichnen. Aus dem Chaos und gegen seine negativen Qualitäten (auch das sprachliche Bild von der »Finsternis über der Urflut« hat einen negativen Charakter) schafft Gott die geordnete Welt. Die Vorstellung einer Schöpfung aus dem Nichts kommt in der biblischen Schöpfungsgeschichte noch nicht vor. Sie ist kein überzeitlicher Mythos. Die Absicht ihrer Verfasser geht dahin, den absoluten Anfang der tatsächlichen Geschichte zu erzählen.

Mit der Vorstellung einer Schöpfung aus dem Chaos steht die Bibel nicht allein da. Der alttestamentarische Schöpfungsbericht ist von babylonischen Traditionen aus seinem Umfeld stark beeinflusst. Das nach seinen Anfangsworten benannte babylonische

MARDUK

Das babylonische Weltschöpfungsepos Enuma Elisch erzählt, wie der Hauptgott Marduk das Urmutterungeheuer Tiamat besiegte und aus seinem Leichnam die Welt schuf. Parallel dazu berichtet die Bibel in Psalm 74, Vers 14, dass Gott den vorzeitlichen Drachen Leviathan erlegt hatte. Hier schimmert im Alten Testament eine mythologische Variante durch.

■ *Gott scheidet Wasser und Erde* und *Die Erschaffung der Gestirne*. Buchmalerei, Frankreich, um 1410. Aus der »Bible historiale« von Guiart Desmoulins. Brüssel, Bibliothèque Royale

Schöpfungsepos Enuma Elisch (»Als oben …«) berichtet über den Hauptgott Marduk, der die Mächte des Chaos – Drachen und Ungeheuer – besiegt und tötet oder in den Kerker der Unterwelt wirft. Den Leichnam der bösen Urmutter Tiamat zerschneidet er in zwei Hälften und macht aus ihnen Himmel und Erde. Eine weitere Parallele bietet der griechische Mythos. Der Dichter Hesiod (um 700 v. Chr.) leitet seine 1022 Verse umfassende Theogonie über die Weltschöpfung ebenfalls mit einem Bericht über das Chaos ein. Darin sind eine Reihe älterer Überlieferungen zusammengefasst und poetisch verdichtet.

Der Schöpfergott der Bibel beginnt die Überwindung des Chaos mit der Erschaffung des Lichts. »Gott schied das Licht von der Finsternis«, berichtet Genesis, Kapitel 1, Vers 4. Damit wird das Licht Teil der göttlichen Schöpfungsleistung, nicht aber die Finsternis, die nur das Fehlen von Licht ist. Das Licht – wie alle anderen Werke des Schöpfers – kommt als Ergebnis göttlichen Sprechens ins Dasein: »Gott sprach: Es werde Licht. Und es ward Licht.«

Nach dem Licht schuf Gott das Gewölbe des Himmels, mit dem er das Wasser auf der Erde von dem Wasser über der Erde schied. Damit war das Werk des zweiten Schöpfungstages vollendet. Diese Beschreibung beruht auf der alten Auffassung von einer halbkugelförmigen Glocke über der Erde, die das Wasser zurückhält. Hier berührt sich die Schöpfungsgeschichte mit der im gesamten Alten Orient verbreiteten Vorstellung von einer Himmelsschale, die sich über die Erdscheibe wölbt und die Urflut in obere und untere Wassermassen trennt.

■ *Der Sabbath*. Holzschnitt von Julius Schnorr von Carolsfeld (1794–1874), mit späterer Kolorierung. Aus der »Bibel in Bildern«, Leipzig, um 1860.

■ *Die Erschaffung der Welt* von Hieronymus Bosch (1450–1516). Rückseiten der Flügel des Triptychons *Der Garten der Lüste*. Madrid, Prado

Am dritten Tag sammelte Gott das Wasser auf der Erde an einem Ort, nannte es Meer und ließ das trockene Land sichtbar werden. Dort wuchsen nun Pflanzen aller Art.

Am vierten Tag schuf Gott zwei Lichter am Himmelsgewölbe, ein großes zur Beherrschung des Tages, das kleinere zur Beherrschung der Nacht. Diesem gab er noch die Sterne bei. Hier grenzt sich der biblische Schöpfungsbericht von den Erzählungen der Nachbarvölker ab. Sonne und Mond, die von anderen Religionen als Götter verehrt wurden, sind nicht einmal namentlich genannt. In ihrer Bedeutung werden sie auf einfache Lichtquellen reduziert, die darüber hinaus zur Zeiteinteilung dienen.

Noch in einem weiteren Punkt unterscheidet sich die biblische Erzählung von anderen Schöpfungsmythen: Gott bildet die Welt durch planvolles Handeln, indem er ein finsteres Chaos zu einem geordneten Lebensraum gestaltet. Er muss sich dabei nicht wie in den Erzählungen anderer Völker gegen feindliche Götter durchsetzen, sondern handelt als der alleinige, rational einrichtende und unangefochtene Alleinherrscher.

Die nächsthöhere Stufe der Ordnung schuf Gott am fünften Tag. Er rief Seetiere und Vögel ins Dasein.

Am sechsten Tag schließlich brachte er auf dem Land lebendige Wesen hervor: Vieh, Kriechtiere und die Tiere des Feldes. Und wie an allen Tagen sah Gott, dass es gut war.

Der biblische Schöpfungsbericht gibt ein vorwissenschaftliches Weltbild auf der Basis der zeitgenössischen Erkenntnisse seiner Niederschrift wieder. Dahinter steht die Überzeugung, dass die Welt, wie sie der beobachtende, forschende und interpretierende menschliche Geist erlebt, nicht als zufälliges Ergebnis von Götterkämpfen entstanden ist, sondern als planvolles, auf den Menschen ausgerichtetes Handeln eines einzigen wahren Gottes. Der Schöpfungsbericht soll eine logische Aufzählung der Dinge geben, wie sie nach wohlbedachter Überlegung bis hin zum Menschen geschaffen wurden. Der eine und einzige Gott wird in seiner Allmacht gezeigt. Die Welt ist allein seine Schöpfung und besteht nur in Abhängigkeit von ihm.

Nachdem Pflanzenwelt und Tiere erschaffen sind, fehlt zur Perfektion der Ordnung und zur Negation des Chaos nur noch die Krone der Schöpfung: der Mensch. Aber das ist eine andere Geschichte.

DIE SCHÖPFUNG

ÜBERLIEFERUNG

Quellen: Genau genommen enthält der Anfang der Bibel zwei Schöpfungsberichte. Die erste Schöpfungsgeschichte in Genesis, Kapitel 1, Vers 11 bis Kapitel 2, Vers 4a stammt aus den Reihen der Priesterschaft (man spricht von der »Priesterschrift«). Ihre Texte und noch mindestens eine andere Schriftquelle, deren Autor nach der Verwendung des Namens »Jahwe« für Gott als »Jahwist« bezeichnet wird, verschmolzen redaktionell im fünften Jahrhundert v. Chr. nach dem babylonischen Exil der Juden zum Gesamtwerk der fünf Bücher Mose. Der Jahwist, der bereits um 900 v. Chr. in Juda schrieb, konzentriert sich von Kapitel 2, 4b bis 25 in seiner Version der Schöpfungsgeschichte wesentlich auf die Erschaffung des Menschen. Die Priesterschrift hingegen thematisiert stärker die Schöpfung von Himmel und Erde aus dem Chaos. Sie ist abstrakt gehalten und stark theologisch geprägt. Doch auch sie weist den Menschen als Krone und Mittelpunkt der Schöpfungsordnung aus. Gerade die Priesterschrift betont auch die alleinige Souveränität des Gottes Israels im Schöpfungswerk. Zwar ordnet er das Chaos, doch dieses Chaos gibt sich unpersönlich. Anders als in den anderen Schöpfungsmythen dieser Zeit muss beispielsweise kein Chaosdrachen besiegt werden. Damit werden fremde übernatürliche Mächte in persönlicher Form radikal abgewertet. Daher kann man auch von einer Entmythologisierung der biblischen Schöpfungsgeschichte sprechen. Gott allein war das Handeln vorbehalten. Die sprachlichen Bilder stammen aus dem menschlichen Bereich. Gott erscheint als Baumeister, der in der Wassertiefe die Fundamente legt und auf ihnen das Bauwerk errichtet, wie es auch an anderer Stelle im Alten Testament heißt. Das Universum stellte man sich also als ein mitten im Chaos gebildetes und ständig von diesem bedrohtes Gebäude vor. Die Schöpfungsgeschichte befasste sich daher nicht mit dem kosmischen Raum, sondern nur mit dem in ihm befindlichen Bauwerk. Gott war derjenige, der das Chaos beherrschte und nicht wie andere mythologische Götter ebenfalls aus diesem geschaffen war. Er bestand unabhängig davon. Doch die Schöpfung hat nicht nur eine räumliche, sondern vor allem auch eine zeitliche Komponente. Das Schöpfungswerk spielte sich in einer geordneten Folge von Tagen ab; an seinem Ende stand die Heiligung des Sabbats stand, wie es die Priesterschaft zur Zeit der Niederschrift der Geschichte forderte. Darüber hinaus war die Schöpfung einschließlich ihres Höhepunktes, des Menschen, kein Selbstzweck. Vielmehr sollte sie nach den Vorstellungen der Verfasser der Erzählung bezeugen, dass Gott der Herr der Geschichte und der Zeit war. So verstand man die Schöpfung nicht als kosmisches oder mythisches Ereignis, sondern als erste machtvolle Handlung Gottes in der Geschichte.

AUF DEN PUNKT GEBRACHT

Die Schöpfungsgeschichte der Bibel verarbeitet alte orientalische Mythen zu einer neuen Auffassung der kosmischen Ordnung und zugleich zu einer besonderen religiösen Identität des Volkes Israel.

EMPFEHLUNG

Lesenswert:
Die Bibel, Einheitsübersetzung, mit dem Kommentar der *Neuen Jerusalemer Bibel.* Genesis, Kapitel 1, Vers 11 – Kapitel 2, Vers 4a und Genesis, Kapitel 2, Vers 4b-25, Freiburg im Breisgau 2000.

E. Jacob: *Genesis*, New York 1958.

Hesiod: *Theogonie*, Griechisch-Deutsch, herausgegeben und neu übersetzt von Otto Schönberger, Stuttgart 1999.

Sehenswert:
Michelangelo Buonarroti: *Erschaffung Adams* (Detail), 1510, Gewölbefresko, Sixtinische Kapelle, Vatikan.

Die Erschaffung des Menschen

Genesis 2, 4b-25

■ *Adam und Eva.* Gemälde von Hans Thomas (1839–1924) aus dem Jahre 1897. St. Petersburg, Staatliche Ermitage

Zwei ineinander verschränkte Quellenschichten berichten in der Bibel über die Erschaffung des Menschen. In beiden wird der Mensch als Höhepunkt der Schöpfung beschrieben. Damit unterscheidet sich die biblische Erzählung in einem wesentlichen Punkt von anderen altorientalischen Schöpfungsmythen. In diesen kommt der Mensch ins Dasein, um die Arbeiten zu verrichten, die zuvor die Götter erledigen mussten. Der Gott der Bibel aber schafft die Welt um des Menschen willen. Der Bericht über die Schöpfung schließt mit der Erzählung von der Erschaffung des Menschen am sechsten Tag. »Lasst uns Menschen machen als unser Abbild, uns ähnlich«, spricht Gott. Zur Verwendung des Plurals »Lasst uns machen« gibt es zwei mögliche Deutungen. Nach der einen berät sich Gott mit seinem himmlischen Hofstaat, den Engeln, wie sie später in der Bibel bezeichnet werden. Es könnte sich aber auch um eine Art Majestätsplural handeln, der die Herrlichkeit und den inneren Reichtum Gottes ausdrücken soll. Der allgemeine hebräische Name für Gott, »Elohim«, ist ebenfalls eine Pluralform des Wortstammes »El«.

Der Hinweis, dass der Mensch Gott ähnlich sein soll, schwächt den zuvor gebrauchten Begriff »Abbild« ein wenig ab. Doch deutlich trennt diese besondere Beziehung zu Gott den Menschen von den Tieren. Er tritt von Anfang an als Person auf mit den gottähnlichen Wesensbestimmungen: Vernunft, Wille, Macht.

Geschaffen als Mann und Frau soll der Mensch die Erde bevölkern und über Vögel, Fische und Landtiere herrschen. Sowohl Menschen als auch Tieren sind als Nahrung Früchte und grüne Pflanzen zugewiesen. Von Fleischverzehr ist keine Rede. Hier klingt das Bild eines goldenen Zeitalters an, in dem sich Menschen und Tiere von Pflanzen ernähren und in Frieden leben. Die Parallele zum griechischen Mythos von den Weltaltern ist unübersehbar.

Im zweiten Bericht von der Erschaffung des Menschen im zweiten Kapitel der Genesis werden die Bezüge zu griechischen Mythen noch deutlicher. Als Gott Erde und Himmel machte, heißt es in der zweiten Version, gab es noch keine Pflanzen. Gott hatte es noch nicht regnen lassen. Doch aus der Erde stieg Feuchtigkeit auf und tränkte den Ackerboden. Da formte Gott den Menschen aus der Erde des Ackers und blies in des Menschen Nase den Odem des Lebens.

Dieser Teil der Erzählung erinnert stark an die griechische Sage vom Titanen Prometheus, der den ersten Menschen, Deukalion, nach seinem Ebenbild aus Lehm formte und ihm von der Göttin Athene Leben einhauchen ließ.

Gott pflanzte im Osten, in Eden, einen Garten an, in den er den Menschen setzte. Und er ließ zahlreiche Bäume mit köstlichen Früchten wachsen. Von allen traditionellen Bibelübersetzern wird der Garten Eden als Synonym für das Paradies verstanden. Ursprünglich bedeutete das Wort möglicherweise »Steppe«, aber die Israeliten führten es auf die Wurzel des hebräischen Wortes für

■ *Die Erschaffung Adams.* Detail des Freskos von Michelangelo Buonarroti (1475–1564). Rom, Vatikan, Sixtinische Kapelle

■ *Erschaffung Evas* von Meister Bertram von Minden (um 1340–1414/15). Detail des rechten Innenflügels des Grabower-Altars. Hamburg, Kunsthalle

DEUKALION UND PYRRHA

Dem ersten Menschenpaar der Bibel, Adam und Eva, stehen Deukalion und Pyrrha aus dem griechischen Mythos gegenüber. Nachdem der Titan Prometheus Deukalion aus Lehm geformt hatte, zeugte sein Bruder, der Titan Epimetheus, mit der vom Schmiedegott Hephaistos geschaffenen Pandora eine Tochter: Pyrrha. Sie wurde die Frau des Deukalion und damit die Urmutter der Menschheit.

LILITH

Der rabbinischen Tradition zufolge hatte Adam eine erste Frau, die noch vor Eva ins Dasein kam: Lilith. Doch sie verließ ihren Mann und wurde zu einem Dämonen. Der Name dieses altisraelischen weiblichen Dämonen erinnert an den babylonischen Sturmdämonen Lilitu.

»Wonne« zurück. Wo Eden lag, ist umstritten – bei den Propheten ebenso wie in der späteren religiösen Tradition. Die Bibel erzählt im weiteren Verlauf, dass in dem Garten ein Strom entspringt, der sich in vier Hauptflüsse aufteilt: Pischon, der das reiche Land Hawila umfließt, Gihon, der in Kusch fließt, Tigris und Euphrat.

Tigris und Euphrat sind bekannt, doch die Flüsse Pischon und Gihon lassen sich nicht identifizieren. Mit Kusch wird üblicherweise Äthiopien bezeichnet, Hawila ist gemäß Genesis, Kapitel 10, 29 eine Gegend Arabiens. Die Erzählung will zeigen, dass die Lebensadern der seinerzeit namhaften Weltgegenden ihren Ursprung im Paradies haben.

Gott stellte nun fest, dass es für den Menschen, sein Werk, nicht gut sei, allein ohne Gefährtin unter den vielen Tieren zu bleiben. Er machte sich daran, ihm eine Gehilfin zu schaffen. Zunächst formte er aus dem Ackerboden die Landtiere und Vögel und brachte sie zum Menschen. Mit Interesse wartete er auf die Namen, die sein Zögling den Tieren geben würde, denn wie er sie »nennen würde, so sollten sie heißen«.

Als das erledigt war, fehlte dem Menschen immer noch eine Frau. Da ließ ihn Gott in tiefen Schlaf fallen und entnahm ihm eine Rippe. Aus dieser Rippe formte er die Frau und führte sie zum Menschen. Dieser erkannte zufrieden, dass die Frau Fleisch von seinem Fleisch sei. Männin sollte sie heißen, denn »vom Mann war sie genommen«. Es handelt sich hier um ein hebräisches Wortspiel. Der Begriff »ischscha« steht für »Männin«, das Wort »isch« für Mann. Die Frau kommt also in diesem zweiten Bericht von der Erschaffung des Menschen erst nach dem Mann ins Dasein und nicht beide in einem einzigen Schöpfungsakt, wie es im ersten Kapitel der Genesis heißt. Dort berichtet die Bibel nur in kargen Worten, dass Gott den Menschen als Mann und Frau erschuf.

Übrigens verwendet die Bibel die Bezeichnung »Adam« an keiner Stelle als Eigennamen, sondern durchweg als Gattungsbegriff. Das hebräische Wort »Adam« bedeutet Mensch. Die Beziehung zum Begriff »Adama«, »Ackerboden«, ist augenfällig und deutet auf die Herkunft des Menschen hin. Der Mensch kann nun seiner Bestimmung gerecht werden und über die Erde herrschen, aus der er hervorgegangen ist.

■ *Frau soll sie heißen* (1. Mose 2, 23). Gemälde, um 1888–1892, von George Frederic Watts (1817–1904), später überarbeitet. London, Tate Gallery

DIE ERSCHAFFUNG DES MENSCHEN

ÜBERLIEFERUNG

Quellen:
Der zweite Schöpfungsbericht, der die Erschaffung des Menschen im Wesentlichen beschreibt, wurde vom Jahwisten verfasst. Er zeichnet sich durch einen farbigen, lebhaften Stil in bildhafter Sprache aus. Darüber hinaus sind alte orientalische Vorstellungen in diesen Bericht eingeflossen, die alle die Schöpfung des Menschen von der Schöpfung der Welt deutlich trennen. Auch die Prometheus-Sage des griechischen Dichters Hesiod (um 700 v. Chr.) erinnert teilweise stark an den biblischen Schöpfungsmythos. Möglicherweise haben die Israeliten die Erzählung von der Erschaffung des Menschen, der in einen paradiesischen Garten gesetzt wurde, erst nach der Festsetzung im kanaanitischen Kulturland kennen gelernt. Es gibt zahlreiche altorientalische Vorstellungen über einen Himmelsberg, einen Gottesgarten oder ein Lebenswasser. Den ersten Menschen dachte man sich damals oft als eine Art Halbgott. Doch die entscheidende Umprägung erhielten diese Stoffe erst auf israelitischem Boden. Erst durch den Jahwisten hat die Erzählung von der Erschaffung des Menschen und des für ihn angelegten Paradieses ihre eindrucksvolle Gestalt bekommen, die in der Genesis zu finden ist.

Bildende Kunst:
Antike und spätmittelalterliche sakrale Darstellungen von der Erschaffung des Menschen weisen Motive mit starkem Symbolcharakter auf. So wurde beispielsweise häufig die Erschaffung durch Handauflegung abgebildet. Der Mensch war nach damaliger Vorstellung wesentlich auf Erkenntnis und insbesondere auf Gotteserkenntnis ausgerichtet. So wurde in vielen alten Darstellungen die Hand Gottes im Schöpfungsakt häufig in die Augen des Geschöpfes geführt. Zu sehen ist gelegentlich auch, wie der Schöpfer Adam aufrichtet. Eine besondere Rolle spielte in vielen Bildern auch die Einhauchung des Odems des Lebens. Manchmal geht auf den Bildern auch ein Lichtstrahl vom Schöpfer aus. Seltener war die Abbildung der Übertragung der Seele in Form von kleinen menschlichen Figuren mit Schmetterlingsflügeln. Oft wurde in Schöpfungsbildern auch gezeigt, wie Eva dem Adam zugeführt wurde, so etwa in Fresken der vatikanischen Loggien von Raffael.

EMPFEHLUNG

Lesenswert:
Die Bibel, Einheitsübersetzung, mit dem Kommentar der *Neuen Jerusalemer Bibel*. Genesis, Kapitel 2, Vers 4b-25.

Sehenswert:
Lucas Cranach der Ältere: *Adam und Eva*, 1528, 172 x 63 cm (links) und 167 x 61 cm (rechts), Uffizien, Florenz.

Jan van Eyck: *Adam und Eva* (Detail), 1425–1432, Sint Baafskathedraal, Gent.

Unbekannter oberrheinischer Meister: *Paradiesgärtlein*, um 1420, Öl und Tempera auf Holz, 24 x 33 cm, Städelsches Kunstinstitut, Frankfurt am Main.

AUF DEN PUNKT GEBRACHT

Die Bibel zeigt den Menschen als Krone der Schöpfung und bereitet damit Selbstwertgefühl und Bedeutung des Individuums in späteren Zeiten vor.

Der Sündenfall

Genesis 3, 1-24

■ *Gottvater mit seinen Kreaturen im Paradies.* Buchmalerei aus einem Stundenbuch, Frankreich, Jean Poyet, um 1490. Madrid, Biblioteca Nacional

Ein Mythos ist eine alte, ursprünglich mündlich überlieferte Erzählung, die versucht, die Stellung des Menschen in der Welt oder auch Naturphänomene durch übernatürliche Vorgänge zu erklären. So gesehen, ist die Geschichte vom Sündenfall und der Vertreibung aus dem Paradies das Musterbeispiel eines Mythos. Die Bibel versucht hier eine menschliche Grundbefindlichkeit zu erklären. Warum müssen sich die Menschen ständig anstrengen, um ihre täglichen Bedürfnisse nach Nahrung, Kleidung und Wohnung zu befriedigen, obwohl es in allen überlieferten Epochen sehr genaue Vorstellungen von einem Paradies, einem Schlaraffenland, einem Goldenen Zeitalter gab? Der Mythos sagt, es ist die eigene Schuld der Menschen, sie müssen also selbst alles unternehmen, um die Misere zu bewältigen.

Schon im Bericht von der Erschaffung des Menschen beschreibt die Genesis das Paradies im Garten Eden, in das Gott das erste Menschenpaar gesetzt hat. Paradies ist ein Lehnwort aus dem Altpersischen und bedeutet »umzäunter Raum« oder »Park«. Im biblischen göttlichen Park wachsen allerlei Bäume mit köstlich anzusehenden Früchten. Doch mit dem Paradies hat Gott auch die Versuchung geschaffen. In der Mitte des Gartens stehen der Baum des Lebens, ein Symbol der Unsterblichkeit, und – der Baum der Erkenntnis von Gut und Böse. Und von den Früchten des letzteren zu essen war dem Menschen strikt verboten. Nahrung war da im Überfluss. Von allen anderen Bäumen des Gartens

ERBSÜNDE

Nach christlicher Auslegung war das Essen der verbotenen Frucht im Paradies der grundlegende Sündenfall, durch den die gesamte Menschheit aus dem Stand der Unschuld herausfiel. Der Apostel Paulus formulierte im ersten Jahrhundert die Lehre von der Erbsünde. Nach seinen Worten ist die Sünde durch Adam und Eva in die Welt gekommen und wurde durch sie an alle ihre Nachkommen weitervererbt. Damit waren alle Menschen zum Tode verurteilt. Nach Paulus ist es durch Jesus Christus möglich geworden, Sünde und Tod zu besiegen.

konnte der Mensch bedenkenlos pflücken. Doch der Baum der Erkenntnis war tabu – bei der Strafe, die Unsterblichkeit zu verlieren, hatte Gott gedroht. Statt »sterben« übersetzt hier etwa die »Einheitsübersetzung« der Bibel mit: »... wirst du sterblich werden, dem Tod verfallen«. Das Essen der Frucht vom Baum der Erkenntnis führte nicht zum sofortigen Tod, sondern zum Verlust der Unsterblichkeit.

Der Baum der Erkenntnis kann als Symbol für Gottes Herrschaft verstanden werden. Nur Gott darf nach biblischer Auffassung entscheiden, was Gut und was Böse ist. Der Mensch soll nicht selbst über Richtig und Falsch bestimmen. Das wäre eine Auflehnung gegen Gottes Machtanspruch.

Doch das Verhängnis und die Erzählung nehmen ihren Lauf. Wo die Versuchung in Gestalt des Baums der Erkenntnis wächst, ist auch der Versucher nicht weit. Die Schlange, so heißt es zu Beginn des dritten Kapitels der Genesis, war schlauer als alle anderen Tiere des Feldes. Gemäß christlicher Überlieferung und auch der späteren jüdischen Weisheitsliteratur war es der Teufel, der die Gestalt der Schlange angenommen hatte. Das Reptil ging überaus listig vor und wandte sich nicht direkt an Adam, sondern an seine Frau. Statt einfach und durchschaubar zur Auflehnung gegen Gottes Gebot aufzufordern, stellte es zunächst eine geschickte rhetorische Frage: »Hat Gott wirklich gesagt: Ihr dürft von keinem Baum des Gartens essen?« – »Nein, nein«, beeilte sich die Frau zu versichern, »wir dürfen schon von den Früchten der Bäume essen. Nur von dem Baum in der Mitte

■ Ulla Bergryd als Eva in der aufwändigen Verfilmung *Die Bibel* von John Huston, 1965.

■ *Das Paradies.* Gemälde, um 1530, von Lucas Cranach d. Ä. (1472–1553). Die einzelnen Szenen zeigen die Erschaffung Adams, die Erschaffung Evas, das Verbot Gottvaters, die Verführung Evas, den Sündenfall und die Vertreibung. Dresden, Gemäldegalerie, Alte Meister

des Gartens dürfen wir nichts nehmen, sonst werden wir sterben.« Jetzt hatte die Schlange ihr Opfer da, wo sie es haben wollte: »Aber nein, ihr werdet bestimmt nicht sterben. Gott weiß vielmehr, dass euch die Augen aufgehen werden, sobald ihr vom Baum der Erkenntnis esst. Ihr werdet sein wie Gott und erkennt Gut und Böse.«

Damit hatte die Schlange gewonnen. Immer köstlicher erschien der Frau jetzt der Baum, eine richtige Augenweide. Bald konnte sie der Verlockung, endlich klug zu werden, nicht mehr widerstehen. Sie nahm von den Früchten des Baumes und aß sie. Auch ihrem Mann gab sie etwas ab.

Da erkannten die beiden ersten Menschen, dass sie nackt waren. Schnell machten sie sich einen Schurz aus Feigenblättern. Mit der ersten Sünde, dem Ungehorsam gegenüber Gottes Gebot, war auch die Begierde erwacht. Dies war das erste Zeichen für die tiefe Störung, die in die Harmonie der Schöpfungsordnung eingebrochen war. Nach christlichem Verständnis wird der Begriff »Sünde« auch heute noch ganz allgemein als Störung des Verhältnisses zwischen Gott und Mensch definiert.

Aber bei diesem ersten Anzeichen der Störung blieb es nicht. Als Adam und seine Frau bald danach Gott im Garten hörten, versteckten sie sich vor ihm. Der Herr rief nach ihnen, und Adam antwortete, dass er sich wegen ihrer Nacktheit fürchte. Auch der Herr verstand sich offensichtlich auf rhetorische Fragen: »Wer hat dir denn gesagt, dass du nackt bist? Hast du etwa von dem verbotenen Baum gegessen?«

Adam war ertappt und versuchte eine schwache Ausrede: »Die Frau, die du mir gegeben hast, hat mir die Früchte von dem Baum gereicht. Da habe ich sie gegessen.«

Sogleich wandte sich der Herr an die Frau: »Was hast du da getan?«

Auch die Frau wollte die Schuld von sich schieben: »Die Schlange hat mich verführt.«

Jetzt waren alle Schuldigen genannt, und das Strafgericht des Herrn folgte auf dem Fuß. Er verfluchte die Schlange für ihre Tat: »Auf dem Bauch sollst du kriechen und Staub fressen alle Tage deines Lebens.« Eine schöne mythologische Deutung für die natürliche Anatomie der Schlange. Dann kündigte Gott der Schlange eine ewige Feindschaft zur Frau und deren Nachkommen an. Sie sollen ihr den Kopf zertreten, und die Schlange werde sie in ihre Fersen beißen. Diese Prophezeiung gab über die Jahrhunderte hinweg Anlass zu vielerlei Deutungen durch kirchliche Theologen. Folgt man den traditionell gültigen Auslegungen und sieht die Schlange als den Teufel an, dann wird der Mensch durch die hier beschworene Feindschaft in Gegensatz zum Teufel und seiner Brut gestellt. Dass der Mensch der Schlange den Kopf zertreten soll, könnte den Sieg der Nachkommen des Weibes andeuten. Viele christliche Theologen verstehen unter dieser Ankündigung die erste Heilsprophezeiung gleich nach dem Sündenfall. Und der Nachkomme der Frau, der den Teufel zur Strecke bringt, ist nach dieser Auslegung der Messias, Jesus Christus.

Aber zunächst verurteilte Gott die weiteren Schuldigen. Sie werden in

■ *Adam und Eva verbergen sich vor dem Gesicht des Herrn* (1. Mose 3, 8). Holzschnitt von Julius Schnorr von Carolsfeld (1794–1874), mit späterer Kolorierung. Aus der »Bibel in Bildern«, Leipzig, um 1860.

CHERUBIM

Die Cherubim sind mythologische Wesen, die oft mit Tierleib und Menschenkopf dargestellt wurden. Im Alten Testament tauchen sie erstmals als Wächter des Paradieses nach Vertreibung der ersten Menschen auf, später im Buch Hesekiel, wo sie ein Menschen-, Löwen-, Stier- und Adlergesicht tragen. Ursprünglich stammen diese Gestalten aus der babylonischen Mythologie.

ihren Hauptwirkungsfeldern getroffen, die Frau in ihrer Rolle als Mutter und Gattin, der Mann bei der Arbeit. Viel Leid droht Gott der Frau in der Schwangerschaft an. Unter Schmerzen werde sie gebären. Außerdem solle sie Verlangen nach ihrem Mann hegen, er aber werde über sie herrschen.

So zerrüttete die erste Sünde die von Gott vorgesehene Ordnung. Statt als Gefährtin dem Mann ebenbürtig zu sein, wurde sie zu seiner Verführerin und in der Folge seine Untertanin.

Den Mann traf Gottes Urteil nicht minder hart. Zur Strafe für Adams Ungehorsam verfluchte Gott den Ackerboden. Dornen und Disteln sollten dort wachsen. Im Schweiße seines Angesichts, also unter vielen Mühen, sollte der Mensch fortan sein Brot essen. Und zwar so lange, bis er selbst zum Ackerboden zurückkehrte, also bis zu seinem Tod. »Denn Staub bist du«, sprach der Herr, »zum Staub musst du zurück.« Nun gab Adam seiner Frau den Namen Eva, der sich von der hebräischen Wurzel des Wortes »leben« herleitet. Sie wurde zur Mutter aller Lebenden. Der Herr bekleidete das erste Menschenpaar mit Fellen und vertrieb sie aus dem Paradies. Er wollte nicht, dass Adam und Eva auch noch vom Baum des Lebens aßen und damit gegen seinen Beschluss ewig leben konnten. Den Weg zu diesem Baum ließ er von einem lodernden Flammenschwert und den Cherubim bewachen.

■ *Die Vertreibung aus dem Paradies.* Fresko, um 1426/27, von Masaccio (1401–1428). Florenz, Chiesa del Carmine

DER SÜNDENFALL

ÜBERLIEFERUNG

Quellen: Auch die lebendige Erzählung vom Sündenfall stammt aus der jahwistischen Quellenschicht. In diese biblische Geschichte haben eine Reihe altorientalischer Mythen Eingang gefunden. Religionsgeschichtlich war die Vorstellung weit verbreitet, dass es eine urzeitliche Stätte der Ruhe, des Friedens und des Glücks gab, die in der Endzeit wiederhergestellt werden sollte. Das Alte Testament teilt über weite Strecken mit anderen Mythen auch das so genannte »zyklische Geschichtsbild« von immer neuen Zeitaltern, die stets in einer Katastrophe enden und dann von einem neuen abgelöst werden. Schließlich kehren die früheren Zeitalter, wieder und die Abfolge beginnt aufs neue. Besonders ausgeprägt sind solche Vorstellungen bei den Indern, den Germanen und im alten Mexiko. Die Idee, dass die Geschichte einen Anfang und ein Ziel, die Erlösung der Menschheit habe, kam erst im späten Judentum auf und wurde dann von den Christen übernommen. Auch die alten Griechen erzählten in ihren Sagen von einem Goldenen Zeitalter, in dem Mensch und Tier friedlich zusammenlebten, ein ewiger Frühling herrschte und die Erde den Menschen spendete, was sie zum Leben brauchten. Ausführlich berichtete darüber erstmals der Dichter Hesiod (um 700 v. Chr.) in *Werke und Tage*.

Bildende Kunst: Das Gemälde *Das Paradies* von Hieronymus Bosch (um 1450–1516) zeigt die Geschichte vom Sündenfall wie in einer kleinen Bilderfolge. Zunächst erschafft der Herr Eva aus Adams Rippe, dann wird das erste Menschenpaar versucht, von der verbotenen Frucht zu essen, und schließlich erfolgt die Vertreibung aus dem Paradies. Das Bild hängt in der Akademie der bildenden Künste in Wien. Als Paradies, in dem die Tiere friedlich beieinander leben, zeigt auch ein Bild von Jan Brueghel d. Ä. (1568– 1625) die Erde, das heute im Pariser Louvre zu finden ist. Beeinflusst von der mittelalterlichen christlichen Vorstellung vom Paradiesgärtlein ist auch das Gemälde *Das Goldene Zeitalter* von Lucas Cranach (1472–1553). Zu besichtigen ist es in der Alten Pinakothek in München.

EMPFEHLUNG

Lesenswert:
Die Bibel, Einheitsübersetzung, mit dem Kommentar der *Neuen Jerusalemer Bibel*. Genesis, Kapitel 3, Vers 1-24, Freiburg im Breisgau 2000.

Sehenswert:
Albrecht Dürer: *Adam und Eva*, 1507, Öl auf Holz, je 209 x 81 cm, Prado, Madrid.

Simone Martini: *Vertreibung aus dem Paradies*, um 1425, Fresko, 208 x 88 cm, Cappella Brancacci, S. Maria del Carmine, Florenz.

Tommaso di Cristofano Fini, genannt Masolino: *Sündenfall*, um 1427, Fresko, 208 x 88 cm, Cappella Brancacci, S. Maria del Carmine, Florenz.

AUF DEN PUNKT GEBRACHT

Die Erzählung vom Sündenfall, in die alte orientalische Mythen eingingen, hatte einen prägenden Einfluss auf die Glaubenslehre des christlichen Apostels Paulus.

Kain und Abel

Genesis 4, 1-16

■ *Adam und Eva betrauern Abels Tod* und *Noemi trauert um ihren Mann und ihre Söhne* (Ruth 1, 20). Buchmalerei, Westfalen um 1360, aus dem »Heilsspiegel – Speculum humanae salvationis«.

■ *Die Opfer Kains und Abels* und *Kain erschlägt Abel*. Elfenbein, 1084, aus der Kathedrale von Salerno. Paris, Louvre

Die Geschichte der Menschheit ist eine Geschichte der Konflikte. Zu den frühesten Auseinandersetzungen gehörten die Differenzen zwischen Hirtennomaden und sesshaften Bauern. Die Geschichte von Kain und Abel in der Bibel ist der erzählerische Niederschlag dieses Konflikts.

Kain war der erste Sohn Adam und Evas. Die Mutter freute sich sehr über seine Geburt und sagte: »Ich habe einen Mann vom Herrn erworben.« Ein Wortspiel verbindet den Namen Kain (qajin) mit dem hebräischen Verb erwerben (qana). Noch naheliegender aber ist die Verbindung des Namens zum Stamm der Keniter, die wie der Stamm Juda aus der Wüste südlich des Kulturlandes von Palästina kamen. Teile dieses Stammes wurden schon früh sesshaft, andere Keniter nomadisierten dauerhaft, teils bis in den Norden Palästinas. Zunächst unterhielten die Israeliten ein gutes Verhältnis zu den Kenitern, die ebenfalls ihren Gott Jahwe anbeteten. Das unstete Wanderleben von Teilen der Keniter erregte jedoch zunehmend den Argwohn der in früheren Zeiten selbst nomadisierenden, später aber sesshaft gewordenen Hebräer.

Diese Entwicklung spiegelt sich in der Erzählung von Kain und Abel wider. Historiker gehen davon aus, dass sich die Geschichte zuerst auf Kain in seiner Rolle als Stammvater der Keniter bezog und in späterer Zeit angesiedelt war. Denn die Handlung setzt eine entwickelte Kultur voraus, einen Opferkult und andere Menschen, die Kain töten könnten. In der Genesis wurde die schon zuvor vielleicht mündlich überlieferte Begebenheit in die Ursprünge der Menschheit zurückverlegt, um ihr eine allgemeine Bedeutung zu geben. Auf die Auflehnung des Menschen gegen Gott beim Sündenfall im Paradies folgt der Konflikt des Menschen mit dem Menschen.

Die Bibel berichtet weiter, dass Eva einen zweiten Sohn bekam, Abel mit Namen. Abel wurde Schafhirt und Kain Ackerbauer. Damit waren die Fronten abgesteckt. Beide Brüder waren gottesfürchtig und brach-

■ *Kain erschlägt Abel.* Gemälde, um 1610, von Bartolomeo Manfredi (1587–1620/21). Wien, Kunsthistorisches Museum

ten dem Herrn Opfer dar, jeder aus seinem Bereich. Kain häufte auf den Altar Früchte von seinem Feld, Abel briet für Gott ein junges fettes Lämmchen. Mit Wohlgefallen nahm der Herr Abels Opfer an, Kains Gabe aber übersah er einfach.
Hier zeigt sich erstmals ein Motiv, das im weiteren Verlauf der biblischen Erzählungen noch mehrfach auftauchen wird. Der Jüngere wird dem Älteren vorgezogen. Unter anderem spielt das Thema bei Isaak und Ismael, bei Jakob und Esau sowie bei Joseph und seinen Brüdern eine Rolle. Theologen vermuten, dass hier die freie Wahl Gottes betont werden soll, seine Verachtung irdischer Größe und seine Vorliebe für die Geringen.
Doch die Gefahr ist groß, dass eine solche Bevorzugung gefährlichen Neid hervorruft. Mit anschaulichen Worten berichtet die Genesis, dass es Kain bei Ablehnung seines Opfers und gleichzeitiger Annahme der Gabe seines Bruders heiß überlief. Sein Blick senkte sich. Der Herr beobachtete diese Reaktion genau und erkundigte sich nach dem Grund. Die Antwort aber gab er gleich

ABEL

Der Namen Abel geht auf das hebräische Wort für Hauch, Nichtigkeit zurück. Darin könnte ein Hinweis auf die Kürze seines Lebens liegen. Sinnreicher wäre eine Deutung des Namens aus dem akkadischen »aplu« (Sohn). Abel ist der fromme Gerechte, dessen Opfer Gott annimmt. Sein Bruder hasst ihn dafür und tötet ihn. Damit beginnt ein feindseliger Gegensatz, der sich durch die ganze biblische Geschichte zieht. Der unschuldige Gerechte wird das Opfer des Ungerechten, der allein in der Existenz des anderen einen Vorwurf gegen sich selbst sieht.

DIE KENITER

Die Keniter waren ein arabischer Stamm, der ursprünglich in der Nähe des Golfes von Akaba wohnte. Zunächst hatten sich die Keniter dem Stamm Juda angeschlossen, dann waren sie aber wieder in die Wüste gezogen. Hieraus mag die Verachtung ihres unsteten Wanderlebens resultieren, die in der Geschichte von Kain und Abel zum Ausdruck kommt.

selbst: »Wenn du richtig handelst, darfst du aufblicken, wenn nicht, lauert an der Tür die Sünde.« Diese Bemerkung wird von Theologen oft als Warnung vor der Versuchung zum Brudermord verstanden.

Wenn es denn eine solche war, war sie fruchtlos. Kain hatte seinen Vorsatz zum Mord offensichtlich schon gefasst. Er forderte Abel auf, mit ihm aufs Feld zu gehen. Dort draußen erschlug er dann seinen Bruder.

Dem Herrn entging dies nicht, er stellte Kain zur Rede: »Wo ist dein Bruder?« Der Angesprochene reagierte verstockt: »Ich weiß es nicht.« Und nicht genug damit, er stellte gar eine freche Gegenfrage, die in den Zitatenschatz der Weltliteratur Eingang gefunden hat: »Bin ich meines Bruders Hüter?«

Doch Gott ließ sich nicht täuschen: »Was hast du getan? Das Blut deines Bruders schreit vom Ackerboden zu mir.« Bildhaft und einprägsam beschreibt die Bibel hier Gottes Empörung über diesen ersten Mord. Verflucht, verbannt soll Kain vom Ackerboden sein, der sein Maul aufsperrte, um das Blut Abels aufzunehmen. Keinen Ertrag mehr sollte der Ackerboden dem Brudermörder bringen. Obwohl er ehemals sesshaft war, sollte er fortan rastlos und ruhelos umherwandern – wie die kenitischen Nomaden.

Nachdem Kain die Folgen seiner Tat bewusst geworden waren, zeigte er Reue und Furcht. Seine Schuld sei zu groß, um sie zu ertragen, sprach er zum Herrn. Außerdem hatte er Angst um sein Leben. Wer ihn als Brudermörder fände, so meinte er, würde ihn erschlagen.

Gott aber erwies sich als barmherzig. Er stellte Kain unter seinen persönlichen Schutz. Wer ihn erschlüge, drohte er, solle siebenfacher Rache verfallen. Zur Bekräftigung machte der Herr dem Kain ein Zeichen, das so genannte Kainsmal. Das Kainsmal war also, wie oft fälschlich angenommen wird, kein Zeichen der Schande, sondern des Schutzes. Kain wurde damit als Glied eines Stammes ausgewiesen, der strenge Blutrache übte. Historiker halten es für möglich, dass es sich beim Kainsmal um ein eigentümliches körperliches Stammeszeichen der Keniter handelte, eventuell um eine Tätowierung an der Stirn.

Nachdem Kain das schützende Zeichen erhalten hatte, ging er weg ins Land Nod. Auch dieser Ortsname weist auf einen nomadisierenden Stamm hin, denn er bedeutet Heimatlosigkeit.

■ Kain, Richard Harris, hat Abel, Franco Nero, erschlagen. Szene aus dem US-amerikanischen Monumentalfilm *Die Bibel*, 1965.

KAIN UND ABEL

ÜBERLIEFERUNG

Quellen: Die kraftvoll und mit reichen sprachlichen Bildern erzählte Geschichte von Kain und Abel wird eindeutig dem Jahwisten zugeordnet. In jedem Fall wurde sie also zu einer Zeit niedergeschrieben (im neunten Jahrhundert v. Chr.), zu der die Israeliten längst sesshaft geworden waren. Daraus resultiert die eindeutige Parteinahme der Erzählung gegen das Nomadentum. Wohl hält die Forschung es für möglich, dass hier unterschiedliche Quellenschichten innerhalb des Jahwisten erzählt haben. Die Begebenheit vom Brudermord gehört zu den so genannten Urgeschichten der Genesis. Auf diese Erzählung folgt aber noch der Hinweis, dass Kain später einen Sohn zeugte und eine Stadt gründete. Diese Erwähnung gehört nicht mehr zu den Urgeschichten, sondern zu den mit biographischen Einzelheiten gewürzten Genealogien des Pentateuch. Es könnte hier auch eine Stadtgründungssage nach dem Romulus-Remus-Motiv Eingang in die Erzählung gefunden haben.

Musik: Die Geschichte von Kain und Abel regte den 1887 in Worms geborenen Rudi Stephan zu einer Oper an. Der Komponist gehörte zu den Hoffnungen der jungen deutschen Musik, bis er 1915 im Ersten Weltkrieg fiel. Kurz zuvor hatte er noch die Oper *Die ersten Menschen* komponiert, die kriegsbedingt erst am 1. 7. 1920 in Frankfurt am Main uraufgeführt wurde. Es ist eine dramatische Inszenierung, deren handelnde Personen Adam und Eva sowie ihre Söhne Kain und Abel sind. Im Textbuch der Oper werden sie Adahm, Chawa, Kajin und Chabel genannt. In der Geschichte hat Adahm die Höhe seiner Lebensweisheit erreicht, seine Sehnsucht nach Erkenntnis tieferer Wahrheiten hat seine jugendlichen Triebe ersetzt. Seine Frau Chawa hat mit dieser Entwicklung nicht Schritt gehalten. Noch immer wird ihr Leben von Sinnlichkeit und körperlichem Verlangen beherrscht. Chabel glaubt, den Ursprung allen Wesens in einem überirdischen Gott gefunden zu haben. Diesem Gott erbaut er gemeinsam mit seinen Eltern Adahm und Chawa den ersten Tempel. Kajin versteht diese Vorgänge nicht und hält sich abseits. Eines Nachts begegnen sich Chawa und Chabel am Opferstein. Bei dieser Gelegenheit bemerkt Chawa voller Rührung, wie sehr Chabel der Jugenderscheinung ihres Mannes gleicht. Schon bald wandelt sich diese Rührung in wachsende Erregung. Gleichzeitig ahnt Chabel erstmals die Schönheit des Körpers seiner Mutter. Nun bahnen sich die Triebe unaufhaltsam ihren Weg. Auch Kajin fühlt sich immer stärker zu Chawa hingezogen. Als er dann den eigenen Bruder bei ihr entdeckt, erschlägt er Chabel in rasender Eifersucht. Chawa fordert eine sofortige Rache der grausamen Bluttat. Doch Adahm hält sie zurück. Er ist überzeugt, dass Gewissensbisse und Reue fortan eine schwere Strafe für Kajin seien.

EMPFEHLUNG

Lesenswert:
Die Bibel, Einheitsübersetzung, mit dem Kommentar der *Neuen Jerusalemer Bibel*. Genesis, Kapitel 4, Vers 1-16, Freiburg im Breisgau 2000.

Hörenswert:
Eugen d'Albert: *Kain*, Oper, Uraufführung: 1900.

Rudi Stephan: *Die ersten Menschen*, Oper, Uraufführung: Frankfurt am Main 1920.

Jan Müller-Wieland: *Kain*, Oper, Uraufführung: Hamburg 1992.

AUF DEN PUNKT GEBRACHT

Die Erzählung von Kain und Abel hat doppelte Bedeutung: Für die Israeliten arbeitete sie den Gegensatz zwischen Nomaden und sesshaften Völkern auf, für Theologen begründete sie die Bevorzugung des Gerechten vor dem Ungerechten und die daraus resultierenden Verfolgungen.

Das älteste Menschengeschlecht

Genesis 4, 17 – 6, 4

■ *Die Harmonie*. Relief, um 1437/38, von Luca della Robbia (1400–1482). Florenz, Museo dell'Opera del Duomo

■ Jubal als Erfinder der Musik und Tubalkain als erster Schmied. *Jubal und Tubalkain* (1. Mose 4, 21–22). Buchmalerei, Westfalen um 1360, aus dem »Heilsspiegel – Speculum humanae salvationis«.

Zehn so genannte Urväter oder Patriarchen sind es, die die Generationen von Adam bis Noah miteinander verknüpfen. Die Geschlechtsregister oder Genealogien spielen im Alten Testament eine wichtige Rolle. Am Beispiel von Stellvertreter-Persönlichkeiten zeigen sie die Entwicklungen ganzer Epochen. Die erste Geschlechteraufzählung der Bibel warnt schon vor der wachsenden Verderbtheit der Menschen. Die äußerste Steigerung dieser Entwicklung ist das Auftauchen eines Geschlechtes von Riesen.

Viel Gutes war von den ersten Generationen nach Adam und Eva wohl von Anfang an nicht zu erwarten. Es begann mit Kain, der aufgrund des Brudermordes von Gott verflucht wurde. Im vorliegenden Register wird er als Erbauer der ersten Stadt bezeichnet. Offensichtlich wurde diese Geschlechterliste nur künstlich mit Kain verbunden, denn zuvor war er ja zu einem unsteten, nomadischen Leben verurteilt worden und nicht dazu, ein Stadtbewohner zu sein. Laut Genealogie wurde er zum Ahnherrn der Viehzüchter, Musikanten, Schmiede und vielleicht auch der Prostituierten. In der weiteren Geschlechterfolge finden sich Namen wie Jabal (führen), dem Stammvater der Viehzüchter, Jubal (von »jobel«, Widderhorn), von dem Zither- und Flötenspieler abstammen, und von Tubal-Kain, dem ersten Schmied. Die Schwester Tubal-Kains hieß Naama, was »die Holde« oder »die Liebliche« bedeutet und auf das horizontale Gewerbe hinweisen könnte. Solche Entwicklungen des Stadtlebens schreibt die Genesis an dieser Stelle dem verfluchten Kain zu. Hier findet sich erstmals die Verurteilung der Stadtbewohner, die sich wenig später in der Erzählung vom Turmbau zu Babel fortsetzt.

Außerdem erwähnen die Geschlechtsregister einen weiteren Sohn Adams, Set, was soviel wie »Setzling« bedeutet. Die Bibel weist darauf hin, dass Set dem Adam ähnlich war wie sein Abbild. Damit sollte gesagt werden, dass der erste Mensch seine Ähnlichkeit mit Gott als natürliches Merkmal an seine Nachkommen weitergab.

Der nun folgende Stammbaum weist den Patriarchen eine außerordentlich lange Lebensdauer zu. Man glaubte damals, dass die menschliche Lebensdauer mit den großen Zeitaltern der Welt erst nach und nach abgenommen habe. Diese ersten Urväter wurden fast alle um die neunhundert Jahre alt, die Patriarchen von Noah bis Abraham nur noch zweihundert bis sechshundert Jahre und die späteren hebräischen Patriarchen sogar nur hundert bis zweihundert Jahre. Der älteste dieser ersten Patriarchen war Methusalem, der 969 Jahre alt wurde und damit gemäß Überlieferung unter allen Menschen das höchste Alter erreichte. Und vermutlich hätte er sogar noch älter werden können, denn nach biblischer Zeitrechnung starb er erst durch die Sintflut, hätte also ohne diesen gewaltsamen Tod noch länger gelebt. Sein Name bedeutete vermutlich »Mann des Geschosses«. So wurde er zu dem gewalttätigen Geschlecht gerechnet, das vor der Flut die Erde bevölkerte.

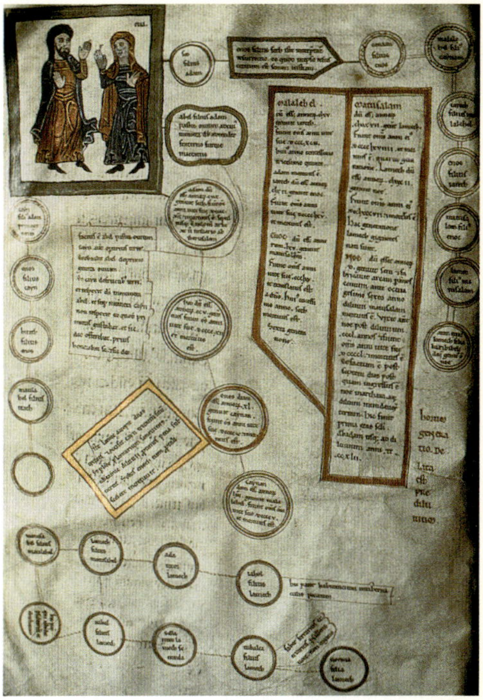

■ *Stammbaum der Nachkommen Adams und Evas.* Buchmalerei in der *Lateinischen Bibel*, vom so genannten Apokalypse-Meister, Frankreich, um 1415.

Eine Ausnahme in dieser verderbten Generation bildete Henoch, der Vater Methusalems. Er unterschied sich von den anderen Patriarchen deutlich. Zunächst einmal wurde er als ein Gerechter beschrieben, der seinen Weg mit Gott gegangen war. Auch sein Leben war kürzer als das der anderen Urväter. Er lebte nur 365 Jahre. Diese Zahl wurde als vollkommen angesehen, denn es war genau die Zahl der Tage eines Sonnenjahres. Henochs Ende war außergewöhnlich, er verschwand auf geheimnisvolle Weise. Die Bibel sagt, dass er von Gott hinweggenommen wurde, entrückt

HENOCH

Die Geschichte vom biblischen Patriarchen Henoch, dessen 365 Lebensjahre genau der Zahl der Tage eines Sonnenjahres entsprachen, wurde offensichtlich auch vom nicht israelitischen Sonnenmythos inspiriert. Verbindungen gibt es nicht nur zum babylonischen Urkönig Enmeduranki, der Offenbarungen vom Sonnengott empfing, sondern auch zu späteren islamischen Legenden. Danach hat Henoch angeblich 366 Bücher verfasst. Unter anderem soll er auch die Buchstabenschrift, die Rechenkunst und die Astronomie erfunden haben.

NEFILIM UND TITANEN

In der biblischen Erzählung von den Nefilim oder Riesen klingen alte orientalische Mythen von Titanen an, die man sich ebenfalls als Nachkommen einer Verbindung aus himmlischen und irdischen Wesen vorstellte. In der griechischen Sage waren die Titanen sechs Söhne und sechs Töchter aus der Verbindung von Himmel (Uranus) und Erde (Gaia).

wie später der israelitische Prophet Elia. In außerbiblischen jüdischen Legenden spielte dieser siebte Patriarch von Adam an eine große Rolle als Weisheitslehrer und Heiliger. Eine interessante Verbindung gibt es hier zu Enmeduranki, der an siebter Stelle der babylonischen Urkönigsliste stand und ebenfalls mit geheimen Offenbarungen beschenkt und entrückt wurde.

Henochs Sohn Methusalem wurde der Vater Lamechs, und dieser zeugte schließlich Noah, was »Ruhe« bedeutet.

Den Abschluss dieser ersten biblischen Geschlechtsregister bildet die Erzählung von den Riesen (hebräisch »Nefilim«), die auf der Erde lebten. Ihr Name wird vom hebräischen Wort »nafal« (fallen) abgeleitet. Damit ist auch gleich etwas über ihre Herkunft gesagt, denn die Nefilim stammten angeblich von gefallenen Engeln ab. Die Bibel erzählt, dass die Gottessöhne von der Schönheit der Menschentöchter tief beeindruckt waren. Und so nahmen sie sich einfach die Frauen, die ihnen gefielen. Spätere jüdische und frühe christliche Theologen vermuteten, dass diese Gottessöhne gefallene Engel waren. Ungefähr ab dem vierten Jahrhundert vermutete man in kirchlichen Kreisen, dass es sich bei den Gottessöhnen um die Nachkommen Sets und bei den Menschentöchtern um die Nachkommen Kains handelte.

Wie auch immer – aus dieser Verbindung gingen die Nefilim hervor. Mit diesem hochmütigen, gewalttätigen Geschlecht hatte die Verderbtheit der Menschen einen Höhepunkt erreicht. Gott zog eine erste Konsequenz und bestimmte, dass die Lebenszeit des Menschen fortan nur noch 120 Jahre betragen sollte. Bald schon hielt er noch weit drastischere Maßnahmen für erforderlich.

■ Die Kroniden, unterstützt von den Kyklopen und Hekatoncheiren, besiegen die Titanen im Kampf um die Weltherrschaft. *Der Kampf gegen die Titanen.* Farblithographie, Italien, um 1920, Sammelbildchen der Compagnie Liebigs Fleisch-Extrakt.

DAS ÄLTESTE MENSCHENGESCHLECHT

ÜBERLIEFERUNG

Quellen: Die Quellenlage der ersten biblischen Geschlechtsregister ist komplex. Tatsächlich ist hier der Plural angebracht, denn es handelt sich um Fragmente unterschiedlicher Genealogien, die von Genesis, Kapitel 4, Vers 17, bis Kapitel 6, Vers 4, zu finden sind. Die beiden wesentlichen Verfasser der Geschlechtsregister sind der Jahwist und die priesterschriftliche Überlieferung, die hier miteinander kombiniert wurden. Bei den meisten Namen handelt es sich um erstarrte Reste alter Überlieferungen. Eine nachvollziehbare Chronologie darf nicht erwartet werden. Eingang fand in die biblische Erzählung vom ersten Menschengeschlecht neben dem altorientalischen Sonnenmythos auch die hellenische Sage von den Titanen, die der griechische Dichter Hesiod in seiner *Theogonie* erstmals schriftlich niedergelegt hatte.

Bildende Kunst: Pieter Brueghel der Ältere beschäftigte sich ganz im Geist seiner Zeit immer wieder gern mit biblischen Motiven. Mit einem besonders transzendenten Thema befasste er sich im Jahre 1562, als er ein Gemälde mit dem Titel *Sturz der gefallenen Engel* in Öl auf Leinwand malte. Das 117 x 162 cm große Bild hängt heute in den Musées Royaux des Beaux Arts in Brüssel. Brueghel stellt hier die Entstehung von Dämonen und Teufeln dar, an deren Existenz seine Zeitgenossen glaubten. Es handelte sich bei ihnen eben um die gefallenen Engel, von denen nach der Erzählung in der Genesis die Nefilim abstammten. Das Gemälde zeigt, wie diese Engel aus dem Himmel vertrieben werden, weil sie gegen Gott rebelliert haben. Im Zentrum des Bildes ist der Erzengel Michael zu sehen, der die gefallenen Engel mit seinen Getreuen vertreibt. Michael wird wie ein mittelalterlicher Ritter mit Umhang, Brustpanzer, Arm- und Beinschienen, langem Schwert sowie einem Rundschild mit rotem Kreuz auf weißem Grund dargestellt. Die vertriebenen, fallenden Engel verwandeln sich auf ihrem Weg nach unten in phantastische Höllengestalten. Sie werden als Tierkörper gezeigt, nackt, mit aufgerissenen Mäulern und Bäuchen. Pieter Brueghel der Ältere war der ursprünglichste und einflussreichste Maler seiner Zeit, dessen dichterische Motive noch lange in der Kunst Flanderns und der nördlichen Niederlande nachwirkten. Zu seinen weiteren biblischen Motiven gehörte unter anderem das Gemälde *Der Turmbau zu Babel*, das heute im kunsthistorischen Museum in Wien hängt.

EMPFEHLUNG

Lesenswert:
Die Bibel, Einheitsübersetzung, mit dem Kommentar der *Neuen Jerusalemer Bibel.* Genesis, Kapitel 4, Vers 17 – Kapitel 6, Vers 4, Freiburg im Breisgau 2000.

Sehenswert:
Domenico Beccafumi: *Der Erzengel Michael vertreibt die rebellierenden Engel*, um 1525, Öl auf Holz, 348 x 228 cm, Pinacoteca Nazionale, Siena.

Pieter Brueghel der Ältere: *Sturz der gefallenen Engel*, 1562, Öl auf Leinwand, 117 x 162 cm, Musées Royaux des Beaux Arts, Brüssel.

Hubert Robert: *Sturz der Giganten* (Detail), 1532–1534, Wandfresko, Sala di Giganti, Palazzo del Tè, Mantua.

Luca Signorelli: *Sturz der Verdammten*, 1499–1504, Fresko, Gesamtbreite etwa 670 cm, Cappella di S. Brizio, Duomo, Orvieto.

AUF DEN PUNKT GEBRACHT

Gerade für das Stammeswesen des alten Israel schaffen die Genealogien ein konkretes Zugehörigkeitsgefühl sowie eine Eingebundenheit auch des eher unbedeutenden Individuums in die Weltgeschichte.

Die Sintflut

Genesis 6, 5 – 9, 17

Wie ein roter Faden zieht sich die Heilsgeschichte durch nahezu alle biblischen Erzählungen. Gott wendet die Geschicke der Menschen und der Welt letztendlich doch zum Guten, auch wenn die Aussichten zunächst ziemlich trübe sind. So ist es auch in der Geschichte von der Sintflut. Der Herr vernichtet die ganze bewohnte Erde durch eine »große Flut«, denn das bedeutet dieses mittel-

■ Szene aus dem italienischen Film *Die Bibel* von 1965. Regie führte John Huston. Die Tiere ziehen in die Arche Noah.

hochdeutsche Wort ursprünglich. Doch einen einzigen gerechten Menschen lässt er mit seiner Familie überleben und schließt mit ihm einen Bund. Nie wieder soll eine solch verheerende Katastrophe über die Erde hereinbrechen.

In der Sintflut-Erzählung verarbeitet die Genesis die Erinnerung an eine oder mehrere Überschwemmungskatastrophen im Land von Euphrat und Tigris. Diese lokalen Ereignisse werden in der Überlieferung auf ein Unglück mit globalen Ausmaßen ausgeweitet. Es gibt über den Bibelbericht hinaus mehrere babylonische Sintflutgeschichten. Sogar weltweit sind Flutsagen verbreitet. Doch eine besonders enge Verwandtschaft im Mythos verbindet hier die Genesis mit dem babylonischen Gilgamesch-Epos, das auf noch ältere sumerische Quellen zurückgeht. Babylonien gilt als Heimat der Sintflutlegende. Anders als im Gilgamesch-Epos, in dem die große Flut aus einer nicht näher erklärten Laune der Götter heraus über die Menschen hereinbricht, hatte der Gott der Bibel für die Sintflut einen guten Grund. Die Schlechtigkeit der

Menschen empörte ihn. Das Sinnen und Trachten ihrer Herzen war nur noch böse. Er bereute es, die Menschen geschaffen zu haben. Daher beschloss er, sie zu vernichten, sie vom Erdboden zu vertilgen. Und mit ihnen sollten auch die Tiere umkommen. Alle Wesen hatten sich in den Augen des Herren als verderbt erwiesen, überall auf der Erde sah er nur noch Gewalttaten. Entsprechend den Vorstellungen archaischer Kulturen haftet die ganze Welt samt allen ihren Geschöpfen für die Schlechtigkeit der Menschen.

■ *Der Bau der Arche Noah.* Buchmalerei vom Meister des Bedfords-Stammbuches, Frankreich, um 1423. London, British Museum

Nur ein einziger Mensch fand Gnade: Noah. Ihn hielt Gott als einzigen für gerecht und untadelig. So wendete sich Gott direkt an ihn und verkündete ihm, dass er die Erde durch eine große Flut vernichten würde. Alles, was Lebensgeist hatte, sollte umkommen. Die Genesis verwendet an dieser Stelle das hebräische Wort »ruach«, was zunächst Luft bedeutet, die in Bewegung ist. Dieser Begriff bezeichnet die Lebenskraft, die Gott dem Menschen gegeben hat, und die Macht des Herrn ganz allgemein.

Mit Noah aber war Gott bereit, einen Bund zu schließen. Der Patriarch, seine Frau, seine drei Söhne Sem, Ham und Jafet sowie die Frauen seiner Söhne, also insgesamt acht Menschen, sollten gerettet werden. Dieser Bund war kein zweiseitiger Vertrag, sondern eine einseitige Verpflichtung, die Gott aus Gnade gegenüber seinem Erwählten einging. Weitere Bündnisse Gottes werden im

GILGAMESCH

Das babylonische Gilgamesch-Epos erzählt unter anderem von Utnapischtim, dem zehnten in der Reihe der babylonischen Urkönige. Interessanterweise war auch Noah der zehnte der biblischen Urväter. Weitere Parallelen weisen auf eine enge Verwandtschaft der beiden Legenden hin. Sowohl Noah als auch Utnapischtim senden beispielsweise nach der Flut einen Raben und eine Taube aus.

■ *Die Arche Noah*. Gemälde von Francesco Bassano (1549–1592). Venedig, Dogenpalast

Verlauf der biblischen Geschichte folgen, etwa mit Abraham und seinen Nachkommen oder mit den Israeliten. Doch dieser erste Bundesschluss Gottes galt nicht für einzelne Gruppen, sondern für die ganze Menschheit. Denn da Noah als einziger mit seiner Familie die Sintflut überlebte, wurde er zum Stammvater aller Menschen.

Das Mittel zur Rettung, das Gott für Noah ersonnen hatte, war eine Arche. Das deutsche Wort Arche stammt von dem Begriff »arca« (Kasten) aus einer lateinischen Bibelübersetzung, der Vulgata. Und tatsächlich handelte es sich bei der Arche um einen schwimmenden Kasten. Gott hatte sehr genaue Vorstellungen von dessen Beschaffenheit und erklärte Noah in allen Einzelheiten, wie er die Arche herstellen sollte. Der gehorsame Mann musste sie aus Zypressenholz zimmern und innen und außen mit Pech abdichten. Sie sollte dreihundert Ellen lang sein, fünfzig Ellen breit und dreißig Ellen hoch. Geht man davon aus, dass eine Elle etwa fünfzig Zentimetern entsprach, dann war die Arche hundertfünfzig Meter lang, fünfundzwanzig Meter breit und fünfzehn Meter hoch. Sogar für einen Wasserablauf war gesorgt, denn das Dach der Arche sollte um eine Elle angehoben und damit abgeschrägt sein. An der Seite war eine Eingangstür vorgesehen und im Innern

drei Stockwerke mit zahlreichen Kammern auf jeder Etage.
Diese Kammern hatten durchaus ihren Sinn, denn mit den überlebenden Menschen sollten auch die Tiere gerettet werden, und zwar ein Paar von jeder Art. Wie Gott die Tiere in der Bestrafung mit dem Schicksal des Menschen verbunden hatte, so auch in der Errettung.
Noah hielt sich ganz genau an die Anweisungen des Herrn und baute die Arche, wie es ihm aufgetragen war. Sieben Tage vor dem Losbrechen der Flut befahl Gott dem Patriarchen, mit seiner Familie in die Arche zu gehen. Noah, der zehnte und letzte in der Reihe der biblischen Urväter, war zu diesem Zeitpunkt genau sechshundert Jahre alt. Als die Menschen in der Arche waren, kamen die Tiere ganz von selbst hinterher, Männchen und Weibchen, ein Paar von jeder Art, so wie Gott es vorgesehen hatte. Nun verschloss der Herr die Arche, und die Quellen der Urflut brachen auf, die Schleusen des Himmels öffneten sich. Das Wasser kam also von oben und unten zugleich. Diese Urflut war die Rückkehr zum mythologischen Chaos, das schon in der Schöpfungsgeschichte erwähnt wurde.
Vierzig Tage und vierzig Nächte regnete es ohne Unterlass. Das Wasser stieg immer höher und bedeckte zuletzt die ganze Erde, bis es fünfzehn Ellen über den Gipfeln der höchsten Berge stand. Alle Menschen und Tiere auf der weiten Welt ertranken jämmerlich. Nur Noah und die Insassen der Arche wurden gerettet und trieben einsam auf der Wasseroberfläche umher.
Nun gedachte Gott der Überlebenden und schickte einen Wind, der die Wassermassen zurücktrieb. Die Quellen der chaotischen Urflut wurden verstopft, die Himmelsfenster verschlossen, um den Regen zurückzuhalten.
Neugierig öffnete Noah ein Fenster der Arche und blickte hinaus. Weit und breit war nur Wasser zu sehen. Zunächst schickte er einen Raben aus, der wieder zurückkam, ohne Land gefunden zu haben. Dann sandte er eine Taube. Auch diese kehrte zurück. Er ließ sie

ARCHÄOLOGISCHE ZEUGNISSE
Prägend für die Bildung der Legende von der Sintflut dürfte eine schwere Überschwemmungskatastrophe in Südbabylonien um 3500 v. Chr. gewesen sein. Noch heute zeugen 3,5 Meter dicke Schwemmschichten in den Ruinen der alten sumerischen Stadt Ur von diesem Naturereignis. Auch der Name Noah gehörte ursprünglich einer nichtisraelitischen Gestalt und kommt schon in altbabylonischen Schriften vor. Man nimmt an, dass die Erzählungen um seine Person mit der zweiten semitischen Wanderungswelle um 2000 v. Chr. nach Mesopotamien und Syrien-Palästina gelangten.

▪ *Die Aussendung der Taube durch Noah.* Glasmalerei, Deutschland, um 1270–1280, aus der Stiftskirche St. Peter in Wimpfen im Tale. Darmstadt, Hessisches Landesmuseum

■ *Die Sintflut*. Gemälde, 1864, von Iwan Konstantinowitsch Aiwasowski (1817–1900). St. Petersburg, Staatliches Russisches Museum

nochmals fliegen, da brachte sie einen Ölzweig im Schnabel mit. Nun wusste Noah, dass die Wasser am Abfließen waren. Als er die Taube zum dritten Mal ausschickte, kehrte sie nicht mehr zurück. Sie hatte offenbar festes Land gefunden.

Schließlich setzte die Arche auf der Spitze des Berges Ararat auf. Als man das trockene Land erreicht hatte, rief Gott Noah und die Seinigen aus dem Gefährt heraus.

Umgehend folgten sie seinem Ruf, und Noah baute vor allem anderen einen Altar und brachte dem Herrn ein Brandopfer dar, das dieser wohlgefällig annahm. Milde gestimmt, gelobte Gott, nie mehr die ganze Erde zu vernichten. Der Lauf der Welt, Aussaat und Ernte, Kälte und Hitze, Sommer und Winter, Tag und Nacht, sollten für immer wiederhergestellt sein. Wieder sollten sich die Menschen vermehren und die Erde bevölkern. Dabei machte sich Gott keine Illusionen über deren Charakter. Er erklärte ausdrücklich zu wissen, dass der Mensch böse sei von Jugend an. Die Zeiten des Paradieses waren endgültig vorbei. Auch die Tiere, die im Paradies friedlich mit den Menschen zusammenlebten, hatten nun Furcht und Schrecken vor diesen. Dennoch war der Herr versöhnlich. Zum Zeichen seines Bundes und seines Versprechens, die Erde nie wieder durch eine Flut zu vernichten, setzte er den Regenbogen an den Himmel. Wann immer dieser in den Wolken erscheint, sollten sich Gott und Menschen an den Bund erinnern – eine schöne mythologische Erklärung eines anmutigen Naturphänomens.

DIE SINTFLUT

ÜBERLIEFERUNG

Quellen: Die biblische Sintflutlegende ist eine Zusammenstellung aus einer Erzählung des Jahwisten aus dem neunten Jahrhundert v. Chr. und der Priesterschrift aus dem fünften Jahrhundert v. Chr. Der Endredakteur, der die beiden Überlieferungen in einem Text zusammenführte, hat diese nebeneinander bestehen lassen, ohne Widersprüche auszugleichen. So ist beispielsweise an einer Stelle von einer Flutdauer von vierzig Tagen, an einer anderen Stelle von hundertfünfzig Tagen die Rede. Darüber hinaus sind in die Sintflut-Erzählung zahlreiche andere Legenden eingegangen. Weltweit gibt es rund zweihundertfünfzig Flutsagen, darunter von so entlegenen Völker wie den Azteken und Maya auf dem amerikanischen Kontinent. Deren Geschichten lag die Vorstellung zugrunde, dass die frühen Menschen noch verbesserungsbedürftig waren und daher von den Göttern in einer Flut vernichtet wurden. Auch in einer alten mexikanischen Flutsage rettet sich ein einziges Menschenpaar in einem Holzkasten. Das erste Menschenpaar des griechischen Mythos, Deukalion und Pyrrha, sowie der indische Stammvater Manu überlebten gemäß der Sage ebenfalls eine Sintflut. Besonders eng aber ist die biblische Sintflut-Erzählung mit dem babylonischen Gilgamesch-Epos verbunden, das auf vage sumerische Quellen zurückging, die um 2000 v. Chr. entstanden. Dessen erste akkadische epische Bearbeitungen erfolgten um 1750 v. Chr.

Bildende Kunst: Der Niederländer Jan van Scorel malte die Sintflut, wie er sie sich vorstellte, um 1530 in Öl auf Holz. Er entwickelte eine hochdramatische Szenerie, die als typisches Beispiel für den von ihm gepflegten Manierismus gilt. Das durch die Urflut wieder über die Menschen hereinstürzende Chaos wird äußerst plastisch dargestellt. Die Menschen versuchen in panischer Hast, sich auf die Hügel und hinauf in die Bäume zu retten. Dabei helfen sie sich gegenseitig. Sie ergeben sich nicht in ihr von Gott gewolltes Schicksal, sondern wollen verzweifelt ihr Überleben sichern. Die Tiere beachten sie dabei nicht. Nur Noah sorgt sich um deren Fortbestand. In der Bildmitte ist vor einer aufragenden Burg seine in düsteren Farben gezeichnete Arche zu erkennen. Das Bild mit dem Titel *Sintflut* ist 109 x 178 cm groß und hängt heute im Museo del Prado in der spanischen Hauptstadt Madrid.

EMPFEHLUNG

Lesenswert:
Die Bibel, Einheitsübersetzung, mit dem Kommentar der *Neuen Jerusalemer Bibel*. Genesis, Kapitel 6, Vers 5 – Kapitel 9, Vers 17, Freiburg im Breisgau 2000.

Hörenswert:
Boris Blacher: *Die Flut*, Rundfunkoper, Erstausstrahlung: Leipzig 1946.

Igor Strawinsky: *Die Sintflut*, Oper, Uraufführung: Hamburg 1963.

Guus Janssen: *Noah*, Oper, Uraufführung: Amsterdam 1994.

Sehenswert:
Das Arche-Noah-Prinzip. Regie: Roland Emmerich, mit Richy Müller, Franz Buchrieser, Matthias Fuchs, Bundesrepublik Deutschland 1983.

Jan van Scorel: *Sintflut*, um 1530, Öl auf Holz, 109 x 178 cm, Prado, Madrid.

Besuchenswert:
Der Berg Ararat in der östlichen Türkei (5198 Meter hoch), auf dem gemäß Genesis, Kapitel 8, Vers 4, nach der Flut die Arche Noah gelandet sein soll.

AUF DEN PUNKT GEBRACHT

Die biblische Erzählung von der Sintflut greift die Mythen anderer Völker auf, entfernt aber konsequent deren polytheistische Elemente und baut sie in den Jahwe-Glauben ein.

Noahs Nachkommen

Genesis 9, 18 – 10, 32 und 11, 10-26

Auch die zweite Folge von Geschlechterreihen in der Genesis hat mehr als nur dokumentarischen Charakter. Diesmal soll die Abstammung des Patriarchen Abraham von Noah legitimiert werden. Auf dem Weg von Abraham zu Noah begegnen dem Leser nicht nur Namen, sondern typisierende Gestalten, so etwa die Urväter der drei damals bekannten Menschenrassen. Es handelte sich um Noahs Söhne Sem, Ham und Jafet.

Nach der biblischen Überlieferung war Noah als Sintflut-Überlebender der Ahnherr der ganzen Menschheit, mit dem Gott einen neuen Bund geschlossen hatte. So stammten von seinen Söhnen alle Völker der Erde ab. Mit der ersten Geschichte, die die Genesis von Noah und seinen Söhnen nach der Sintflut erzählt, begründet sie auch gleich das Verhältnis dieser Völker untereinander aus Sicht der Hebräer.

■ *Noah pflanzt Weinstöcke.* Venezianisches Mosaik, 13. Jahrhundert. Venedig, San Marco, erstes Kuppeltravee in der Westvorhalle

Die Bibel erzählt, dass Noah der erste Ackerbauer wurde und einen Weinberg pflanzte. Nachdem er von seinem eigenen Wein getrunken hatte, war er berauscht in seinem Zelt eingeschlafen und hatte sich dabei versehentlich entblößt. Der erste, der ihn in diesem Zustand sah, war sein Sohn Ham, der Vater Kanaans. Anstatt nun diskret zu schweigen oder seinen Vater respektvoll zuzudecken, schien er sich über seine Entdeckung zu amüsieren. Er lief aus dem Zelt und erzählte seinen beiden Brüdern davon. Diese bewiesen wesentlich mehr Sinn für Pietät. Sie nahmen einen Überwurf, gingen rückwärts ins Zelt und deckten ihren Vater damit zu. Die ganze Zeit über hielten sie dabei ihre Gesichter abgewandt, um die Blöße ihres Vaters nicht zu sehen.

Als Noah seinen Rausch ausgeschlafen hatte, erfuhr er, was geschehen war. Er reagierte ziemlich verärgert. »Verflucht sei Kanaan«, erklärte er deftig. Dieser sollte fortan der niedrigste Knecht seiner Brüder sein. An dieser Stelle wird der Bibelbericht ein wenig ungenau. Zuerst ist von Ham als dem Übeltäter die

Rede, dann aber von seinem Sohn Kanaan. Die Ursache für diese Unstimmigkeit mag daran liegen, dass sich der Jahwist, der diesen Bericht niederschrieb, auf eine alte Überlieferung bezog, in der ursprünglich von Kanaan erzählt wurde.

Nach diesem Fluch segnete Noah seine beiden anderen Söhne Sem und Jafet, die in Zelten wohnen und von Kanaan bedient werden sollten. Die Bibel will mit dieser Erzählung auch die Macht der Segens- und Fluchsprüche der Patriarchen unterstreichen, denn nach dem Bericht über die Begebenheit folgt die so genannte Völkertafel. In ihr schienen sich Noahs Worte zu bewahrheiten. Von Sem stammten die Semiten und insbesondere die Israeliten ab. Diese hatten die Kanaaniter, die Nachkommen Kanaans, besiegt und beherrschten sie zur Zeit der Niederschrift der Erzählung durch den Jahwisten und die Priesterschaft. Das war auch der unausgesprochene Sinn und Zweck der Geschichte: Die Vorrangstellung der Semiten und die Unterwerfung der Kanaaniter sollte begründet werden.

Verfolgt man die Völkertafel weiter, ergibt sich eine Gliederung der damaligen Menschheit. Es geht hier weniger um eine rassisch-völkische Verwandtschaft als vielmehr um geschichtlich-geographische Beziehungen. Die Grundeinteilung erfolgte in die Söhne Sems, die Semiten, die Söhne Hams (nun kommt wieder der Name von Kanaans Vater ins Spiel), die Hamiten, und die Nachkommen Jafets.

Korrekt betrachtet, handelt es sich bei den Semiten um eine Sprachgemeinschaft und nicht um eine Rasse. Die ältesten Semiten gehörten vermutlich ursprünglich zur orientaliden Rasse der arabischen Beduinen. Aber auch die vorderasiatische Rasse bestimmte ihren Typus. Man geht davon aus, dass sie aus dem mittelarabischen Hochland stammten. In jedem Fall gingen ihre Wanderungswellen von der arabischen Halbinsel aus. Die dürftigen Lebensbedingungen im größten Teil Arabiens veranlassten sie zu häufigen Einfällen in fruchtbarere Länder. Durch mehrere

■ Opferstätte oder kleiner Tempel in Ashdod (Israel), der alten Philisterstadt in Kanaan, die 710 v. Chr. durch die Assyrer unter Sargon II. zerstört wurde.

SEMITISCHE WANDERUNGEN

Die semitischen Wanderungswellen zogen ab 3000 v. Chr. durch Ägypten, Babylonien und Kanaan. Vor ihrem Eindringen in Gebiete mit bäuerlicher Kultur lebten die Semiten zumeist als nomadische Wanderhirten.

SEMITEN UND INDOGERMANEN

Auch in der Neuzeit hat die Einteilung der Menschen in Rassen gemäß der Völkertafel zu völlig fehlgeleiteten Überlegenheitsgefühlen geführt. Im neunzehnten Jahrhundert glaubte man, dass dem indogermanischen Sprachstamm auch ein indogermanischer Rassentypus entspräche. Die Angehörigen dieser Rasse bezeichnete man als Arier und stellte sie sich groß, blond und langschädelig vor. Im Gegensatz zu ihnen standen die Semiten, die klein, dunkelhaarig und kurzköpfig sein sollten. Sie bildeten die geistig-moralischen Antipoden zur arischen Idealfigur. Der Unsinn dieser Auffassung ist heute längst wissenschaftlich erwiesen.

Wanderungsschübe ab 3000 v. Chr. kamen die Semiten nach Mesopotamien, Syrien-Palästina, ins äthiopische Hochland und in Randgebiete westlich des Mittelmeers. Nach der biblischen Völkertafel gehören zu ihren Volksstämmen die Elamiter, die Assyrer, die Aramäer und die Hebräer. Deren Sprachen waren eng miteinander verwandt.

Die Hamiten bewohnten die südlichen Länder Ägypten, Äthiopien und Arabien. Aufgrund der Erinnerung an die ägyptische Herrschaft wird Kanaan zu diesen Gegenden hinzugezählt.

Die Nachkommen Jafets schließlich bildeten die nördlichen Völkerschaften, die Kleinasien und die Mittelmeerinseln bewohnten. Parallel zu dieser Erzählung gibt es interessanterweise in Griechenland (Mittelmeerinseln) einen Mythos um einen Helden mit Namen Japetos.

Gewisse sprachliche Verwandtschaften lassen Rückschlüsse auf einen gemeinsamen Ursprung von Semiten, Hamiten und den Nachkommen Jafets zu. Letztere gehören zum so genannten indogermanischen Sprachstamm. Für die Zeit vor 6000 v. Chr. wird von Wissenschaftlern eine semitisch-hamitisch-indogermanische Sprachgemeinschaft angenommen.

Die Völkertafel erwähnt unter anderem auch eine weitere mythische Sagengestalt: Nimrod. Er war vermutlich mit dem babylonischen Nationalhelden Gilgamesch identisch, der die assyrische Hauptstadt Ninive erbaute und über Babel, Erech, Akkad und Kalneh herrschte. Außerdem war Nimrod der Name des sumerisch-babylonischen Kriegs- und Jagdgottes Ninurta. Auch Erinnerungen an den sagenhaften Eroberer Sargon von Akkade könnten in dieser Gestalt fortgelebt haben. Die Bibel bezeichnet Nimrod als gewaltigen Jäger vor dem Herrn.

Im weiteren Verlauf verengen sich die Geschlechtsregister der Völkertafel auf die unmittelbaren Vorfahren Abrahams, der in der biblischen Überlieferung eine wichtige Rolle spielen sollte.

■ Barrekup, der König von Aram, betet das göttliche Zeichen an. Die aramäische Inschrift beschreibt die Konstruktion des Palastes. Relief auf einem Basaltorthosat, Fundort Sinjirli, Türkei. Späthethitisch, 9. Jahrhundert v. Chr.

NOAHS NACHKOMMEN

ÜBERLIEFERUNG

Quellen: Die Erzählung vom Fluch Noahs über Kanaan stammt vom Jahwisten, der sich wiederum auf noch ältere mündliche Überlieferungen zur Begründung der Vorherrschaft der Hebräer bezog. Die Geschlechtsregister aus der Völkertafel setzen sich aus einigen kürzeren Einschüben aus der Feder des Jahwisten und weit überwiegenden Erläuterungen der Priesterschaft zusammen. Mit der Völkertafel soll die Abstammung Abrahams und die Herkunft der Menschen aus verschiedenen geographischen Regionen der alten Welt begründet werden. In die Geschlechtsregister fanden auch Sagengestalten wie der möglicherweise vom babylonischen Gilgamesch-Epos inspirierte König Nimrod Eingang.

Bildende Kunst: Vom frühen Mittelalter an fanden sich im gesamten christlichen Abendland immer wieder künstlerische Darstellungen des dankbaren Themas von Noahs Trunkenheit und Verspottung. Die ersten Motive wurden über die byzantinische Buchmalerei in abendländische Zyklen aufgenommen. In alten spanischen Bibeln etwa befanden sich Szenen von Noah beim Weinbau, bei der Weinernte, bei der Kelter und beim Trunk. Auch Karl Caspar, ein Vertreter des deutschen Frühexpressionismus, schuf in einer Arbeit aus dem Jahre 1910 das Motiv »Noahs Weinlese«. Die nach diesem Element der Geschichte folgenden Szenen lieferten bereits im Frühmittelalter Anregungen für zahlreiche Motive, so etwa das Herbeiholen der Brüder durch Ham. In den meisten alten Arbeiten ist diese Darstellung mit der Bedeckung Noahs durch Sem und Jafet verbunden. Nur wenige Künstler in dieser Epoche zeigen Noah völlig entblößt. Vom Spätmittelalter an geschieht dies häufiger, so etwa im bekanntesten Beispiel durch Michelangelo in der Sixtinischen Kapelle. Vereinzelt werden neben den Söhnen auch die Frauen gezeigt. Beispiele hierfür sind ein Fresko von Benozzo Gozzoli, Pisa Camposanto oder ein alter französischer Teppich. Auch der Fluch über Kanaan wird ausgehend von alten byzantinischen Werken verschiedentlich dargestellt, meist in Form eines Fluches über Ham. Noah wird in solchen Szenen in thronender Haltung abgebildet. Beendet werden diese oft in Zyklen dargestellten Bilderzählungen häufig mit einer Darstellung vom Tod Noahs.

EMPFEHLUNG

Lesenswert:

Die Bibel, Einheitsübersetzung, mit dem Kommentar der *Neuen Jerusalemer Bibel.* Genesis, Kapitel 9, Vers 18 – Kapitel 10, Vers 32, außerdem Kapitel 11, Vers 10-26, Freiburg im Breisgau 2000.

Deutsche Bibelgesellschaft (Hg.): *Die Bibel nach der Übersetzung Martin Luthers*, Genesis, Kapitel 9, Vers 18 – Kapitel 10, Vers 32, außerdem Kapitel 11, Vers 10-26, Stuttgart 1999.

Kurt Galling (Hg.): *Die Religion in Geschichte und Gegenwart*, Band 5, Tübingen 1986.

Klaus Koch, Eckart Otto, Jürgen Roloff und Hans Schmoldt (Hg.): *Reclams Bibellexikon*, Seite 463, Stuttgart 2000.

Dr. Georg Herlitz und Bruno Kirschner (Hg.): *Jüdisches Lexikon*, Band 4, 1 und Band 4, 2, Frankfurt am Main 1987.

AUF DEN PUNKT GEBRACHT

Die Einteilung der Menschen in Rassen mit unterschiedlichen Bevorzugungen auf Basis der Völkertafel und der Erzählung von Noahs Rausch erwies sich in der Geschichte als äußerst problematisch und unglücklich.

Der Turmbau zu Babel

Genesis 11, 1-9

■ *Der Turmbau zu Babel* (1. Mose 11, 1-9). Fresko des Indiomeisters Juan Gerson, 16. Jahrhundert. Ausschnitt aus der Gewölbemalerei in der Kirche des Franziskanerklosters Tecamachalco in Mexiko.

Wenn die Menschen einander nicht mehr verstehen, ist bis heute oft von »babylonischer Sprachverwirrung« die Rede. In der Bibel ist es die Geschichte vom Turmbau zu Babel, in dem die Vielfalt der Sprachen und die sich aus ihr ergebende Uneinigkeit der Menschheit mythisch erklärt wird. Es ist eine Geschichte, die, wie es scheint, vom Übermut der Menschen und von dem Herrschaftsanspruch Jahwes berichtet.

Die Geschichte vom Turmbau zu Babel unterbricht die Aufzählung der Abkömmlinge Noahs nach der Sintflut und den Bericht, wie die von ihm gegründeten Sippenverbände die Städte und Landschaften des Vorderen Orients besiedelten, und macht einen ganz neuen Anfang – sie stammt aus einer anderen Quelle als die genealogischen Aufzeichnungen vorher und nachher im Text. Von Osten, so heißt es nun, sei die Menschheit als ein einziges Volk mit einer einzigen Sprache aufgebrochen und habe sich auf der Ebene des Landes Schinar, das ist Babylonien im mittleren Irak, niedergelassen.

In dieser fruchtbaren Ebene wurden die Menschen erfinderisch, formten Lehmziegel und brannten sie zu harten Backsteinen. Sie nutzten Erdpech als Mörtel und begannen zu bauen. Eine ganze Stadt sollte entstehen und in ihrer Mitte ein Turm, dessen Spitze in den Himmel ragte. »Auf … machen wir uns einen Namen, dann werden wir uns nicht über die ganze Erde zerstreuen«, sprachen sie. Eine Stadt, eine berühmte Stadt mit einem großen Turm, meinten sie offenbar, beherrscht ihr Umland auf Dauer und kann die Bevölkerung eines schier unübersehbaren Gebiets einigen.

Die Umtriebigkeit der Menschen blieb dem Herrn nicht verborgen, und er stieg vom Himmel hinab, um sich näher anzusehen, was sie da bauten. Es beunruhigte ihn. »Und das ist erst der Anfang ihres Tuns«, sprach er. »Jetzt wird

TEMPELTÜRME IM ALTEN ORIENT

»Zikkurat« hießen die Tempeltürme im alten Orient. Fast jede größere mesopotamische Stadt dürfte mindestens einen solchen Bau besessen haben. Bekannt sind unter anderem die Tempeltürme aus Babel, Ur, Uruk, Assur und Ninive. Die genauen Bedeutungen der Bauten sind unklar. Es könnte sich sowohl um Gottesgräber als auch um Gotteswohnungen, Gottesthrone oder Altäre gehandelt haben.

■ *Der Turmbau zu Babel.* Im Mittelgrund der Erbauer des Turms, König Nimrod. Gemälde von Lucas von Valckenborch (um 1530–1597). Heidelberg, Kurpfälzisches Museum

ihnen nichts mehr unerreichbar sein, was sie sich auch vornehmen.« Er wollte nicht, dass die Menschen mächtige Städte bauten und Reiche schufen, die die ganze Menschheit umfassten, denn immerhin war er der Gott eines Nomadenvolkes, das die städtische Zivilisation verabscheute und nicht wollte, dass die Stadtgötter einen größeren Namen hatten als ihr eigener Gott.

Und der Herr wusste, wie er dem allzu kecken Treiben der Menschen, genauer wohl: der Stadtmenschen, ein Ende setzen konnte. »Auf«, rief er seinem himmlischen Gefolge zu, »steigen wir hinab und verwirren wir dort ihre Sprache …!« Und so geschah es. Keiner da unten in Babel verstand mehr den anderen, die Menschen liefen auseinander und zerstreuten sich über die ganze Erde. Augenblicklich hörten sie auf, an ihrer Stadt zu bauen. Seitdem hat, so meint jedenfalls die Bibel, Babel erst seinen Namen, denn Babel liest sich auf Hebräisch wie »Wirrsal«.

In der Tradition der Bibeldeutung wurde die babylonische Sprachverwirrung meist als Strafe Gottes für die Überheblichkeit der Menschen interpretiert. Andere hat die offenkundige Missgunst,

■ *Der Turmbau zu Babel.* Venezianisches Mosaik, 13. Jahrhundert. Venedig, San Marco, Vorhalle

mit der Jahwe den Aufschwung der menschlichen Zivilisation betrachtete, an den »Neid der Götter« im griechischen Mythos erinnert, der etwa Zeus dazu bewog, den Zivilisationsbringer Prometheus an die Felsen des Kaukasus zu schmieden. Wenn man die Geschichte aber als Teil der ältesten biblischen Überlieferung betrachtet, die die eines nomadischen Hirtenvolkes ist, erklärt sich die Missgunst gegenüber den reichen Städtern ebenso zwanglos wie die – im Bibeltext Jahwe zugeschriebene – Genugtuung darüber, dass sich die Menschen nach dem Ende des Turmbaus von Babel »zerstreuten«, also als Nomaden durch die Weiten der Steppe zogen. Dass die Menschen aber oft ihre gemeinsame Sprache verlieren, wenn ein großer Staatsverband zerstört ist und sie auseinanderlaufen, ist eine Tatsache, die sich oft in der Geschichte beobachten lässt.

Noch aus einem anderen Grund bedurfte die Beobachtung, dass die Menschheit viele unterschiedliche Sprachen spricht, einer Erklärung. Nach dem biblischen Schöpfungsbericht stammen alle Menschen von einem einzigen Menschenpaar ab. Vor dem Hintergrund dieses gemeinsamen Ursprungs hätte eigentlich auch eine gemeinsame Sprache aller Menschen selbstverständlich sein müssen. Die Geschichte vom Turmbau zu Babel versuchte nun, diesen logischen Widerspruch im Hinblick auf die zuvor in der Genesis erzählte Geschichte von der Erschaffung des Menschen mythologisch zu erklären. Aus der Unterschiedlichkeit der Sprache ergab sich dann wiederum auch eine Unterschiedlichkeit der Menschen. Denn auch diese war nicht zu leugnen und passte zur Zeit der Niederschrift der Geschichte ebenfalls sehr schlecht in den erzählerischen Zusammenhang der frühen Bibelberichte über die Ursprünge der Menschheit. So aber konnte gesagt werden, dass sich die Menschen aufgrund ihrer unterschiedlichen Sprachen zerstreuten und sich dadurch auch buchstäblich auseinander lebten und teilweise sehr unterschiedliche Merkmale ausprägten. Und der Ausgangspunkt für all diese Unterschiede war eben nach dem biblischen Geschichtsverständnis die nachhaltige und sich in allen folgenden Generationen verfestigende Sprachverwirrung anlässlich des ebenso überheblichen wie vergeblichen Versuchs, in Babel einen großen Turm zu errichten, dessen Spitze bis in den Himmel reichen sollte.

STÄDTER UND NOMADEN IM ALTEN ORIENT

Die Nomaden befanden sich auf einer urtümlicheren Lebensstufe als die Städter. Sie zogen umher und konnten sich ihren Lebensunterhalt nur durch die immer neue Suche nach Wasserstellen und Weideplätzen für ihr Vieh sichern. An den besten Stellen hatten sich aber oft schon die Städter niedergelassen. Konflikte waren vorprogrammiert.

DER TURMBAU ZU BABEL

ÜBERLIEFERUNG

Quellen: Die Erzählung vom Turmbau zu Babel in den Versen 1 bis 9 des 11. Kapitels der Genesis stammt aus der jahwistischen Quellenschicht. Als der Jahwist sie um 900 v. Chr. niederschrieb, ergab sich architektonisch eine völlig andere Ausgangssituation als heute. Mit dem Bau des babylonischen Turmes wurde schon wesentlich früher, vermutlich im 12. Jahrhundert v. Chr. unter Nebukadnezar I., begonnen. Dieser Bauplan konnte allerdings damals nicht zu Ende geführt werden. Zu der Zeit, als der Jahwist schrieb, stand der Turm also schon mehrere Jahrhunderte unvollendet da. Auf dieses offensichtlich gescheiterte Bauvorhaben gab es ein altes babylonisches Spottlied, das dem Jahwisten bei seiner Ausarbeitung möglicherweise vorgelegen hat. Dieses kombinierte er dann mit seinen Beobachtungen. Denn der babylonische Turm war damals viel größer geplant als alle anderen Hochtempel-Stufenterrassen seiner Zeit. Er sollte sieben sich nach oben hin immer weiter verkleinernde Stufen haben, die anderen damaligen Tempeltürme hatten nur fünf Stufen. Die Seitenlänge des quadratisch angelegten Bauwerks betrug in den Fundamen 91,50 Meter. In diesen gewaltigen Ausmaßen sah der Jahwist eine die Möglichkeiten des Menschen übersteigende Überheblichkeit und entwickelte daraus seine Auffassung der Geschichte des Turmbaus zu Babel. Jahrhunderte nach der Niederschrift des Jahwisten wurde der babylonische Turm von Nebukadnezar II. (605–562 v. Chr.), dem bedeutendsten König des neubabylonischen Reiches, doch noch vollendet. Mit der Weiterführung der Bauarbeiten war schon um 680 v. Chr. begonnen worden. Der Turm wurde dann unter Nebukadnezar II. als Tempelturm von Etemenanki dem babylonischen Stadtgott Marduk geweiht. Die unterste Stufe hatte eine dreiteilige Freitreppenanlage. Die obersten beiden Stufen bildeten den Hochtempel Marduks. Sie enthielten unter anderem ein großes Bett für die Gottesbraut, einen überdachten Hof, sechs Kulträume für sieben weitere Götter sowie einen Wach- und Beobachtungsraum. Der antike Geschichtsschreiber Herodot berichtete, dass der Turm noch um 460 v. Chr. in gutem Zustand war. Doch schon Alexander der Große hatte im 4. Jahrhundert v. Chr. begonnen, die Überreste des Turmes abtragen zu lassen, um sie später wieder aufzubauen. Diesen Plan aber konnte er nicht mehr verwirklichen. Der Name Babel wurde übrigens nicht aus dem hebräischen Wortstamm für »verwirren« gebildet, wie es der Jahwist irrtümlich annahm, sondern bedeutet »Gottes Tor«.

EMPFEHLUNG

Lesenswert:
Die Bibel, Einheitsübersetzung, mit dem Kommentar der *Neuen Jerusalemer Bibel*. Genesis, Kapitel 11, Vers 1-9, Freiburg im Breisgau 2000.

Parrot: *Der Turm zu Babel*, in: Bibel und Archäologie I, Seite 61 – 108, 1955.

Th. Dombart: *Der babylonische Turm*, Leipzig 1930.

Hörenswert:
Josef Tal: *Der Turm*, Oper, Uraufführung: Berlin 1987.

Sehenswert:
Pieter Brueghel der Ältere: *Der Babylonische Turm*, 1564, Kunsthistorisches Museum Wien.

C. Anthonisz: *Der Babylonische Turm*, Radierung, 1547, Kupferstichkabinett Berlin.

Besuchenswert:
Der teilweise rekonstruierte Tempelturm (Zikkurat) des Mondgottes Nanna in Ur im südlichen Mesopotamien, Irak, erbaut von König Urnammu (2250–2233 v. Chr.).

AUF DEN PUNKT GEBRACHT

Der Turmbau zu Babel ist ein typischer Mythos, der teilweise unerklärliche natürliche Beobachtungen kreativ mit übernatürlichen Ursachen zu erklären versucht und daraus eine phantasievolle Geschichte kombiniert.

Sodom und Gomorrha

Genesis 19, 1-38

■ *Lots Errettung* (1. Mose 19, 23). Holzstich nach einer Zeichnung von Gustave Doré (1832–1883), mit späterer Kolorierung. Aus der Folge der 230 »Bilder zur Bibel«, 1865. Deutsche Ausgabe Stuttgart

Bis auf den heutigen Tag werden die Namen der beiden Städte Sodom und Gomorrha zitiert, um einen Abgrund menschlicher Verworfenheit, einen »Sündenpfuhl« zu bezeichnen. Der andere Aspekt zeigt einen konsequenten Gott. Gerechte Menschen werden gerettet und belohnt, schlechte Menschen unnachgiebig bestraft.

Die Hauptfigur der Erzählung um Sodom und Gomorrha ist Lot, ein Neffe des biblischen Patriarchen Abraham. Er tritt in der Genesis erstmals als handelnde Person in Erscheinung, als er sich von Abraham in Frieden trennt. Beide waren sehr reich und hatten viele Schafe, Ziegen und Rinder. Gemeinsam zogen sie mit ihren Familien und Knechten nomadisierend durchs Land. Doch wegen der Größe ihrer Herden gaben die Weideflächen nie genug Platz für beide zugleich her. So kam es zwischen ihren Hirten immer wieder zum Streit. Einen solchen Ärger unter Verwandten wollte Abraham unbedingt vermeiden. Deshalb schlug er dem Lot eine Trennung vor und überließ ihm die Wahl: »Wenn du nach links willst, gehe ich nach rechts. Willst du aber nach rechts, gehe ich nach links.«

Lot sah sich um und wählte für seine Herden die fruchtbare Jordangegend, wörtlich übersetzt, den »Jordankreis«. Gemeint ist das untere Jordantal südlich des Toten Meeres, das gemäß der biblischen Überlieferung damals von der Stadt Sodom beherrscht wurde – eine folgenschwere Entscheidung.

Lot sollte in Sodom keinen Frieden finden. Denn inzwischen hatte der Herr beschlossen, die Städte Sodom und Gomorrha zu

vernichten, weil deren Bewohner durch und durch verderbt waren. Zunächst offenbarte Gott seine Absicht dem Abraham. »Ich habe laute Klagen über Sodom und Gomorrha vernommen«, eröffnete er ihm. »Ihre Sünden, so hörte ich, sind sehr schwer. Ich werde nachsehen, ob das stimmt.«
Abraham ahnte, dass das Strafgericht über die sündigen Städte fürchterlich ausfallen würde, wenn sich die Klagen bewahrheiten sollten, die dem Herrn zu Ohren gekommen waren. Mitfühlend wie er war, bat er um Gnade für die unschuldigen gerechten Menschen, die vielleicht auch in der Stadt lebten. Das kollektive Verantwortungsgefühl war im alten Israel zur Zeit der Niederschrift der Geschichte sehr ausgeprägt.
»Willst du denn die Gerechten auch mit den Ruchlosen wegraffen?«, fragt Abraham den Herrn. »Das kannst du doch nicht tun. Vielleicht gibt es ja fünfzig Gerechte in der Stadt. Willst du um deretwillen nicht den Ort verschonen? Soll sich der Richter über die ganze Erde denn nicht an das Recht halten?«
Hinter dieser letzten Frage stand die Überzeugung, dass mehr Ungerechtigkeit darin liegt, einige wenige Unschuldige zu verurteilen, als viele Schuldige zu verschonen.

■ *Sodom und Gomorrha* (1. Mose 30–35). Gemälde von Jan Brueghel d. Ä. (1568–1625). München, Alte Pinakothek

GEOLOGIE

Der Mythos vom Strafgericht über Sodom und Gomorrha könnte von einer tatsächlichen Naturkatastrophe inspiriert sein. Die Schollen der Jordansenke sanken vor einigen Jahrtausenden stufenweise immer tiefer. Möglicherweise hat ein Erdbebenstoß, verbunden mit Erdgaseruptionen, einige Siedlungen oder Städte dort zerstört. Außerdem gibt es in dieser Gegend bis heute zahlreiche Schwefelquellen, bei deren Ausbruch dicker Rauch wie aus einem Backofen aufsteigt. Auch für die Salzsäule, zu der Lots Frau erstarrte, gibt es ein natürliches Vorbild. Aus dem Salzgebirge südlich des Toten Meeres bilden sich gelegentlich durch Verwitterungen isolierte Salzsäulen, die an Frauengestalten erinnern.

Der Herr zeigte sich einsichtig und versprach, den Ort zu schonen, wenn sich fünfzig Gerechte darin fänden. Von dieser Zusage ließ sich Abraham ermutigen und versuchte in aller Bescheidenheit weiter mit Gott zu rechten, wenngleich er demütig einräumte, nur »Staub und Asche« zu sein. In aller Untertänigkeit fragte er: »Wenn aber fünf Gerechte weniger in der Stadt sind, wirst du sie dann vernichten, Herr?«

»Nein, auch dann nicht, wenn ich nur fünfundvierzig Gerechte finde.«

Abraham ließ nicht locker: »Und wenn es nur vierzig sind?«

»Auch dann werde ich die Stadt verschonen.«

»Zürne nicht, Herr«, flehte der Patriarch, »vielleicht sind es aber nur dreißig Gerechte.«

»Ich würde den Ort nicht vernichten.«

So ging es weiter, bis Abraham den Herren auf zehn Gerechte heruntergehandelt hatte. Nun sandte der Herr zwei Engel in menschlicher Erscheinung nach Sodom, die dort wenig angenehme Erfahrungen machten. Zunächst aber begegnete den Jünglingsgestalten Lot am Stadttor. Er begrüßte sie ehrerbietig, verbeugte sich bis zur Erde und lud sie ein, in seinem Haus zu übernachten. Nach anfänglichem Zögern gingen sie mit. Lot ließ ungesäuerte Brote backen und bereitete ihnen ein schmackhaftes Mahl. Sie waren noch nicht schlafen gegangen, da hatten die Einwohner Sodoms Lots Haus umstellt. Eine große Volksmenge forderte lautstark, Lot solle ihnen seine Gäste hinausschicken. Was sie von ihnen wollten, erklärten sie ziemlich unverblümt: »Heraus mit ihnen, wir wollen mit ihnen verkehren.«

Homosexualität war unter den Nachbarvölkern der Israeliten zur Zeit der Niederschrift der Erzählung weit verbreitet. Nach israelitischen Moralvorstellungen handelte es sich dabei aber um ein todeswürdiges Verbrechen. Bis heute werden in Erinnerung an diese Begebenheit Homosexualität und auch Unzucht mit Tieren als Sodomie bezeichnet.

Lot versuchte, seine Gäste zu schützen. Er trat aus dem Haus, schloss die Tür und wollte den Pöbel beschwichtigen: »Aber, meine Brüder, begeht doch nicht so ein schlimmes Verbrechen.«

Er bot der Masse sogar seine beiden Töchter an, die noch Jungfrauen waren, wenn man nur die beiden Männer in seinem Hause verschone. Die heilige Pflicht der Gastfreundschaft wird in diesem Zusammenhang über alle sonstigen Werte erhoben. Sie soll dem Gerechten mehr als die Ehre einer Frau gelten. Doch die Bewohner Sodoms wurden immer aufgebrachter und fingen an zu schreien. Sie setzten Lot gewaltig zu und wollten schon die Tür aufbrechen. Da packten die beiden Engel Lot von hinten, zogen ihn ins Haus und verriegelten die Tür wieder. Dann setzten sie ihre übernatürlichen Kräfte ein und schlugen alle Leute vor dem Haus mit Blindheit, sodass diese die Tür gar nicht mehr finden konnten.
Jetzt warnten die Engel Lot vor der Vernichtung Sodoms. Er solle mit seiner Familie schleunigst das Weite suchen. Lot berichtete als erstes den beiden Bräutigamen seiner Töchter von der Warnung. Aber sie glaubten ihm nicht und verspotteten ihn sogar. Am nächsten Morgen drängten die beiden Engel Lot zur Eile. Er sollte auf der Stelle mit seiner Frau und seinen beiden Töchtern aus der Stadt verschwinden. Die Vernichtung stand kurz bevor. Als er zögerte, fassten die Engel die ganze Familie an der Hand und führ-

■ Lot (Stewart Granger) mit seinen beiden Töchtern, dargestellt von Claudia Mori und Rossana Podesta. Szene aus dem italienischen Film von 1963 *Sodom und Gomorrha*. Regie: Robert Aldrich.

■ *Lot und seine Töchter*. Gemälde von Peter Paul Rubens (1577–1640). Schwerin, Staatliches Museum

ten sie vor die Stadt. Der Herr aber sprach zu Lot und forderte ihn auf, weiter zu laufen bis zu einer kleinen Stadt namens Zoar und dann weiter ins Gebirge. Auf keinen Fall dürfe jemand aus der Gruppe zurückblicken auf die Katastrophe, die gleich über die verderbten Städte niedergehen werde. Nun ließ Gott Feuer und Schwefel auf Sodom und Gomorrha regnen. Die ganze Gegend und alle Menschen, die dort lebten, wurden vernichtet.

Auf der Flucht missachtete Lots Frau die göttliche Warnung, blickte auf das Inferno zurück – und erstarrte zu einer Salzsäule.

Als Abraham bald danach die Gegend überblickte, sah er nur noch rauchende Trümmerhaufen, aus denen Qualm aufstieg wie aus einem Schmelzofen. Es waren offensichtlich keine Gerechten unter den Stadtbewohnern zu finden gewesen.

Lot lebte nun mit seinen beiden Töchtern allein im Gebirge in einer Höhle. Die Töchter aber glaubten, dass niemand außer ihnen die Katastrophe überlebt habe und es nun auf der Welt keine Männer mehr gebe. Daher machten sie ihren Vater an zwei aufeinanderfolgenden Abenden betrunken und legten sich zu ihm, um mit ihm Kinder zu zeugen. Und in der Tat wurden sie beide schwanger. Die Ältere gebar einen Sohn, den sie Moab nannte. Er wurde der Stammvater der Moabiter. Auch die Jüngere bekam einen Sohn, Ben-Ammi. Er galt als Stammvater der Ammoniter. So wurde der gerettete Lot Ahnherr zweier namhafter Völker.

MOAB UND AMMON

Die Genesis stellt die Töchter Lots, die mit ihrem Vater Kinder zeugten, nicht als unzüchtig dar. Ihr Handeln wird als selbstlos zur Sicherung des Fortbestandes ihres Geschlechts verstanden. Moab bedeutet hebräisch »aus dem Vater (stammend)«, Ben-Ammi »Sohn meines Verwandten«.

SODOM UND GOMORRHA

ÜBERLIEFERUNG

Quellen: Viele Wissenschaftler halten die Erzählung von Sodom und Gomorrha für unhistorisch und glauben, dass sie zu den überall auf der Welt verbreiteten Sagen von so genannten »Teufelsseen« gehört. Landschaften, die einen besonders trostlosen Eindruck machen, wie etwa die Gegend südlich des Toten Meeres, seien, so glaubte man, aus einstmals fruchtbaren Städten und Ländereien entstanden, die wegen ihrer Gottlosigkeit vernichtet wurden. Andere Forscher wiederum halten die Erzählung aus Genesis, Kapitel 19, für eine dunkle Erinnerung an eine Naturkatastrophe in der südlichen Region um das Tote Meer. Bis in die Neuzeit sind in diesem Gebiet immer wieder Erdbeben vorgekommen. Die Erzählung von Lot, der mit seinen Töchtern Nachkommen zeugte, geht möglicherweise auf eine Überlieferung der Moabiter und Ammoniter zurück. Da die Geschichte aber mit dem Motiv spielt, dass kein Mensch auf der Welt außer Lot und seinen Töchtern die Katastrophe überlebt hat, könnte es sich auch um eine ostjordanische Parallele zur Sintflutlegende handeln.

Musik: Der 1943 geborene Wiener Heinz Karl Gruber hat am 18. 1. 1993 in Wien eine Oper mit dem Titel *Gomorrha* uraufgeführt. Er hatte damit ein musikalisches Spektakel geschaffen, das schwer einzuordnen war. Kritiker waren sich darüber uneinig, ob sie hier ein Musical, ein Lehrstück oder eben doch eine Oper vor sich hatten. Der Textdichter des Stücks, der Wiener Staatsoperndramaturg Richard Bletschacher, gab hier, wenn nicht zur formalen Einordnung, so doch zur inhaltlichen Interpretation, eine vieldeutige Hilfestellung: »Gomorrha ist Symbol des Untergangs (laut Bibel), aber Liebe bleibt stärker.«

Bildende Kunst: Vom 13. Jahrhundert an wurden die Lot-Szenen in zahlreichen Zyklen künstlerischer Darstellungen aus dem Alten Testament gezeigt. Beispiele hierfür sind Motive in einer flämischen Bilderbibel aus dem Jahre 1332, Skulpturenzyklen aus dem Kapitelsaal der englischen Kathedrale von Salisbury um 1280 oder auf dem Portal der Kathedrale von Lyon um 1310. Rund 200 Jahre später dann zeigte Raffael in einer Darstellung in den Loggien des Vatikans, wie Lot seine Töchter an der Hand hält und auf den Betrachter zugeht. Rubens malte in einem Gemälde aus dem Jahre 1625, das heute im Pariser Louvre hängt, den Anfang der Flucht vor der Vernichtung von Sodom und Gomorrha vor der Bestrafung von Lots Frau.

EMPFEHLUNG

Lesenswert:

Die Bibel, Einheitsübersetzung, mit dem Kommentar der *Neuen Jerusalemer Bibel.* Genesis, Kapitel 19, Vers 1-38, Freiburg im Breisgau 2000.

Deutsche Bibelgesellschaft (Hg.): *Die Bibel nach der Übersetzung Martin Luthers*, Genesis, Kapitel 19, Vers 1-38, Stuttgart 1999.

Kurt Galling (Hg.): *Die Religion in Geschichte und Gegenwart*, Band 4 und Band 6, Tübingen 1986.

Klaus Koch, Eckart Otto, Jürgen Roloff und Hans Schmoldt (Hg.): *Reclams Bibellexikon*, Seite 315 und Seite 472, Stuttgart 2000.

Dr. Georg Herlitz und Bruno Kirschner (Hg.): *Jüdisches Lexikon*, Band 3 und Band 4, 2, Frankfurt am Main 1987.

Sehenswert:

Peter Paul Rubens: *Flucht aus Sodom*, 1625, Louvre, Paris.

AUF DEN PUNKT GEBRACHT

Die Erzählungen von Sodom und Gomorrha sowie Lot und seinen Töchtern sind farbige archaische Mythen, deren Wertvorstellungen zu heutigen moralischen Haltungen teilweise stark differieren.

Gottes Bund mit Abraham

Genesis 12, 1 – 18, 33

■ *Abraham erfährt, dass er Vater vieler Völker werden soll.* (1. Mose 15, 5). Holzschnitt von Julius Schnorr von Carolsfeld (1794–1874), mit späterer Kolorierung. Aus der »Bibel in Bildern«, Leipzig, um 1860

MELCHISEDEK

Der vorisraelitische Priesterkönig Melchisedek von Jerusalem gehört zu den geheimnisvollsten Erscheinungen des Alten Testaments. Nach Einnahme der Stadt Jerusalem durch König David um 1000 v. Chr. wurde die dortige Kulttradition der Verehrung des höchsten Gottes El Eljon vermutlich in den Jahweglauben übernommen. Vermutlich um das Zehntrecht der Jerusalemer Priester zu legitimieren, berichtet die Genesis, dass schon Abraham ihm zum Zeichen der Anerkennung den Zehnten entrichtet habe.

Mit Abraham beginnt die Geschichte der großen Stammväter des Volkes Israel. Abraham ging insbesondere als Mann des Glaubens in die biblische Geschichte ein. Mit ihm schloss Gott einen Bund, der durch die Beschneidung besiegelt wurde. Und er verkündete Abraham eine Nachkommenschaft, so zahlreich wie die Sterne am Himmel. Diese Verheißung würde sich also zu erfüllen beginnen, wenn Abraham einen Sohn bekam.

Doch Abrahams Frau Sarah war unfruchtbar. Deshalb bedurfte es einer großen gläubigen Zuversicht in das Wort des Herrn, gegen allen Anschein auf die Verheißung zu hoffen. An dieser Stelle der Geschichte hießen Abraham und Sarah übrigens noch Abram und Sarai. Ihre allgemein geläufigeren Namen sollten sie erst später bekommen.

Abram, der mit seinem Vater Terach, seiner Frau Sarai, seinem Neffen Lot und weiteren Angehörigen aus seiner Heimat Ur in Chaldäa ausgewandert war, um nach Kanaan zu ziehen, siedelte sich zunächst in Haran nordwestlich von Mesopotamien an. Als Abram 75 Jahre alt war, erging die Berufung des Herrn an ihn:

»Zieh weg aus deinem Land.« Gott versprach, Abram zu einem großen Volk zu machen und ihn zu segnen, ja, alle Geschlechter der Erde würden durch ihn Segen erlangen.

Abram gehorchte widerspruchslos. Als er fortzog, begleiteten ihn seine Frau, seine Knechte und sein Neffe Lot mit seinem gesamten Hausstand. Dies war die erste große Glaubenstat Abrams, der in schon vorgerücktem Alter seine irdischen Bindungen aufgab und mit seiner unfruchtbaren Frau auswanderte, weil er der Verheißung Gottes auf zahlreiche Nachkommenschaft glaubte.

Das Ziel seiner Reise war das Land Kanaan. Dort erschien ihm der Herr und versprach, Abrams Nachkommen dieses Land zu geben. Zuerst allerdings musste er nach Ägypten ziehen, weil in Kanaan eine schwere Hungersnot ausgebrochen war.

Dort fürchtete Abram um sein Leben. Seine Frau Sarai war sehr schön. Daher sorgte sich Abram, dass die Ägypter ihn erschlagen würden, um sich seiner Frau zu bemächtigen. Um dieser Gefahr zu entgehen, bat der Patriarch Sarai, sich als seine Schwester auszugeben. Tatsächlich war sogar der Pharao von ihrer Schönheit beeindruckt und nahm sie zur Frau. Den Abram, ihren vermeintlichen Bruder, behandelte der ägyptische Herrscher gut und schenkte ihm Schafe, Ziegen, Rinder, Esel und Kamele sowie Knechte und Mägde. Gott aber war mit dem Verhältnis des Pharaos zu Sarai gar nicht einverstanden und schlug das Haus des Herrschers mit schweren Plagen. Als der Pharao die wahren Zusammenhänge erkannte, schickte er Sarai und Abram wieder aus Ägypten fort.

Zurück in Kanaan, trennte sich der Patriarch von seinem Neffen Lot, und Gott erneuerte seine Verheißung, Abram und seinen Nachkommen das ganze Land für immer zu schenken. Zahlreich wie der Staub der Erde solle auch seine Nachkommenschaft werden.

Bald danach wurde Sodom, die Stadt, in der sich sein Neffe Lot niedergelassen hatte, gemeinsam mit vier Nachbarstädten in einen Krieg gegen vier auswärtige Könige verwickelt. Die Fünf-Städte-Allianz (Pentapolis) unterlag, und die Sieger plünderten Sodom aus. Als sie wieder abzogen, nahmen sie Lot, seine Familie und seine gesamte Habe mit. Abram erfuhr vom Unglück seines Neffen, rief seine Knechte zu-

■ *Der Herr befreit Abraham aus Ur* (1. Mose 12, 1) und *Der Herr errettet Lot vom Untergang Sodoms.* Gotische Buchmalerei, Westfalen, um 1360, aus dem »Heilsspiegel – Speculum humanae salvationis«. Darmstadt, Hessische Landesbibliothek

■ *Die Begegnung von Abraham und Melchisedech* (1. Mose 14, 17-20). Gemälde, um 1616/17, von Peter Paul Rubens (1577–1640). Caen, Musée des Beaux-Arts

sammen und setzte den Entführern nach. In der Nacht überfiel er sie, schlug sie vernichtend und brachte Lot mit dessen Familie und Besitz wieder zurück. Für die in dieser Kriegserzählung genannten Orte und Könige gibt es keine Belege aus historischen Quellen. Wissenschaftler vermuten, dass die Geschichte frei erfunden ist und nur erzählt wurde, um der Person Abrams auch noch den Glanz kriegerischen Ruhms hinzuzufügen.

Als Abram siegreich zurückkehrte, segnete ihn Melchisedek, der König von Salem. Möglicherweise handelt es sich bei dieser Stadt um Jerusalem. Melchisedek war Priester des höchsten Gottes, und Abram entrichtete als freiwillige Abgabe den Zehnten an ihn.

Wieder bestätigte der Herr dem Abram in einer Vision seine Verheißungen. Doch da sich deren Erfüllung so sehr verzögerte, erlaubte sich Abram einige zweifelnde Fragen: »Was willst du mir schon geben, Herr? Ich bin doch kinderlos. Also wird mich mein Haussklave beerben.«

Doch Gott widersprach dem Abram: »Dein leiblicher Sohn wird dich beerben. Sieh zum Himmel und zähl die Sterne, wenn du kannst. So zahlreich werden deine Nachkommen sein.«

Jetzt war Abram beruhigt. Er glaubte dem Herrn, und der Herr rechnete es ihm als Gerechtigkeit an. Diese Aussage der Genesis über den Glauben Abrams sollte später im Neuen Testament in den Briefen des Paulus ein Eckpfeiler in der Ausgestaltung der christlichen Glaubenslehre werden.

Danach holte Abram auf Weisung des Herrn verschiedene Opfertiere, zerteilte jedes in zwei Hälften und legte sie auf den Boden. Als die Sonne untergegangen war, fuhren eine lodernde Flamme und ein rauchender Ofen durch die zerteilten Fleischstücke hindurch. Damit hatte Gott mit Abram einen sichtbaren Bund geschlossen. Dessen Nachkommen war das ganze Land versprochen. Dieser Vorgang entsprach einem alten Ritus, der bei Bundesschlüssen üblich war. Die Bündnispartner gingen zwischen blutigen Fleischstücken hindurch und riefen das Schicksal der Opfertiere auf sich herab, wenn sie ihre Bündnisverpflichtungen nicht erfüllen würden. Genau genommen, handelte es sich hier um einen einseitigen Vertrag, denn Gott ging mit dem Versprechen eine einseitige Verpflichtung ein.

Im weiteren Verlauf der Erzählung berief sich Sarai auf eine alte Vorschrift des mesopotamischen Rechts. Danach konnte eine unfruchtbare Frau ihrem Mann eine Magd zur Frau geben und die Kinder aus dieser Verbindung als die ihren anerkennen. So verfuhr Sarai und schickte Abram zu ihrer ägyptischen Magd Hagar. Wie gewünscht, wurde Hagar schwanger. Noch bevor das Kind geboren war, erschien ihr ein Engel und verkündete, dass es ein Sohn werde. Sie solle ihn Ismael (Gott hört) nennen, und er würde sein wie ein Wildesel. Wildesel waren frei und ungebunden, und die Nachkommen Ismaels wurden die freien Araber der Wüste. Als Ismael zur Welt kam, war Abram sechsundachtzig Jahre alt.

Dreizehn Jahre später, Abram war jetzt neunundneunzig, erschien ihm Gott wieder. Und wieder schloss er einen Bund mit ihm. Diesmal war es ein zweiseitiger Bund. Abram solle

■ *Sarah führt Hager zu Abraham* (1. Mose 16). Gemälde von Adriaen van der Werff (1659–1722). Paris, Louvre

■ *Beschneidung Ismaels* (1. Mose 17, 23-27). Bibelillustration, um 1700, Amsterdam. Kupferstich von de Blois nach einer Zeichnung von Jan Goeree (1670–1731).

Stammvater einer großen Völkerschar werden. Zur Bekräftigung änderte der Herr Abrams Namen in Abraham, was »Vater der Menge« bedeutet. Auch Sarais Name änderte er in Sarah (Herrin). Dann erklärte Gott, welchen Teil der Bundesverpflichtung Abraham zu erfüllen habe. Er, seine Nachkommen und alle männlichen Angehörigen seines Hauses müssten beschnitten werden. Und nun verhieß Gott dem Abraham, dass Sarah ihm im nächsten Jahr noch einen eigenen Sohn gebären würde. Er sollte Isaak heißen. Mit Isaak würde der Herr seinen Bund erneuern, und aus ihm sprösse die große Nachkommenschaft. Als Abraham das hörte, musste er lachen. Er würde im nächsten Jahr hundert Jahre alt sein und seine Frau Sarah neunzig. In diesem Alter konnte man doch keine Kinder mehr bekommen. Auch Sarah lachte über die Ankündigung einer Schwangerschaft.

Doch es kam so, wie Gott es verheißen hatte. Sarah gebar im Alter von neunzig Jahren den Isaak. Der Name Isaak bedeutet auf hebräisch »Gott hat gelächelt«. Abraham erfüllte seine Bündnisverpflichtung ebenfalls. Gleich nach dem Bundesschluss, noch vor Sarahs Schwangerschaft, beschnitt er sich selbst und alle männlichen Angehörigen seines Hauses. Auch sein Sohn Isaak wurde am achten Tag nach der Geburt beschnitten.

DIE BESCHNEIDUNG

Ursprünglich war die Beschneidung ein Initiationsritus, eine in der Pubertät vollzogene Weihe zur Mannbarkeit. Sie stammt vermutlich aus Ägypten, wo sie schon im vierten Jahrtausend v. Chr. praktiziert wurde. Bei den Juden entwickelte sich die Beschneidung erst im Exil im fünften Jahrhundert zu einem wesentlichen Unterscheidungsmerkmal zur heidnischen Umwelt. Josuah, Kapitel 5, berichtet darüber, dass alle Männer des Volkes Israel nach dem langen Zug durch die Wüste beschnitten wurden.

GOTTES BUND MIT ABRAHAM

ÜBERLIEFERUNG

Quellen: In den Abrahamerzählungen der Genesis finden sich die ersten Spuren des Elohisten. Insgesamt sind die Geschichten aus den Niederschriften des Jahwisten, der Priesterschrift und eben des Elohisten zusammengesetzt, die wiederum aus zahlreichen alten mündlichen und schriftlichen Überlieferungen geschöpft haben. Es ist davon auszugehen, dass in der Frühzeit eine Reihe einzelner Erzählungen vorlag, die in die Geschichte verwoben wurden. So dürfte beispielsweise der Lot-Sodom-Komplex zunächst unabhängig bestanden haben und später in die Geschichte integriert worden sein. Die Geschichtlichkeit der Person Abrahams ist umstritten. Sein Name ist nordsemitischer Herkunft. Möglicherweise gab es um 2000 v. Chr. einen hebräischen Stamm unter Führung eines Scheichs Abraham, der seine babylonische Heimat verlassen hatte, um seine Gottheit an einem anderen Ort zu verehren. Während dieses Zuges könnte er vielleicht einem religiös ähnlich denkenden Priesterkönig von Jerusalem begegnet sein. Selbst wenn Abraham in keiner einzigen außerbiblischen Quelle erwähnt wird, entspricht sein halbnomadisches Leben sehr gut dem Bild, das archäologische Funde von den Wanderbewegungen der Menschen seiner Zeit entwerfen.

Bildende Kunst: Erste Abraham-Motive finden sich bereits in der frühen jüdischen Kunst. Hier wurde Abraham mit schwarzem Haar und einer Tunika bekleidet dargestellt. Die frühchristlichen Künstler zeigten Abraham meist als jungen Mann ohne Bart in kurzer, oben geschlossener Tunika. Ab dem frühen Mittelalter erscheint er als älterer weißhaariger Mann mit langem Bart. Diese Darstellungsform überdauerte dann die Epochen. Ein beliebtes Motiv war die Begrüßung und Bewirtung dreier Engel, die Abraham die späte Geburt seines Sohnes ankündigten. Abraham und seine Frau Sarah waren in diesen Szenen häufig nur Nebenfiguren. Die drei Engel wurden oft als drei gleich aussehende junge Männer dargestellt. Manchmal wurde auch der mittlere Engel hervorgehoben. Hierzu gab es Spekulationen von Kunsthistorikern, die vermuteten, dass durch solche theologisch beeinflussten Motive die Dreieinigkeit symbolisiert werden sollte.

EMPFEHLUNG

Lesenswert:

Die Bibel, Einheitsübersetzung, mit dem Kommentar der *Neuen Jerusalemer Bibel*. Genesis, Kapitel 12, Vers 1 – Kapitel 18, Vers 33, außerdem Kapitel 20, Vers 1-18, Freiburg im Breisgau 2000.

Deutsche Bibelgesellschaft (Hg.): *Die Bibel nach der Übersetzung Martin Luthers*, Genesis, Kapitel 12, Vers 1 – Kapitel 18, Vers 33, außerdem Kapitel 20, Vers 1-18, Stuttgart 1999.

Kurt Galling (Hg.): *Die Religion in Geschichte und Gegenwart*, Band 1, Tübingen 1986.

Klaus Koch, Eckart Otto, Jürgen Roloff und Hans Schmoldt (Hg.): *Reclams Bibellexikon*, Seite 18, Stuttgart 2000.

Dr. Georg Herlitz und Bruno Kirschner (Hg.): *Jüdisches Lexikon*, Band 1, Frankfurt am Main 1987.

AUF DEN PUNKT GEBRACHT

Gottes Bund mit Abraham begründet die Sonderstellung seiner Nachkommen als Auserwählte in der ganzen Welt. Nach ihrem Selbstverständnis sollten durch sie alle Völker gesegnet werden.

Die Opferung Isaaks
Genesis 22, 1-19

Mit der Verheißung eines Sohnes trotz der Unfruchtbarkeit seiner Frau Sarah stellte Gott den Glauben Abrahams auf eine schwere Probe. Noch schwieriger aber wurde der Gehorsam des Patriarchen nach der Geburt Isaaks geprüft. Jetzt forderte der Herr nicht mehr und nicht weniger, als dass ihm Abraham seinen Sohn opfern sollte. Wie groß musste erst die Belohnung sein, wenn Abraham diese Glaubensprüfung bestand.

Über Isaaks Geburt herrschte bei den Eltern viel Freude. Als der Junge entwöhnt war, veranstaltete Abraham ein großes Festmahl. Bald danach aber kam es zu einem Konflikt. Sarah forderte, dass Abraham seinen ersten Sohn Ismael, das Kind ihrer Magd Hagar, zusammen mit der Mutter verstoßen solle. Sie wollte nicht, dass Ismael zusammen mit ihrem Sohn Isaak aufwuchs und Abraham ebenfalls beerben würde. Abraham zeigte sich über diese Forderung sehr verdrossen. Immerhin war auch Ismael sein Sohn.

Doch Gott befahl Abraham, den Wunsch seiner Frau zu erfüllen. Isaak sollte der legitimierte Stammvater seiner Nachkommen sein. Zum Ausgleich versprach der Herr, dass Ismael ebenfalls der Urahn eines großen Volkes werden würde. So blieb Abraham nichts anderes übrig als zu gehorchen. Am nächsten Morgen gab er Hagar Brot und Wasser und schickte sie mit dem Kind weg.

Verzweifelt irrte die Mutter mit dem Jungen durch die Wüste von Beerscheba in Kanaan. Als sie kein Wasser mehr hatte, legte Hagar das Kind unter einen Strauch, setzte sich ein Stück weit entfernt auf die Erde und weinte laut. Sie wollte nicht mit ansehen, wie ihr Kind sterben würde.

In dieser fast ausweglosen Lage rief sie der Engel des Herrn: »Fürchte dich nicht. Gott hat dein Kind schreien gehört. Steh auf und nimm

■ Szene aus der John-Huston-Verfilmung *Die Bibel*. Mit George C. Scott als Abraham und Alberto Lucantoni als Isaak.

■ Der Felsendom (die Omar-Moschee, Kubbat al-Sakhra) in Jerusalem. Der Fels ist nach der biblischen Überlieferung der Ort der Opferung Isaaks und nach der islamischen Überlieferung der Ort der Himmelfahrt Mohammeds.

deinen Knaben an der Hand. Er soll zu einem großen Volk werden.« Gott öffnete ihr die Augen, und sie entdeckte einen Brunnen. Sogleich schöpfte sie Wasser und gab dem Jungen zu trinken. Mutter und Kind waren gerettet. Ismael wuchs heran, ließ sich in der Wüste nieder und wurde ein Bogenschütze. Später heiratete er eine ägyptische Frau.

Die an dieser Stelle der Genesis eingeschobene Erzählung soll die Verwandtschaftsbeziehungen zwischen den Ismaelitern und den Israeliten, den Nachkommen Isaaks, erklären. Sie stammt aus einer anderen Quelle als die vorhergehenden Berichte. Denn danach müsste Ismael eigentlich bei dieser Begebenheit bereits fünfzehn Jahre alt sein. Dennoch wird er hier wie ein Kleinkind geschildert.

Auch für Abraham brach jetzt eine schwierige Zeit an. Gott stellte ihn auf die Probe. Er forderte ihn auf, mit seinem Sohn Isaak, den er so liebte, ins Land Morija zu gehen. Dort sollte er ihn auf einem Berg als Brandopfer darbringen.

Das Land Morija wird in keiner anderen historischen Quelle genannt. Es gibt allerdings Spekulationen, die den Hügel, auf dem der Tempel von Jerusalem gebaut war, mit Morija identifizieren.

Auch diesmal folgte Abraham den göttlichen Weisungen gehorsam, ohne zu zögern. Über seine Ge-

BEERSCHEBA

Beerscheba war eine alte Stadt im Negeb, einer Wüstengegend südlich des Gebirges Juda. In vorisraelitischer Zeit hatte dort die so genannte Isaaksippe ihre Sommerweiden und besuchte ein in der Nähe gelegenes Heiligtum, an dem der kanaanitische Gott der Ewigkeit verehrt wurde. Hier begegnete sie der Abrahamsippe und verband sich mit ihr.

■ *Abraham opfert seinen Sohn Isaak* (1. Mose 22, 1-13). Gemälde, um 1527/28, von Andrea del Sarto, (1486–1531). Dresden, Gemäldegalerie, Alte Meister

fühle dabei berichtet die Bibel nichts. Doch seine innere Zerrissenheit und Verzweiflung sind leicht vorstellbar.

Nach dem Ruf Gottes stand er am nächsten Morgen früh auf, spaltete Holz für die Opferung und machte sich mit Isaak sowie seinen beiden Jungknechten auf den Weg. Nach drei Tagen erreichte er den Ort, den Gott ihm bezeichnet hatte. Er befahl den Knechten, mit dem Esel zurückzubleiben, sagte ihnen aber nicht die ganze Wahrheit. Stattdessen behauptete er, dass er mit seinem Sohn den Herrn anbeten und dann wieder mit ihm zurückkehren würde.

Isaak musste das Holz für das Brandopfer tragen, Abraham aber nahm eine Fackel und ein Messer zur Hand. Als sie schon ein

Stück gegangen waren, fragte der Junge seinen Vater, wo denn das Lamm für das Opfer sei. »Gott wird sich sein Opferlamm schon aussuchen«, antwortete Abraham vieldeutig. Schweigend gingen beide weiter.
Schließlich erreichten sie die Opferstätte. Abraham baute einen Altar, schichtete Holz auf, fesselte seinen Sohn und legte ihn auf das Holz. Schon setzte er das Messer an, um seinen Sohn zu schlachten, und holte zum tödlichen Stoß aus.
Doch in diesem Augenblick rief der Engel des Herrn vom Himmel herab: »Abraham, Abraham!«
Der Patriarch hielt inne. »Hier bin ich.«
Und der Engel gebot ihm Einhalt und lobte ihn wegen seiner Bereitschaft zum Gehorsam.
Der Beweis für Abrahams Gottesfurcht war erbracht. Er war bereit, selbst seinen einzigen Sohn dem Herrn darzubringen.
Abraham sah sich um und erblickte einen Widder, der sich mit den Hörnern in einem Gestrüpp verfangen hatte. Diesen nahm er nun und opferte ihn anstatt seines Sohnes.
Zum zweiten Mal rief jetzt eine Stimme vom Himmel herunter: »Weil du mir deinen einzigen Sohn nicht vorenthalten hast, will ich dir Segen schenken in Fülle.« Und wieder erneuerte der Herr seine Verheißung an Abraham. Seine Nachkommen sollten zahlreich werden wie die Sterne am Himmel und der Sand am Meer. Alle Völker der Erde würden durch ihn und seine Nachkommen gesegnet werden. Zufrieden kehrten Abraham und Isaak mit den Knechten zurück.
Die Erzählung enthält unausgesprochen die Verurteilung von Kinderopfern, wie sie im kanaanitischen Umfeld der Hebräer üblich waren. Außerdem soll sie Abrahams Glaubensgröße in hellstem Licht zeigen, der in seinem Gehorsam Gott gegenüber so weit ging, sich sogar zur Opferung seines geliebten Sohnes bereit zu erklären. Die Theologie des Christentums sah schon früh in der Opferung Isaaks ein prophetisches Vorbild der Opferung Jesu, des Sohnes Gottes.
Abraham wurde für seine Opferbereitschaft nicht nur mit erneuerter Verheißung belohnt. Er durfte darüber hinaus erleben, wie sich die Versprechen Gottes zu erfüllen begannen. Zunächst aber folgte eine neue Schicksalsprüfung. Wenige Jahre nach den geschilderten Ereignissen starb seine Frau Sarah. Abraham bat die Hethiter, die damals über Kanaan herrschten, um eine Grabstätte.
Die Hethiter zeigten sich sehr entgegenkommend. Sie be-

■ *Abraham und Isaak.* Marmorskulptur, 1421, von Donatello (um 1386–1466). Zuerst stand die Skulptur in einer Nische des Campanile des Doms S. Maria del Fiore in Florenz. Florenz, Museo dell'Opera del Duomo

KINDEROPFER

Kinderopfer waren bei den Nachbarvölkern der Israeliten üblich. Sie wurden unter anderem von Ammonitern, Aramäern, Moabitern und Kanaanitern praktiziert. Beispielsweise fanden Archäologen in der kanaanitischen Stadt Geser Skelette von Neugeborenen und kleinen Kindern, die erstickt und dann in großen Krügen mit Grabgeschenken beigesetzt wurden. Auch im griechischen Mythos gibt es eine Parallele zur Isaak-Erzählung. Agamemnon erklärt sich bereit, seine Tochter Iphigenie zu opfern. Diese wird aber im letzten Moment durch göttliches Eingreifen gerettet und durch eine Hirschkuh ersetzt.

zeichneten Abraham als ehrenhaften Gottesfürsten und boten ihm unentgeltlich ihre vornehmste Grabstätte an. Doch Abraham bestand darauf, das Grab zu bezahlen. Er sah die Höhle von Machpela, die dem Hethiter Efron gehörte, als geeigneten Ort an. Dieser bot ihm Höhle samt großem Grundstück kostenfrei an, aber Abraham entgalt es ihm mit vierhundert Silberstücken, dem realen Handelswert des Grundstücks. Und so gingen die Höhle von Machpela bei Mamre sowie ein ausgedehntes Gelände mit Bäumen ganz ordnungsgemäß in Abrahams Besitz über. Der Ort Mamre hieß später Hebron und lag in Kanaan.

Nachdem Abraham seine Frau beerdigt hatte, gehörte ihm also das erste Stück Land in Kanaan. Gott hatte ihm und seinen Nachkommen zwar das ganze Land Kanaan versprochen, aber ein erster Schritt zur Erfüllung der Verheißung war damit gemacht. So wurde Abraham noch zu seinen Lebzeiten für seine Glaubenstreue belohnt.

■ *Abrahams Dankopfer* (1. Mose 22). Gemälde, 1653, von David Teniers d. J. (1610–1690). Wien, Kunsthistorisches Museum

DIE OPFERUNG ISAAKS

ÜBERLIEFERUNG

Quellen: Die Erzählung von der Opferung Isaaks stammt hauptsächlich aus der Feder des Elohisten, enthält aber auch Elemente des Jahwisten. Isaak war eine geschichtliche Einzelperson, um die sich in seiner Sippe eine ursprünglich selbstständige mündliche Überlieferung bildete. In der Genesis sind davon nur noch einige dürftige mosaikartige Reste erhalten. Sie spiegeln sehr gut die Kultur der Wanderhirten seiner Zeit wider. Erst später wurde die Isaaks-Erzählung als Klammer mit den Abrahams- und Jakobsmotiven verknüpft. Dadurch, dass Isaak als der Sohn Abrahams und der Vater Jakobs dargestellt wurde, übernahm er persönlich in den Erzählungen eine eher passive und etwas farblose Rolle. Doch durch seine Person wurde erst das dreiteilige Schema der Erzväter Abraham – Isaak – Jakob möglich. Wissenschaftler gehen davon aus, dass Isaak in vorbiblischen Erzählungen eine bedeutendere Rolle gespielt hat.

Bildende Kunst: Michelangelo Merisi, genannt Caravaggio (1571–1610), malte um 1600 in Öl auf Leinwand ein Bild mit dem Titel *Die Opferung Isaaks*. Das Gemälde ist heute in Florenz, Galleria Degli Uffizi, zu besichtigen. Mit fester Hand drückt Abraham seinen Sohn Isaak in der dargestellten Szene auf den Opferaltar. Diese Hand ist von den irdischen Spuren des Alters, der Arbeit und des Schmutzes gezeichnet. Noch weit aussagekräftiger aber ist der Gesichtsausdruck des jungen Isaak. Der Mund ist leicht geöffnet, die Gesichtszüge verzerrt, voller Angst. Die Szenerie des Bildes ist verdichet und realistisch zugleich, und sie ist ein typisches Beispiel für die radikale und revolutionäre Kunst Caravaggios in seiner Zeit. Mit Vehemenz hatte sich der Maler dem Zeitgeschmack widersetzt. Seine Motive folgten keinen überkommenen Konventionen oder theoretischen Schönheitsidealen, sondern zeigten das wirkliche Leben. Das Wirklichkeitsverständnis dieses Künstlers war absolut. In diesem Anspruch machte er auch vor den legendären Figuren des Alten Testaments nicht halt. Er beachtete keineswegs das so genannte Bilderdekret des Konzils zu Trient, das eine gegenreformatorische Abbildungsmoral beschloss. Es untersagte unter Strafandrohung, in künstlerischen Werken den Figuren aus biblischen oder anderen christlichen Geschichten das Aussehen lebender Menschen zu geben. Doch genau das war Caravaggios Vorgehen. Er verlieh den Figuren des Alten Testaments die Gesichter seiner oft auf der Straße aufgelesenen Modelle.

EMPFEHLUNG

Lesenswert:
Die Bibel, Einheitsübersetzung, mit dem Kommentar der *Neuen Jerusalemer Bibel*. Genesis, Kapitel 22, Vers 1-19, Freiburg im Breisgau 2000.

Deutsche Bibelgesellschaft (Hg.): *Die Bibel nach der Übersetzung Martin Luthers*, Genesis, Kapitel 22, Vers 1-19, Stuttgart 1999.

Sehenswert:
Allori Allessandro: *Opferung Isaaks*, um 1602, Öl auf Holz, 94 x 131 cm, Uffizien, Florenz.

Michelangelo Merisi, genannt Caravaggio: *Die Opferung Isaaks*, um 1600, Öl auf Leinwand, 104 x 135 cm, Uffizien, Florenz.

Johann Liss: *Opfer des Abraham*, um 1627, Öl auf Leinwand, 88 x 70 cm, Uffizien, Florenz.

Rembrandt Harmensz van Rijn: *Opferung Isaaks*, 1636, Öl auf Leinwand, 195 x 132,3 cm, Alte Pinakothek, München.

AUF DEN PUNKT GEBRACHT

Mit der impliziten – wenn auch nicht ausdrücklich ausgesprochenen – Überwindung des Kinderopfers hat die Isaaks-Erzählung einen wesentlichen Beitrag zur sittlichen Bewusstseinsbildung der Hebräer geleistet.

Isaak und Rebekka

Genesis 24, 1-67

Abrahams ganzes Leben war vom Bund mit dem Herrn und dessen Verheißungen auf reiche Nachkommenschaft geprägt. Als der Patriarch schon sehr alt war und den Tod vor Augen hatte, galt seine größte Sorge der rechten Verheiratung seines Sohnes Isaak, der bis dahin immer noch ledig war. Nur wenn Isaak Kinder zeugte, konnte der göttliche Bund mit seinen Nachkommen fortbestehen. Zu diesem Zweck musste er heiraten.

Es sollte aber nicht einfach irgendeine Frau sein, die zur Ahnin eines zahlreichen Volkes bestimmt war. Abraham wünschte sich für Isaak keine Kanaaniterin, sondern eine Ehefrau aus seiner alten Heimat in Mesopotamien, von wo er ausgewandert war. Deshalb rief der Patriarch seinen Großknecht Elieser zu sich, er sollte für Isaak die richtige Frau beschaffen. Der Großknecht musste nach einem alten Ritus schwören. Abraham forderte ihn auf: »Leg deine Hand unter meine Hüfte.« Der Eid wurde in archaischer Vorstellung durch die Berührung mit den lebenzeugenden Körperregionen unverbrüchlich. Der Knecht tat, wie ihm geheißen, und schwor beim Gott des Himmels und der Erde, Abrahams Wünsche zu erfüllen.

Der Patriarch beauftragte den Großknecht, in die alte Heimat zu reisen, um für Isaak bei den Verwandten und Freunden um eine Frau zu werben. Darauf fragte der Knecht: »Was ist aber, wenn die Frau mir nicht hierher in dieses Land folgen will? Soll ich deinen Sohn dann in deine Heimat zurückbringen?«

»Hüte dich«, antwortete ihm Abraham. »Der Herr hat mir und meinen Nachkommen dieses Land hier verheißen. Du musst die Frau für meinen Sohn hierhin mitbringen.«

Die Aufgabe war klar formuliert, und der Knecht machte sich auf die Reise. Er nahm zehn Kamele und Kostbarkeiten aus dem Besitz seines Herrn mit. Am Ziel angekommen, machte er vor der Stadt Haran Rast und ließ die Kamele an einem Brunnen lagern. Es war schon Abend. Um diese Zeit kamen gewöhnlich die Frauen aus der Stadt, um Wasser zu schöpfen. Im Haus Abrahams scheint das Gespräch

ELIESER

Abrahams Großknecht Elieser genoss das Vertrauen seines Herrn in besonderem Maße, wie die Genesis in Kapitel 15 berichtet. In der Geschichte um Rebekkas Brautwerbung wird der Name Eliesers nicht ausdrücklich genannt. Er wird immer nur als der Großknecht bezeichnet. Doch die gesamte jüdische Überlieferung geht davon aus, dass es sich hier nur um Elieser handeln kann. Zu der Erzählung erlaubt sich die jüdische Überlieferung eine vieldeutige Bemerkung: »Die Unterhaltungen der Diener unserer Stammväter sind schöner als die Lehrvorträge ihrer Nachkommen.«

■ *Elieser wirbt für Isaak um Rebekka.* Byzantinische Buchmalerei, so genannte Wiener Genesis, Mitte des 6. Jahrhunderts. Wien, Österreichische Nationalbibliothek

mit Gott eine reiche Tradition gehabt zu haben, und so versuchte es auch der Knecht einmal. Elieser betete, der Herr möge ihn mit einem Zeichen die richtige zeigen. Als Prüfungsverfahren wollte er verschiedene junge Stadtbewohnerinnen um einen Krug Wasser bitten. Wenn sich eine als so gastfreundlich erweisen würde, nicht nur dem Manne einzuschenken, sondern auch noch Trank für die Kamele anzubieten, sollte dies das Zeichen für die Richtige sein.

Kaum hatte der Knecht sein Gebet beendet, erschien ein wunderschönes Mädchen mit einem Krug auf der Schulter. Noch wusste er nicht, dass es sich um Rebekka handelte, die Tochter Betuels. Betuel war niemand anderes als der Sohn Nahors, des Bruders Abrahams. Und zu aller wunderbaren Fügung war sie trotz ihrer Schönheit noch ledig. Passender konnte es nicht mehr sein.

Rebekka also stieg zur Quelle hinab, füllte ihren Krug und kam wieder an Elieser vorbei. Dieser trat auf sie zu und bat sie um ein wenig Wasser. »Trink nur«, antwortete die Angesprochene und ließ den Wasserkrug mit anmutig fließender Bewegung von der Schulter auf ihre Hand herab. Nachdem er getrunken hatte,

■ *Rebekka und Elieser am Brunnen* (1. Mose 24). Gemälde von Ottavio Vannini (1585–1643). Wien, Kunsthistorisches Museum

sprach Rebekka die entscheidenden Worte: »Auch für deine Kamele will ich Wasser schöpfen.« Flink und geschmeidig lief sie nochmals zum Brunnen und tränkte alle Tiere Eliesers. Der Knecht sah ihr schweigend zu, holte danach einen goldenen Reif und zwei goldene Armspangen aus seinen Taschen hervor und schenkte sie ihr. »Wessen Tochter bist du?«, fragte er. »Ist im Haus deines Vaters noch Platz zum Übernachten?«
Da erklärte ihm Rebekka, aus welcher Familie sie kam und dass bei ihnen zu Hause reichlich Platz für Übernachtungsgäste vorgesehen sei. Auch auf Tiere sei man ausreichend mit Stroh und Futter eingestellt. Als Elieser diese Antwort hörte, warf er sich zur Erde nieder und pries den Herrn, dass er ihn erhört und zum Haus des Bruders Abrahams geführt habe.
Rebekka aber eilte nach Hause und berichtete von der freudigen Begegnung. Sofort machte sich Laban, der Bruder des Mädchens, auf den Weg zum Brunnen. Er lud Elieser, der seine Schwester so reich beschenkt hatte, mit freundlich-gemessenen Worten in das Haus seines Vaters ein. Auch für die Kamele hatte er schon Platz

geschaffen. Elieser ging bereitwillig mit. Er und die Männer in seiner Begleitung wurden gastfreundlich empfangen. Man brachte ihnen zunächst Wasser zum Waschen und setzte ihnen ein reiches Mahl vor.

Doch Elieser drängte es, sein Anliegen sofort vorzutragen. Er bat noch vor dem Essen um das Wort und berichtete, dass er Abrahams Knecht sei. Sein Herr sei sehr vermögend und habe darüber hinaus noch im hohen Alter einen Sohn bekommen, der zum Alleinerben bestimmt sei. Er sei gesandt, für diesen eine Frau aus Abrahams Heimat werben. Und nun erzählte Elieser seiner staunenden Zuhörerschaft von seiner mit Gott abgesprochenen Prüfungsmethode und wie auf sein Gebet hin Rebekka am Brunnen erschienen sei. Als er seinen Vortrag gehalten hatte, fragte er, ob er das Mädchen zu seinem Herrn führen dürfe.

Laban und Betuel antworteten ihm beeindruckt, dass Gott selbst es wohl so bestimmt habe. Sie könnten nur seinem Willen genügen. Er solle Rebekka als Braut Isaaks mitnehmen. Nach dieser erfreulichen Antwort warf sich Elieser dankbar vor Gott zur Erde nieder. Rebekka beschenkte er mit silbernen und goldenen Geschmeiden und kostbaren Kleidern. Auch dem Bruder und der Mutter überreichte er reiche Gaben.

Gleich am nächsten Morgen wollte Elieser aufbrechen. Laban und seine Mutter aber baten darum, Rebekka noch eine Frist von zehn Tagen zu geben. Doch der Großknecht brannte darauf, seinem Herrn die wunderbare Braut zuzuführen. Da schlug Laban vor, Rebekka selbst über den Zeitpunkt ihrer Abreise entscheiden zu lassen. Diese erklärte sich umstandslos bereit, die Reise sofort anzutreten. Unter zahlreichen Segenswünschen der Verwandtschaft bestiegen Rebekka, ihre Amme und ihr Gesinde die Kamele, und bald lag die Stadt Haran weit hinter ihnen zurück. Isaak war der erste, der die zurückkehrende Karawane erblickte. Als er den Ankommenden entgegenlief, stieg Rebekka vom Kamel ab und fragte den Großknecht, wer dieser Mann sei. Auf Eliesers Antwort hin verhüllte sie sich sofort mit dem Brautschleier. Die Freude Abrahams und Isaaks über die göttliche Gunst war groß. Eilig wurde zur Hochzeit gerüstet.

HARAN

Die Stadt Haran, an deren Brunnen Elieser bei seiner Ankunft lagerte und Rebekka erstmals begegnete, wird auch die Stadt Nahors, des Bruders Abrahams, genannt. Der Name Haran ist akkadisch-assyrisch und bedeutet Straße oder Markt. Die Stadt liegt am Euphrat im nordwestlichen Mesopotamien und gilt als Heimat der Aramäer.

■ Irene Papas als Rebekka. Szene aus der deutsch-amerikanischen *Jakob*-Verfilmung aus dem Jahr 1994 von Peter Hall.

■ *Isaak und Rebekka* (1. Mose 26, 8). Gemälde, um 1663, von Rembrandt (1606–1669). Amsterdam, Rijksmuseum

Alle notwendigen Voraussetzungen waren geschaffen, damit sich die Verheißungen des Herrn auf eine zahlreiche Nachkommenschaft erfüllen konnten. Die Genesis berichtet, dass Abraham einhundertfünfundsiebzig Jahre alt wurde. Nun war er bereit, von dieser Welt zu scheiden. Isaak hatte eine Frau und würde mit ihr für Nachwuchs sorgen. Als Abraham starb, war er betagt und »lebenssatt«, wie die Bibel sich an dieser Stelle sehr anschaulich ausdrückt. Isaak und Ismael bestatteten den Vater gemeinsam und setzten ihn im Familiengrabmal bei. Dort, in der Höhle von Machpela in Kanaan, war er wieder mit seiner Frau Sarah vereint. Isaak aber empfing den Segen des Herrn als legitimer Träger der göttlichen Verheißung und ließ sich beim Brunnen Lahai-Roi in Südpalästina nieder. Die genaue Lage und Bedeutung dieses Ortsnamens sind unbekannt. Genesis, Kapitel 16, bezeichnet den Brunnen als den Ort, an dem der Engel des Herrn Abrahams Magd Hagar verkündete, dass sie schwanger sei und Ismael, den ersten Sohn des Patriarchen, gebären würde.

ISAAK UND REBEKKA

ÜBERLIEFERUNG

Quellen: Die farbige und äußerst lebhafte Schilderung der Brautwerbung des Großknechts Elieser für Abrahams Sohn Isaak ist eine typische Jahwisten-Erzählung. Sie liest sich sehr flüssig und unterhaltsam und hat zudem den Vorteil, dass sie nicht mit anderen Quellen wie dem Elohisten oder der Priesterschrift vermengt ist, was sonst auf viele Passagen im unmittelbaren Umfeld der Geschichte zutrifft. So sind in dieser Erzählung störende Widersprüche weitgehend vermieden.

Bildende Kunst: Isaak-Motive erscheinen in der Kunst häufig im Zusammenhang größerer Schilderungen der Genesis, meist zwischen Abraham und Jakob. Die Zahl der dargestellten Episoden der Erzählung wechselt. Relativ selten ist die Einstiegsszene, in der der Großknecht Elieser die Hand auf Abrahams Hüfte legt, um den verlangten heiligen Eid zu schwören. In sehr ausgedehnten Bildfolgen wurde die Geschichte gelegentlich bis zum Hochzeitsmahl gezeigt. Die meisten Darstellungen beschränkten sich aber auf einige zentrale Elemente der Erzählung. Dazu gehören unter anderem die Begegnung zwischen Rebekka und Elieser am Brunnen, das Anbieten eines Trankes, das Tränken der Kamele sowie die Heimreise. Im 16. Jahrhundert zählte die Brautwerbung um Rebekka zu den meistverbreiteten alttestamentarischen Themen der Malerei. Ein Beispiel hierfür ist das Bild *Isaak, Rebekka und Abimelech* aus dem Jahre 1519 aus der Raffael-Schule in den Loggien des Vatikans. Es zeigt in einer gefühlvollen Darstellung, wie König Abimelech Isaak und Rebekka bei ehelichen Zärtlichkeiten belauscht. Noch im 19. Jahrhundert waren Rebekka-Szenen als Genre- und Rührstücke äußerst beliebt. Auch andere Motive aus den Rebekka-Erzählungen kamen in der Kunstgeschichte vor, allerdings wesentlich seltener; so etwa Elieser, der Rebekka und ihre Eltern beschenkt, oder der Abschied und die Heimreise Rebekkas. 1648 benutzte der französische Maler Claude Lorrain eine Tanzszene auf der Hochzeit von Isaak und Rebekka als Staffage eines Landschaftsbildes. Auch Motive des Rebekka-Stoffes, die nach der Hochzeit spielen, wurden von Künstlern aufgegriffen. Dazu gehörte beispielsweise ein Gebet Isaaks zu Gott, in dem er für Rebekka um Fruchtbarkeit fleht.

EMPFEHLUNG

Lesenswert:

Die Bibel, Einheitsübersetzung, mit dem Kommentar der *Neuen Jerusalemer Bibel.* Genesis, Kapitel 24, Vers 1-67, Freiburg im Breisgau 2000.

Deutsche Bibelgesellschaft (Hg.): *Die Bibel nach der Übersetzung Martin Luthers,* Genesis, Kapitel 24, Vers 1-67, Stuttgart 1999.

Kurt Galling (Hg.): *Die Religion in Geschichte und Gegenwart,* Band 3, Tübingen 1986.

Klaus Koch, Eckart Otto, Jürgen Roloff und Hans Schmoldt (Hg.): *Reclams Bibellexikon,* Seite 231 und Seite 423, Stuttgart 2000.

Dr. Georg Herlitz und Bruno Kirschner (Hg.): *Jüdisches Lexikon,* Band 3, Frankfurt am Main 1987.

Sehenswert:

Raffael-Schule: *Isaak, Rebekka und Abimelech,* 1519, Loggien des Vatikans.

AUF DEN PUNKT GEBRACHT

Die Geschichte um die Brautwerbung Rebekkas gehört zu den schönsten Erzählungen der Bibel. Sie spielt darüber hinaus eine entscheidende Rolle für die Ahnenreihe der Stammväter Israels.

Jakob und Esau

Genesis 25, 19 – 34 und 27, 1-45

Erzvater Abraham musste lange auf einen Stammhalter warten. Gott hatte ihm mehrfach eine schier unübersehbare Nachkommenschaft verheißen. Doch erst im hohen Alter gebar ihm seine Frau Sarah den langersehnten Sohn Isaak. Damit war klar, dass nach Abraham Isaak der Träger des göttlichen Segens sein würde. Doch was geschah, wenn in einer Generation mehr als ein möglicher Erbe auftauchte? Wer war dann der Erwählte?

Die Frage stellt sich im Text der Genesis schon wenige Absätze weiter, denn Isaak wurde der Vater von Zwillingen. Nach seiner erzählten Biographie hingegen dauerte es ziemlich lange, vierzig Jahre zählte Isaak schon, als er Rebekka zur Frau gewann. Die Ehe blieb lange kinderlos. Weitere zwanzig Jahre vergingen, bis Rebekka endlich schwanger wurde. Nun aber war sie gleich doppelt »gesegnet«, sie trug ein Zwillingspaar unter ihrem Herzen.

■ Szenen aus dem Leben von Esau und Jakob. Buchmalerei aus einem Stundenbuch, Frankreich, Jean Poyet, um 1490.

Die Freude der werdenden Mutter trübte sich bald etwas ein. Die Zwillinge sorgten schon vorgeburtlich für Aufregung. Sie strampelten und rangelten im Mutterleib heftig herum. Tief beunruhigt fragte Rebekka den Herrn, was das zu bedeuten habe. Gott antwortete, dass ihr Leib zwei Völker beherberge, zwei Stämme von sehr unterschiedlicher Art. Ein Stamm sei dabei dem anderen überlegen, der ältere werde dem jüngeren dienen.

Etwas mehr Licht in diese dunkle Aussage brachte die Geburt des Zwillingspaares. Das erste Knäblein, das aus dem Mutterleib kam, war am ganzen Körper rötlich behaart, fast als ob es ein Fell trage. Man gab ihm den Namen Esau. Unmittelbar nach ihm kam sein Zwillingsbruder zum Vorschein, der den Erstgeborenen an der Ferse festhielt. Man nannte ihn Jakob. Die Genesis behauptet, dass dies »Fersenhalter« bedeute, eine volkstümliche Wortableitung, die mit der Bedeutung von »Ferse halten« und »hintergehen« spielt. Die weitere Geschichte von Jakob macht ver-

■ *Isaak segnet Jakob vor Esau* (1. Mose 27, 28-29). Holzschnitt von Julius Schnorr von Carolsfeld (1794–1874), mit späterer Kolorierung. Aus der »Bibel in Bildern«, Leipzig, um 1860.

ständlich, warum eine solche Erklärung als plausibel empfunden wurde. Dem Wortursprung nach bedeutet die volle Form »Jaakobel« soviel wie »Gott möge schützen«.

Der Name Esau könnte möglicherweise »haarig« bedeuten, doch dies ist ungewiss. Definitiv aber gilt Esau als Stammvater der Edomiter. Der Name Edom heißt »Der Rote« und spielt damit auf die Farbe der Körperbehaarung des Ahnherren der Edomiter an. Dieses Volk lebte lange in Feindschaft mit den Israeliten, den Nachkommen Jakobs. So will die Genesis mit der Erzählung von Jakob und Esau die Herkunft des Konfliktes begründen und auch gleich die Rollen von Sieger und Unterlegenem festlegen.

Die beiden gegensätzlichen Brüder wuchsen zu jungen Männern heran und entwickelten sich ihrer unterschiedlichen Natur gemäß. Esau streifte viel herum und wurde ein geschickter Jäger, Jakob dagegen blieb lieber bei den Zelten. Isaak – »weil er gerne Wildbret aß« – bevorzugte den älteren Esau. Die Mutter Rebekka aber liebte Jakob über alles.

Eines Tages kehrte Esau erschöpft und mit heftig knurrendem Magen aus der Steppe zurück. Jakob hatte gerade ein appetitlich duftendes Gericht aus roten Linsen zubereitet. Esau fielen fast die Augen in den Topf, und er bettelte seinen Bruder um das Essen an: »Schnell, gib mir von dem Roten da. Ich sterbe vor Hunger.« Jakob aber sah seine Chance und forderte etwas dafür: »Verkauf mir sofort dein Erstgeburtsrecht.«

Esau wollte jetzt nur essen, sein Erstgeburtsrecht war ihm im Augenblick völlig egal. Und so ließ ihn Jakob schwören, dass er sein

DIE EDOMITER

Die Edomiter lebten am Südrand des Toten Meeres. Ursprünglich waren sie mit den israelitischen Südstämmen verwandt, doch auf Dauer entwickelte sich eine jahrhundertelange Erbfeindschaft. Der israelitische König David unterwarf die Edomiter und sicherte sich so wichtige Bodenschätze. Später, im Jahre 587 v. Chr., waren die Edomiter an der Zerstörung Jerusalems beteiligt. Vor diesem Hintergrund nahm der Endredakteur der Genesis, der die verschiedenen Überlieferungen nach dieser geschichtlichen Katastrophe bearbeitete, deutlich Partei für Jakob, als dessen Nachkomme er sich fühlte.

■ *Esau versöhnt sich mit Jakob* (1. Mose 33, 3-4). Holzschnitt von Julius Schnorr von Carolsfeld (1794–1874), mit späterer Kolorierung. Aus der »Bibel in Bildern«, Leipzig, um 1860.

Recht an ihn verkaufe. Endlich bekam Esau Linsen und Brot. Für ein Linsengericht hatte er sein Recht als Erstgeborener vergeben.

Noch aber war die neue Lage nicht von Vater Isaak anerkannt. Er hatte davon gar nichts erfahren und beabsichtigte selbstverständlich, seinen väterlichen Segen dem älteren und noch dazu geliebten Sohn Esau zu spenden.

Als Isaak so alt geworden war, dass seine Augen »erloschen waren«, er also blind war, hielt er die Zeit für gekommen und rief Esau zu sich. Er bat ihn, ein Wild zu erjagen und daraus ein schmackhaftes Mahl nach seinem Lieblingsrezept zuzubereiten. Nach dem Essen werde er ihm seinen Segen erteilen, dann könne er beruhigt sterben.

Rebekka aber hatte alles mit angehört. Während Esau auf der Jagd war, schickte sie Jakob zur Viehherde. Sie trug ihm auf, zwei schöne Ziegenböckchen zu schlachten, aus denen sie dann einen schmackhaften Braten für ihren Mann zubereitete. Nun nahm sie Esaus beste Kleider, zog sie Jakob an und legte ihm die Felle der Ziegenböckchen um die Hände und seinen glatten Hals. So ausgestattet brachte Jakob das köstliche Gericht zu Isaak hinein.

»Wer bist du?«, fragte der blinde Vater.

»Ich bin Esau, dein Erstgeborener. Hier ist das Wild, das du dir gewünscht hast. Nun segne mich.«

Zweifelnd betastete Isaak das Fell der Ziegenböckchen um Jakobs Hände. Dann schien er beruhigt: »Es ist zwar Jakobs Stimme, aber es sind Esaus Hände.«

So aß Isaak und segnete Jakob: »Dienen sollen dir die Völker, Stämme sich vor dir niederwerfen, Herr sollst du über deine Brüder sein.«

Kaum war Jakob gegangen, flog der Betrug auf. Esau kam mit dem Wildbret zurück. Als Isaak die Täuschung erkannte, erschrak er bis ins Mark. Esau schrie laut auf: »Segne mich auch, Vater!«

Doch das war nicht mehr möglich. Isaak hatte Jakob schon zum Herrn über Esau gemacht. Der mächtige Segen eines Patriarchen konnte nicht mehr zurückgenommen werden. Jakob war nun der erklärte Träger der göttlichen Verheißung.

LIST UND LÜGE

Die altorientalische Mentalität, in deren Geist die Erzählung von Jakob und Esau geschrieben ist, verurteilt die Lügen und Täuschungen Jakobs nicht. Eine moralische Diskreditierung des Stammvaters der Israeliten wurde durch das hier beschriebene Verhalten von den Autoren nicht befürchtet.

JAKOB UND ESAU

ÜBERLIEFERUNG

Quellen: Die Erzählung über die Erteilung des Vatersegens an Jakob im 27. Kapitel der Genesis stammt aus der Feder des Jahwisten. Auch der Bericht über die Geburt Jakobs und Esaus sowie den Verkauf des Erstgeburtsrechtes für ein Linsengericht wurde vom Jahwisten verfasst. Es gibt zu Beginn des 28. Kapitels der Genesis noch eine andere Version der Geschichte von der Erteilung des Vatersegens durch Isaak. Diese stammt aus der Priesterschrift und lässt den – späteren Generationen anstößigen – Betrug Jakobs weg. Nach dieser Passage hatte sich Esau eine hethitische Frau genommen, die seine Mutter Rebekka ablehnte. Sie befürchtete, auch Jakob könne eine Hethiterin heiraten, und bat Isaak inständig, ihn zu ihrem Bruder Laban nach Mesopotamien zu schicken. Dort solle er wie schon Isaak selbst eine Frau finden. Isaak erteilt hier anstandslos dem Jakob den Segen Abrahams und läßt ihn ziehen. Ursprünglich stammen die Jakobs-Überlieferungen aus dem Ostjordanland.

Bildende Kunst: Der früheste Grundtypus der christlichen Jakobs-Darstellungen ist auf einer Wandmalerei der Katakomben der Via Latina in Rom zu finden. Diese Motive sind zwischen 320 und 350 entstanden. Hier ist zu sehen, wie der alte, erblindete Isaak auf einem Bett liegt. Vor ihm steht Jakob, im Hintergrund befindet sich Rebekka. Gleichzeitig tritt Esau von rechts ein. In einer zweiten Darstellung in der gleichen Katakombe bringt Jakob dem auf dem Bett liegenden Isaak einen jungen Bock. In der anderen Bildhälfte ist Esau mit Pfeil und Bogen zu sehen. In der altbyzantinischen Kunst wird Isaaks Blindheit weniger betont als in der westlichen Schule. Häufig befühlt er dort Jakobs Hand und Nacken, um seine Behaarung zu prüfen. Die mittelalterlichen Meister zeigen bevorzugt, wie Isaak seinen Sohn Jakob segnet. Diese Vorliebe bleibt auch noch nach Ablauf des Mittelalters erhalten. Raffael etwa zeigt Isaak in den vatikanischen Loggien mit einer pathetischen Segensgeste. Die meisten Künstler verwenden zu dieser Zeit aber wieder ein kombiniertes Motiv, das die Erteilung des Segens Isaaks mit der Prüfung von Jakobs Hand verbindet. Die übliche Segensgeste wird dabei durch das Heben der Hand des Patriarchen signalisiert.

EMPFEHLUNG

Lesenswert:
Die Bibel, Einheitsübersetzung, mit dem Kommentar der *Neuen Jerusalemer Bibel.* Genesis, Kapitel 25, Vers 19-34, außerdem Kapitel 27 Vers 1-45, Freiburg im Breisgau 2000.

Deutsche Bibelgesellschaft (Hg.): *Die Bibel nach der Übersetzung Martin Luthers*, Genesis, Kapitel 25, Vers 19-32, außerdem Kapitel 27, Vers 1-45, Stuttgart 1999.

Kurt Galling (Hg.): *Die Religion in Geschichte und Gegenwart*, Band 2, Tübingen 1986.

Klaus Koch, Eckart Otto, Jürgen Roloff und Hans Schmoldt (Hg.): *Reclams Bibellexikon*, Seite 133, Stuttgart 2000.

Dr. Georg Herlitz und Bruno Kirschner (Hg.): *Jüdisches Lexikon*, Band 2, Frankfurt am Main 1987.

Sehenswert:
Raffael: *Der Segen Isaaks*, 1519, Fresko, Loggien des Vatikans.

AUF DEN PUNKT GEBRACHT

Die feindlichen Beziehungen zwischen Israeliten und Edomitern wurden in der Erzählung über die Schicksale ihrer Ahnherren beispielhaft vorgebildet.

Jakob ringt mit Gott

Genesis 32, 23-33

Die Nachkommen Abrahams, Isaaks und Jakobs sind seit über dreitausend Jahren in der ganzen Welt als Israeliten bekannt. Der dritte und letzte in der Reihe der Erzväter des Volkes Israel war Jakob. Doch zum Zeitpunkt seiner Geburt führte seine Sippe noch nicht den Namen Israel. Wie die Familie, aus der ein großes Volk wurde, zu diesem Namen kam, erzählt die Genesis in einer spannenden Geschichte, deren Held Jakob ist.

Nachdem dieser den Vatersegen von Isaak erlistet hatte, sann sein Bruder Esau auf Rache und wollte ihn töten. Doch Rebekka erfuhr von der Absicht ihres Ältesten und warnte ihren Lieblingssohn. Er solle rasch die Heimat verlassen und zu ihrem Bruder Laban nach Haran in Mesopotamien ziehen. Wenn Esau zum Mörder würde, fürchtete Rebekka, drohte ihr gleich der Verlust beider Söhne, denn Esau hätte nach dem altorientalischem Recht der Blutrache als Mörder ebenfalls sein Leben verwirkt gehabt.

Jakob befolgte den mütterlichen Rat und machte sich auf den Weg in das Land der Söhne des Ostens, wie es die Genesis poetisch ausdrückt. Als er seinem Ziel schon recht nahe gekommen war, sah er einen Brunnen auf freiem Feld. Über der Brunnenöffnung lag ein großer Stein. Rundherum weideten Schafe und Ziegen. Von den da lagernden Hirten erfuhr Jakob, dass sie aus Haran waren. Und sie kannten sogar Laban, seinen Onkel. »Da kommt gerade seine Tochter Rahel mit der Herde«, sagte einer. Jakob wunderte sich, dass die Hirten das Vieh nicht tränkten. »Das können wir noch nicht«, erklärten sie. »Erst wenn alle Herden da sind, wird der schwere Stein auf der Brunnenöffnung mit vereinten Kräften weggeschoben.« Inzwischen war Rahel bei ihnen angelangt. Da trat Jakob an den Brunnen, schob den Stein ohne fremde Hilfe auf die Seite und tränkte Rahels Vieh. Nun gab er sich unter Tränen der Rührung als ihr Vetter zu erkennen und küsste sie. Aufgeregt eilte Rahel nach Hause und berichtete Laban

■ *Jakob ringt mit dem Engel* (1. Mose 32, 23-33). Buchmalerei aus einer spanischen Bibel, um 1400–1425. Madrid, Escorial

■ *Landschaft mit Jakob und Laban und seinen Töchtern Rahel und Lea* (1. Mose 29, 16-20). Gemälde, um 1654, von Claude Lorrain (1600–1682). Petworth House, West Sussex (The National Trust)

von dem wundersamen Zusammentreffen. Dieser lief Jakob sogleich entgegen, umarmte ihn und führte ihn in sein Haus. Wissenschaftler vermuten, dass dieser Teil der Jakobs-Geschichte von einer mythischen Heroensage beeinflusst worden ist, da Jakob hier außergewöhnliche Körperkräfte zugesprochen werden. Dies stimmt nicht ganz mit dem Bild des klugen Helden überein, der mehr durch List als durch Kraft seine Ziele erreicht.

Jakob blieb bei Laban und machte sich nützlich. Nach einiger Zeit fragte der Onkel den Neffen, welchen Lohn er für seine Arbeit haben wolle. Er müsse nicht umsonst arbeiten, nur weil er der Sohn seiner Schwester Rebekka sei. Jakob antwortete , dass er bereit sei, ihm sieben Jahre zu dienen, wenn er danach Rahel zur Ehe nehmen dürfe. Die Bibel sagt, dass Rahel, Labans jüngere Tochter, schön von Gestalt und Antlitz war. Die Augen ihrer älteren Schwester Lea jedoch waren »ohne Glanz«. Der Onkel ging auf den Handel ein.

Weil Jakob Rahel liebte, erzählt die Genesis, kamen ihm die sieben Jahre wie wenige Tage vor. Nach deren Ablauf bat er Laban, ihm nun seine Tochter zur Frau zu geben. Da veranstaltete der Onkel ein großes Festmahl.

In der Hochzeitsnacht aber führte er dem Neffen seine ältere Tochter Lea zu. Da es damals – und teilweise sogar heute noch –

ASSYRISCHE DEUTUNG

Assyriologen sehen in Jakob Züge eines Mondgottes. So hat er vier Frauen (Rahel und Lea sowie deren beide Mägde), die für die vier Mondphasen, und zwölf Söhne, die für die Mondmonate stehen.

■ *Der Bund Jakobs mit Laban auf dem Berge Gilead* (1. Mose 31). Gemälde, um 1630–1635, von Pietro da Cortona (1596–1669). Paris, Louvre

in dieser Gegend üblich war, die Braut bis zur Hochzeitsnacht verschleiert zu halten, bemerkte Jakob den Betrug nicht. So verbrachte er mit Lea die Nacht. Als sich am nächsten Morgen zeigte, welcher Frau er da beigewohnt hatte, stellte Jakob seinen Onkel zu Rede: »Warum hast du mich hintergangen? Habe ich dir nicht sieben Jahre treu und brav um Rahel gedient?«

Laban antwortete nur, es sei in seinem Lande nicht üblich, die Jüngere vor der Älteren zu verheiraten. Er schlug vor, Jakob solle noch das siebentägige Hochzeitsfest feiern, die so genannte Brautwoche, dann dürfe er auch Rahel heiraten, sofern er ihm für sieben weitere Jahre zu dienen bereit sei. Jakob blieb nichts anderes übrig, als einzuwilligen, wollte er auf Rahel nicht endgültig verzichten.

So kam Jakob nicht nur zu zwei Frauen, sondern auch zu einem zahlreichen Gesinde. Mit Lea und Rahel sowie ihren Mägden Bilha und Silpa zeugte er im Laufe der Jahre viele Kinder. Als seine »Dienstzeit« zu Ende ging, kündigte er dem Onkel an, er werde mit seiner Familie wieder in die Heimat ziehen. Laban wollte ihm einen angemessenen Lohn geben, denn sein Besitz hatte sich unter Jakobs Aufsicht gewaltig vermehrt, und dankbar schlug er ihm vor, er dürfe selbst seinen Lohn bestimmen.

Der Neffe hatte auch gleich eine Idee. Er schlug vor, Laban solle ihm alle schwarzen Schafe und weiß gesprenkelten Ziegen aus den Herden überlassen. Das sollte sein Lohn sein. Der Onkel war einverstanden, der Handel wurde beschlossen. Dieser Teil der Erzählung stammt offensichtlich aus einer alten mündlichen Überlieferung orientalischer Halbnomaden, denn bei diesen waren die Schafe üblicherweise weiß und die Ziegen schwarz. Jakob beanspruchte also für sich nur die Ausnahmetiere, von denen in keiner Herde allzu viele vorkamen. Daher glaubte Laban, ein gutes Geschäft gemacht zu haben.

Doch nun trat wieder Jakobs Listenreichtum zutage. Wenn gut gewachsene gesunde Ziegen sich begatteten, zeigte er ihnen weiß geschälte Äste von den verschiedenen Bäumen der Umgebung. Wenn sie während ihrer Brunst darauf sahen, bekamen sie weiß gesprenkelte Junge. Und den Blick der Schafe richtete er bei der Begattung auf deren schwarze Artgenossen. Dadurch wurde auch deren Nachwuchs schwarz. Bald hatte Jakob kraft der mit seinem Onkel geschlossenen Vereinbarung große eigene Herden und wurde überaus reich.

Das aber erregte den Neid von Labans Söhnen. Sie fühlten sich durch Jakob um ihr Erbe betrogen. Und auch Laban zeigte sich seinem Schwiegersohn gegenüber zunehmend gereizt. Um Unheil zu vermeiden, forderte der Herr Jakob auf, rasch in die alte Heimat zurückzukehren. Da machte sich Jakob heimlich mit seinen Frauen und Kindern, den Kamelen und dem ganzen Vieh sowie seinem übrigen Besitz auf die Reise nach Kanaan, ohne dies seinem Onkel zuvor anzukündigen. Rahel aber stahl ihrem Vater noch vor der Abreise die Terafim, seine kleinen Hausgötterbilder. Ihr Besitz, so vermuten heute Archäologen, stiftete einen Rechtsanspruch auf das Erbe.

Drei Tage dauerte es, bis Laban von der Flucht erfuhr. Sofort setzte er mit allen Verwandten und Knechten den Ausreißern nach. Nach sieben Tagen war er ihnen schon ganz nahe. Da erschien des Nachts Gott dem Laban im Traum und warnte ihn, Jakob etwas vorzuwerfen.

Kurz darauf holte der Onkel die Flüchtigen

■ Eine weitere bekannte Episode aus dem Leben Jakobs: *Jakobs Traum von der Himmelsleiter* (1. Mose 28, 10–19). Gemälde, um 1620, von Domenico Feti (um 1589–1623). Wien, Kunsthistorisches Museum

■ *Jakobs Kampf mit dem Engel* (1. Mose 32, 24). Holzstich nach einer Zeichnung von Gustave Doré (1832–1883), mit späterer Kolorierung. Aus der Folge der 230 »Bilder zur Bibel«, 1865. Deutsche Ausgabe Stuttgart.

im Gebirge von Gilead ein, doch er zeigte sich entsprechend den göttlichen Weisungen friedlich. Allerdings verlangte er seine Hausgötzen zurück. Man durchsuchte Jakobs Zelte, konnte aber nichts finden. Rahel hatte sich auf die Götterbilder gesetzt und behauptete, sie könne nicht aufstehen, weil sie gerade ihre Regel habe. Da wurde Jakob zornig und behauptete, Laban habe ihn und seine Familie zu Unrecht des Diebstahls bezichtigt. So musste Laban klein beigeben, schloss mit Jakob Frieden und kehrte nach Hause zurück.

Auf seiner weiteren Reise kam Jakob gegen Abend an den Fluss Jabbok, einen östlichen Nebenfluss des Jordan, der bei Amman entspringt. Zunächst ließ er Frauen, Kinder und Gesinde die Furt überqueren. Jakob wollte als letzter folgen. Doch da kam ein fremder Mann und begann, heftig mit ihm zu ringen. Der Kampf dauerte die ganze Nacht hindurch, bis die Morgenröte aufstieg. Als der Mann merkte, dass er Jakob nicht besiegen konnte, schlug er ihm auf die Hüfte. Da renkte sich das Hüftgelenk aus, und seither musste Jakob hinken. Dennoch ließ er den Mann nicht los, sondern forderte ihn auf, ihn zu segnen. So geschah es: Der Mann segnete Jakob und gab ihm einen neuen Namen: Er sollte fortan Israel heißen, was so viel wie »Gotteskämpfer« bedeuten sollte. Da wusste Jakob, dass er mit Gott selbst gerungen hatte.

ISRAEL

Die Bedeutung des Namens Israel ist nicht vollständig geklärt. Neben der volkstümlichen Erklärung »Gotteskämpfer« könnte es auch »Gott streitet« heißen. Außerhalb des Alten Testamentes findet sich die früheste Erwähnung des Namens Israel auf der ägyptischen Merneptah-Stele im Totentempel in Theben um 1219 v. Chr. Man nimmt an, dass der Name Israel erst mit der Sesshaftigkeit der ersten hebräischen Stämme im kanaanitischen Kulturland aufgekommen ist. Zur Zeit des Jakob, der ein Kleinviehnomade im Ostjordanland zu Beginn des zweiten Jahrtausends v. Chr. gewesen sein dürfte, hatte sich dieser Name noch nicht herausgebildet.

JAKOB RINGT MIT GOTT

ÜBERLIEFERUNG

Quellen: Die geheimnisvolle Erzählung vom Ringkampf Jakobs mit Gott gegen Ende des 32. Kapitels der Genesis wurde vom Jahwisten verfasst. Der Bericht über den Aufenthalt Jakobs bei Laban sowie seine Brautwerbung in Genesis, Kapitel 29 bis 31, stammt ebenfalls zum größeren Teil vom Jahwisten, enthält aber auch Einschübe des Elohisten sowie der Priesterschrift. Die Erzählung von der Namensgebung Israels war für die israelitischen Stämme, nachdem sie in Kanaan sesshaft geworden waren, von großer Bedeutung für ihr Zusammengehörigkeitsgefühl. Die Geschichte ist Teil eines langen Überlieferungsprozesses, in dessen Verlauf unterschiedliche Traditionen zusammengewachsen sind und an dessen Ende schließlich Jakob zum Sohn Isaaks wurde.

Bildende Kunst: In der frühchristlichen Kunst wird der Ringkampf Jakobs mit dem Engel üblicherweise von der Seite gezeigt. Beide Figuren sind im Profil zu sehen. Sie umfassen sich gegenseitig an den Schultern oder im Hüftbereich. Manchmal wird sogar versucht, die Verrenkung von Jakobs Hüftknochen anzudeuten. Hier orientierte man sich sehr stark an den Darstellungen antiker Ringergruppen. Oft sind die Körper der beiden kämpfenden Figuren auch gekreuzt. Der Engel wird als bartloser junger Mann mit Flügeln dargestellt. Alte byzantinische Motive wirken noch dramatischer. Sie zeigen einen kleinen Jakob, der gegen einen viel größeren, sich von vorne präsentierenden Engel kämpft. Manchmal greift Jakob auch von hinten an. Im Mittelalter taucht der Engel in der Regel ohne Flügel auf, so beispielsweise in Island und Frankreich. Im 12. Jahrhundert wird das Motiv in Westeuropa immer beliebter. Eine Skulptur findet sich beispielsweise in der Kathedrale von Modena. Im 16. Jahrhundert verlieren die Künstler dann wieder das Interesse an diesem Thema. In Raffaels ansonsten weit ausgreifendem Zyklus in den Loggien des Vatikan etwa fehlt das Motiv. Im Barock wird es dann wieder wegen der gewaltsamen Bewegtheit der Szene umso gefragter. So schärfte es den Ehrgeiz der Künstler, den Moment zu zeigen, in dem Jakob kurz vor dem Sieg den Engel aus dem Gleichgewicht bringt. Ein Beispiel hierfür liefert unter anderem ein Gemälde von Rembrandt, das heute im Reichsmuseum in Amsterdam hängt.

EMPFEHLUNG

Lesenswert:
Die Bibel, Einheitsübersetzung, mit dem Kommentar der *Neuen Jerusalemer Bibel*. Genesis, Kapitel 32, Vers 23-33, Freiburg im Breisgau 2000.

Deutsche Bibelgesellschaft (Hg.): *Die Bibel nach der Übersetzung Martin Luthers*, Genesis, Kapitel 32, Vers 23-33, Stuttgart 1999.

Kurt Galling (Hg.): *Die Religion in Geschichte und Gegenwart*, Band 3, Tübingen 1986.

Klaus Koch, Eckart Otto, Jürgen Roloff und Hans Schmoldt (Hg.): *Reclams Bibellexikon*, Seite 237, Stuttgart 2000.

Dr. Georg Herlitz und Bruno Kirschner (Hg.): *Jüdisches Lexikon*, Band 3, Frankfurt am Main 1987.

Sehenswert:
Jusepe de Ribera: *Jakobs Traum*, 1639, Öl auf Leinwand, 179 x 233 cm, Prado, Madrid.

AUF DEN PUNKT GEBRACHT

Die um 900 v. Chr. niedergeschriebene Erzählung vom Ringkampf Jakobs mit Gott schafft eine Tradition des Namens Israel, die für sich beansprucht, weit in die Vergangenheit zurückzureichen.

Die zwölf Stämme Israels

Genesis 29, 31 – 30, 24

■ Das Zwölfersystem
Die Aufgliederung von Völkern in zwölf Stämme scheint bei den Nachbarvölkern Israels zur damaligen Zeit durchaus üblich gewesen zu sein. Sowohl die Aramäer als auch die Edomiter und die Ismaeliter teilten sich in zwölf Stämme auf.
Die zwölf Stämme Israels. Buchmalerei, Frankreich, Anfang 14. Jahrhundert. Aus der »Bible historiale« von Guiart Desmoulins. Oxford, Bodleian Library

Viele nomadische Gesellschaften sind politisch nach ihrer Familienzugehörigkeit organisiert. Die Abstammung der Hebräer von Abraham, Isaak und Jakob prägte ihre kulturelle und soziale Identität viel stärker und langfristiger als der vorchristliche Staatsverbund Israel. Diesen gab es als einheitliches Gebilde, der alle zwölf Stämme zusammenfasste, eigentlich nur kurze Zeit um 1000 v. Chr. unter den drei aufeinanderfolgenden Königen Saul, David und Salomo. Danach zerfiel das Königtum in das Zehnstämmereich Israel und das Zweistämmereich Juda. Dennoch sahen die israelitischen Verfasser der Genesis Jahrhunderte später das Zwölfstämmereich als natürlichen Idealzustand an. Seine Herkunft leiteten sie unmittelbar von den zwölf Söhnen Jakobs ab. Erst als der letzte Sohn des Patriarchen geboren war, stand auch das mythologische Modell des Zwölfstämmereiches.

In die Geschichte von den zwölf Söhnen Jakobs (dessen Beiname Israel war) verpackten die Autoren sehr geschickt die Historie der einzelnen Stammesgruppen. Typisierend für die Entwicklung der Stämme wurde deren Landnahme in Kanaan, wo sie erstmals sesshaft wurden.

Die Stämme setzten sich aus verschiedenen Sippen zusammen, die wiederum aus mehreren miteinander verwandten Familien bestanden. Sie gewährten sich gegenseitig Schutz, Gastfreundschaft, Asyl und Rechtsbeistand bis hin zur Blutrache. Stammeskulturen führen oft ihre Herkunft auf einen einzigen Ahnherren zurück, obwohl dies genealogisch eigentlich kaum je nachweisbar der Fall ist. Nach diesem Muster leiteten die zwölf Stämme Israels ihre Abstammung vom Stammvater Jakob her. Die ersten zehn Söhne des Patriarchen wurden in Mesopotamien geboren, in der alten Heimat seines Großvaters Abraham, wo Jakob seine beiden Frauen kennen gelernt und geheiratet hatte. Jakobs erster Sohn Ruben stammte von seiner ersten Frau Lea. Die Genesis erzählt, dass der

Herr den Mutterschoß von Jakobs zweiter Frau Rahel verschlossen habe, weil der Patriarch diese der Lea, ihrer älteren Schwester, vorgezogen habe. In den Namen der Söhne und damit auch den nach ihnen benannten Stämmen schwingen gewichtige Bedeutungen mit. Ruben bedeutet im Hebräischen: »Er hat mein Elend angesehen.« Nach Ruben kam Lea noch mit Simeon (»er hat erhört«), Levi (»er wird anhängen«) und Juda (»ich werde Ehre erweisen«) nieder. Danach stockten die Schwangerschaften. Rahel aber, Jakobs wahre große Liebe, wurde eifersüchtig auf ihre Schwester Lea. Sie trat fordernd auf Jakob zu: »Verschaff mir auch Söhne, sonst sterbe ich.«

Da wurde Jakob seinerseits zornig und antwortete ihr gereizt: »Bin ich etwa Gott, der dir die Leibesfrucht versagt?«

Doch Rahel hatte schon eine Lösung zur Hand. Sie verlangte von Jakob, dass er sich zu ihrer Magd Bilha legen sollte. Wenn diese über ihren Knien gebären würde, konnte Rahel ein solches Kind nach altorientalischer Sitte als eigenes anerkennen.

Jakob folgte Rahels Wunsch, und bald schon brachte Bilha einen ersten Sohn zur Welt, Dan (»er hat mir Gerechtigkeit erwiesen«). Es dauerte nicht lange, und die Magd wurde abermals schwanger. Ihr zweiter Sohn hieß Naftali (»ich habe gekämpft«).

Als Lea sah, dass sie keine Kinder mehr bekam, folgte sie Rahels Beispiel und schickte ihre Magd Silpa zu Jakob. Deren erster Sohn hieß Gad (»Glück«), ihr zweiter Ascher (»sie werden mich glücklich preisen«).

Eines Tages brachte Ruben seiner Mutter Lea vom Feld einige Alraunen mit, die in der Antike als Aphrodisiakum angesehen wurden. Rahel bat ihre Schwester, ihr einige davon abzugeben. Zu-

ZWEITKLASSIGE STÄMME

Die Ableitung der Stämme Dan und Naftali von Rahels Magd Bilha sowie Gad und Ascher von Leas Magd Silpa als nicht ebenbürtiger Frauen deuten auf eine kulturelle Geringschätzung dieser Gruppen hin. Möglicherweise handelte es sich um kanaanitische Geschlechterverbände, die in den israelitischen Stammesverbund aufgenommen wurden, oder um kanaanitische Stämme, die sich sehr stark mit israelitischen Geschlechtern vermischt hatten.

■ *Jakob sendet seine Söhne nach Ägypten* (1. Mose 43). Buchmalerei, Italien, 15. Jahrhundert. Florenz, Museo di San Marco

■ *Die Reise Jakobs zu seinem Sohn Joseph nach Ägypten.* Buchmalerei, Oberösterreich, um 1411, aus der »Weltchronik«, die so genannte Toggenburg-Bibel von Rudolf von Ems, mittelhochdeutscher Dichter (gestorben um 1250–1254). Berlin, Kupferstichkabinett

nächst weigerte Lea sich. Doch als Rahel ihr anbot, dass Jakob dafür in der nächsten Nacht bei ihr schlafen sollte, gab sie ihr die Alraunen.

Dieser Handel hatte ungeahnte Folgen. Als Jakob am Abend vom Feld kam, forderte Lea ihn selbstbewusst auf, zu ihm zu kommen. Bald danach wurde Lea nochmals schwanger und gebar Issachar (»Lohn«). Und es folgte sogar ein weiterer Sohn: Sebulon (»er wird mich ehren«).

Dann geschah etwas, was kaum noch jemand zu hoffen gewagt hätte. Gott erhörte Rahel und schenkte ihr im hohen Alter noch Fruchtbarkeit. So gebar sie Joseph (»Gott fügt hinzu«). Damit waren die ersten elf Söhne Jakobs geboren.

Das Haus Joseph wurde gemäß der Überlieferung in die Stämme Ephraim und Manasse aufgeteilt. Dies waren die beiden Söhne Josephs, die ihr Großvater Jakob selbst noch vor seinem Tode segnete und in den gleichwertigen Rang von Söhnen erhob.

Die Gruppierungen, die sich aus den unterschiedlichen Müttern der Söhne Jakobs ergaben, hatten übrigens durchaus einen kulturgeschichtlichen Sinn. Die so genannten älteren Lea-Stämme (die ersten vier Söhne) wurden Mitte des zweiten Jahrtausends v. Chr. als erste in Palästina sesshaft. Juda kam aus südlicher Richtung, Ruben, Simeon und Levi aus dem Osten. Die jüngeren Lea-Stämme Issachar und Sebulon und mit ihnen jene beiden Stämme, die von Leas Magd Silpa abstammten (Gad und Ascher), wurden kanaanitischen Stadtstaaten fronpflichtig. Nachdem die drei mittelpalästinensischen Lea-Stämme Ruben, Simeon und Levi wieder aus ihrem Gebiet vertrieben wurden, stießen die mit ihnen ethnisch verwandten Rahel-Stämme Ephraim und Manasse einschließlich der Nachkommen von Rahels Magd Bilha, Dan und Naftali, in diese Siedlungsgebiete.

Als Jakob mit seiner ganzen Familie von Mesopotamien wieder nach Kanaan zurückgekehrt war, gebar ihm Rahel schließlich seinen zwölften Sohn, Benjamin (»Sohn der rechten Seite«). Doch die Niederkunft war so schwer, dass Rahel sie nicht überlebte. Da der Stamm Levi später der israelitischen Priesterkaste zugerechnet wurde, blieb die Zwölfzahl erhalten.

DIE ZWÖLF STÄMME ISRAELS

ÜBERLIEFERUNG

Quellen: Die bewegte Erzählung von der Geburt der zwölf Söhne Jakobs stammt vom Jahwisten, enthält aber auch Einschübe des Elohisten. Darüber hinaus lieferte die Priesterschaft ebenfalls eine vollständige Liste der Söhne und damit Stämme Israels. Die Chronistenpflicht sowie die Herleitung einer genealogisch sinnvollen Abstammung zählten die Priester zu ihren vornehmsten Aufgaben. Der Bericht aus dem 29. und 30. Kapitel der Genesis ist auf mehrere Quellen aus unterschiedlichen Epochen zurückzuführen. So gehen Historiker davon aus, dass die genannten zwölf Stämme niemals alle gleichzeitig als vollentwickelte politische Gebilde bestanden hatten. Auch die verbindliche Aufteilung des Landes Israel in zwölf klar umgrenzte Stammesgebiete, wie es viele Karten versuchen, beruht auf reiner Spekulation und ist historisch nicht möglich. Ein Stamm, vor allem ein ursprünglich nomadischer, war nie eine unveränderliche Größe, sondern wurde durch Kriege und andere geschichtliche Entwicklungen im Laufe der Zeit immer wieder umgestaltet. Dennoch hatten die Stämme grundsätzlich noch Jahrhunderte nach der Sesshaftwerdung der Israeliten eine hohe Bedeutung, was nur durch die konsequente Aufrechterhaltung alter nomadischer Traditionen auch in einer sesshaften Staatsorganisation zu erklären ist. Die Einheit Israels wurde nach dem babylonischen Exil um 500 v. Chr. zur utopischen Hoffnung. Die Stammeszugehörigkeit verlor stetig an politischer Bedeutung, blieb aber für den einzelnen zur Bildung seiner persönlichen und familiären Identität wichtig. So war der Kult des Zwölfstämmeverbandes prägend für das geschichtliche Selbstbewusstsein der Israeliten. Über diesen Kult, den Jahwekult, hatten sich die Stämme erstmals zusammengeschlossen. Es handelte sich also zunächst um einen sakralen Verband, dessen Angehörige ihre zentralen Begegnungsstätten an Heiligtümern wie Sichem, Gilgal und Schilo fanden. Mit der Zeit konnten solche Stammesverbände unter Umständen auch politischen Einfluss gewinnen, wie es dann im Falle Israels geschah. Ähnliche Entwicklungen, bei denen sich sakrale Verbände um ein oder mehrere gemeinsame Heiligtümer zusammenschlossen, sind auch aus der Frühgeschichte Griechenlands und Italiens bekannt. Hieraus resultiert auch die große Bedeutung der Zahl Zwölf, die man in diesem Zusammenhang immer wieder antrifft. Jeden Monat war eine andere Gruppe für die Versorgung des gemeinsamen Heiligtums verantwortlich.

EMPFEHLUNG

Lesenswert:
Die Bibel, Einheitsübersetzung, mit dem Kommentar der *Neuen Jerusalemer Bibel.* Genesis, Kapitel 29, Vers 31 – Kapitel 30, Vers 24, außerdem Kapitel 35, Vers 16-20, Freiburg im Breisgau 2000.

Deutsche Bibelgesellschaft (Hg.): *Die Bibel nach der Übersetzung Martin Luthers*, Genesis, Kapitel 29, Vers 31 – Kapitel 30, Vers 24, außerdem Kapitel 35, Vers 16-20, Stuttgart 1999.

Sehenswert:
Hendrik Terbrugghen: *Rahel versteckt die Götzenbilder vor ihrem Vater Laban*, 1726 – 1729, Fresko, 400 x 500 cm, Palazzo Patriacale (heute Erzbischöflicher Palast), Udine.

AUF DEN PUNKT GEBRACHT

Das Stämmesystem war der entscheidende Träger zur Entwicklung der kulturellen und politischen Tradition des Volkes Israel.

Joseph und seine Brüder

Genesis 37, 1-36

Die Söhne Jakobs wurden die Ahnherren der zwölf Stämme Israels. Der spätgeborene Joseph war der vorletzte, aber keineswegs der unbedeutendste Sohn des Patriarchen. Er wurde nach Ägypten verschleppt und holte später seine große Familie zu sich, aus der im Laufe der Jahrhunderte das Volk Israel wurde, das sich unter Moses Führung einte und wieder aus Ägypten auszog. So bereitete Josephs Ankunft in Ägypten die Entstehung des erwählten Volkes vor. Angesichts dieser Heilsperspektive ist es verständlich, dass die Josephsgeschichte einen erheblichen Umfang hat und fast den gesamten Schlussteil der Genesis bildet. Die Geschichte wird umso interessanter, wenn man weiß, dass sich auch historisch zu der Zeit, in der die Josephserzählung spielt, die Vorläufer der ersten israelitischen Stämme im Nildelta nachweisen lassen.

Erzählerisch unterscheidet sich die Josephsgeschichte von den vorausgehenden Berichten über die Erzväter. Die auf hohem erzählerischen Niveau durchkomponierte Novelle ist in klare Szenenfolgen gegliedert und kommt ohne das sichtbare Eingreifen Gottes und neue Offenbarungen aus. Doch auch wenn die Erzählung Gottes Initiative nicht vordergründig sichtbar werden lässt, will sie doch das Wirken göttlicher Vorsehung im Hintergrund deutlich machen, denn sie soll zeigen, wie missliche Umstände durch höheren Vorsatz zum Guten gewendet werden können.

■ *Joseph wird von seinen Brüdern in den Brunnen geworfen.* Ausschnitt aus dem Verduner-Altar, 1181, von Nikolaus von Verdun. Klosterneuburg (Niederösterreich), Stiftskirche

Joseph wurde im ersten Teil der Geschichte in eine recht prekäre Lage gebracht. Er war jung, ganze siebzehn Jahre alt, und hütete als Gehilfe seiner älteren Brüder Schafe. Als langersehnten späten Sohn seiner Lieblingsfrau Rahel liebte Jakob den Joseph mehr als alle anderen. Zum Zeichen seiner

Zuneigung schenkte er ihm einen kostbaren bunten Rock. Seine Brüder waren über diese Bevorzugung wenig erfreut und entwickelten feindselige Gefühle gegen ihn. Zusätzlich gesteigert wurden ihr Hass und ihr Neid noch durch zwei Träume Josephs, die er ihnen treuherzig erzählte. Im ersten Traum banden er und seine Brüder auf dem Felde Garben. Josephs Garbe richtete sich hoch auf, die Garben seiner Brüder aber stellten sich im Kreis um die seine und verneigten sich vor ihr. Es lag nahe, dass die Brüder nach dieser Geschichte befürchteten, Joseph wolle sie in Zukunft beherrschen.

■ Initiale mit Darstellung Josephs und seiner Brüder. Buchmalerei von Fra Eustachio (1473–1555), aus einem Chorbuch. Florenz, Museo dell'Opera del Duomo

Als sie dann auch noch den zweiten Traum hörten, wurden sie blass vor Neid und Wut. Joseph sah Sonne, Mond und elf Sterne, die sich vor ihm verneigten. Über diesen Traum ärgerte sich sogar der Vater. »Was soll das denn«, schimpfte er, »sollen deine Mutter, deine elf Brüder und ich vor dir niederfallen?« Doch der Traum ging Jakob fortan nicht mehr aus dem Sinn.

Später schickte er Joseph zu seinen Brüdern, die das Vieh in einer entfernteren Gegend hüteten. Zunächst fand er sie nicht, doch schließlich erfuhr er, dass sie sich in Dotan aufhielten, einem Ort nördlich von Samaria. Als seine Brüder ihn von weitem kommen sahen, kochte ihre Wut hoch. »Wollen wir doch einmal sehen, was aus seinen Träumen wird, wenn wir ihn töten und in eine Grube werfen«, sagten sie zueinander. Ruben, Jakobs ältester Sohn, ver-

DAS HAUS JOSEPH

Joseph gilt als Ahnherr einer Gruppe von israelitischen Stämmen, die auf dem Bergland Mittelpalästinas ansässig war und gelegentlich als das Haus Joseph oder der Stamm Joseph bezeichnete wurde. Zu dieser Stammesgruppe gehörten Ephraim und Manasse, die bedeutendsten Stämme des späteren Nordreiches Israel, aber auch der Stamm Benjamin. Unklar bleibt, ob das Haus Joseph einen Zusammenschluss dieser Stämme bildete oder sich später in sie aufgespalten hat. Oft wurde die Bezeichnung Haus Joseph für das gesamte Nordreich Israel, gelegentlich sogar in poetischer Form für ganz Israel verwendet.

■ *Joseph wird von seinen Brüdern verkauft.* Fresko, 1816/17, aus der Casa Bartholdy in Rom von Friedrich Overbeck (1789–1869). Berlin, Alte Nationalgalerie

suchte die anderen zu beschwichtigen. »Tötet ihn nicht, werft ihn erst einmal nur in die Grube.«
Die Brüder ließen sich überzeugen, packten Joseph und zogen ihm seinen prachtvollen bunten Rock aus, über den sie sich schon so lange geärgert hatten. Dann warfen sie ihn in eine finstere leere Zisterne. Derweil Joseph dort unten im Dunkeln wimmerte und nicht wusste, wie ihm geschah, setzten sich die Brüder in Ruhe zu einem Mahl zusammen. Als eine Karawane vorbeikam, versuchte auch Juda, das Leben seines Bruders zu retten. »Wir sollten uns nicht an ihm vergreifen«, argumentierte er, »denn er ist unser Fleisch und Blut. Lasst ihn uns besser verkaufen.« So zogen sie Joseph aus der Grube und überließen ihn für zwanzig Silberstücke fremden Kaufleuten. Ruben, der sich offensichtlich zuvor entfernt hatte, war bestürzt, als er zur Grube zurückkam und diese leer vorfand. »Der Kleine ist nicht mehr da«, jammerte er und zerriss sein Kleid. Was sollten sie jetzt nur anfangen, was dem Vater sagen?

Die Brüder griffen zu einer List. Sie tauchten Josephs bunten Rock in das Blut eines frisch geschlachteten Ziegenbocks, behaupteten, den Rock so gefunden zu haben, und schickten diesen zu ihrem Vater. Als Jakob den blutigen Rock sah, fiel er sofort auf die Täuschung herein. Augenblicklich war er überzeugt, dass ein wildes Tier Joseph gefressen habe. Zum Zeichen der Trauer zerriss er seine Kleider, war untröstlich und beweinte seinen totgeglaubten Sohn bitterlich.

Joseph aber wurde von den Kaufleuten nach Ägypten verschleppt und dort als Sklave an Potifar verkauft, den Kämmerer des Pharao und Obersten der Leibwache. Auf diesem Wege kam der erste Israelit nach Ägypten. Möglicherweise wurde die Josephsgeschichte durch das Eindringen semitischer Nomaden, der so genannten Hyksos, in Ägypten inspiriert. Unter diesen Hyksos waren vermutlich die Vorfahren der späteren Israeliten. So sprechen aus der Josephserzählung die Traditionen eines semitischen Nomadenvolkes. Die Josephsgeschichte wird von Historikern um 1700 v. Chr. datiert, also rund 400 Jahre vor dem Auszug der Israeliten aus Ägypten. Zur gleichen Zeit lassen sich nach archäologischen Befunden die Hyksos im Nildelta nachweisen. Die Bibel erwähnt dieses überwiegend semitische Nomadenvolk nicht.

Hyksos ist die griechische Form des ägyptischen Ausdrucks für »Herrscher der Fremdländer«. Es handelte sich um eine aus Vorderasien stammende Völkergruppe, die von 1700 bis 1550 v. Chr. über Ägypten und teilweise auch über Syrien-Palästina herrschte. Die militärische Überlegenheit der Hyksos ergab sich aus ihren von Pferden gezogenen Streitwagen, einer für die damalige Zeit völlig neuen Kriegstechnik. Im Laufe etlicher Jahrzehnte wurden die Hyksos allerdings ägyptisiert, und um 1550 v. Chr. verschwanden sie aus dem Nildelta. Ob die Josephsgeschichte einen historischen Kern aufweist, ist umstritten. Gelegentlich wird in der einschlägigen Literatur vor diesem Hintergrund die Frage aufgeworfen, ob Joseph ein ägyptischer Wesir der Hyksos-Zeit war. Eine andere Interpretation der Erzählung ist eine stammesgeschichtliche Deutung, in der Joseph als individualisiertes Groß-Ich der Hebräer gesehen wird, die nach Ägypten einwanderten, als der Idealtyp einer Beispielerzählung. Viele Forscher hängen die-

■ *Joseph wird von seinen Brüdern in den Brunnen geworfen.* Ausschnitt aus dem Verduner Altar, 1181 von Nikolaus von Verdun. Klosterneuburg (Niederösterreich), Stiftskirche

■ *Joseph mit den Kaufleuten auf dem Weg nach Ägypten.* Venezianisches Mosaik, zwischen 1220 und 1300. Venedig, San Marco, Vorhalle

ser Theorie an und bezweifeln die Geschichtlichkeit Josephs. Sie argumentieren, dass Ahnherren von Stämmen grundsätzlich Sagengestalten sind, weil Stämme nicht durch Abstammung entstehen. Für Joseph als historische Person sprechen wiederum die Tell-el-Amarna-Briefe, die einen ägyptischen Getreideverwalter aus Palästina sowie wiederholte Hungerjahre in der Hyksos-Periode erwähnen. Bei diesen Briefen handelt es sich um Tontafeln mit babylonischer Keilschrift, die man in der oberägyptischen Ruinenstätte Amarna fand. Die Stadt wurde um 1360 v. Chr. durch Pharao Echnaton gegründet. In jedem Fall aber zeigt die Josephsgeschichte eine überraschend genaue Kenntnis des ägyptischen Lokalkolorits zur Zeit der Niederschrift, die sich mit den historischen Quellen deckt. Übrigens findet sich die Josephserzählung auch in der zwölften Sure des Koran.

DIE TELL-EL-AMARNA-BRIEFE

Die Tell-el-Amarna-Briefe wurden 1887 bei Ausgrabungen in der Ruinenstadt Amarna, der altägyptischen Stadt Achet-Aton, gefunden. Unter Pharao Echnaton war dies die ägyptische Reichshauptstadt. Die Amarna-Briefe enthalten diplomatische Korrespondenzen der Könige Amenophis III. und Amenophis IV. (Echnaton) mit anderen Herrschern und Vasallen, unter anderem auch in Palästina.

JOSEPH UND SEINE BRÜDER

ÜBERLIEFERUNG

Quellen: Beim Bericht über den Verkauf Josephs an die in einer Karawane vorbeiziehenden Kaufleute in Genesis, Kapitel 37, wirkt die biblische Erzählung ein wenig widersprüchlich. Zuerst ist von einer ismaelitischen Karawane die Rede, dann von midianitischen Kaufleuten. Die Widersprüche werden nachvollziehbarer, wenn man weiß, dass die biblische Erzählung in der Josephsgeschichte zwei verschiedene Quellen zusammenfügt, den Elohisten und den Jahwisten. Der Elohist berichtet, dass die Brüder Joseph töten wollen, Ruben sie aber überredet, ihn nur in eine Grube zu werfen. Später wollte er ihn dann herausziehen. Ohne Wissen der Brüder kommen midianitische Kaufleute vorbei, holen Joseph aus dem Loch heraus und bringen ihn nach Ägypten. In der Erzählung des Jahwisten wollen die Brüder Joseph töten. Juda aber schlägt ihnen vor, ihn lieber an eine Karawane von Ismaelitern zu verkaufen, die auf dem Weg nach Ägypten ist. Bei den Midianitern handelte es sich um einen Stammesverband aus der syrisch-arabischen Wüste am nordöstlichen Ausläufer des Roten Meeres. Die Ismaeliter, ein Nomadenverband aus der südlichen Wüstengegend Palästinas, stammten nach dem Alten Testament von Abrahams erstem Sohn Ismael ab. Beide Quellen der Josephserzählung wurden lange nach den hier geschilderten Ereignissen abgefasst und erfuhren im Laufe der Jahrhunderte zahlreiche Redaktionen. Der Jahwist schrieb im neunten Jahrhundert v. Chr. im Königreich Juda, der Elohist etwas später in Israel. Später fügte auch noch die Priesterschaft einige wenige Elemente hinzu. Wissenschaftler gehen allerdings davon aus, dass die Geschichte als mündliche Überlieferung schon in der Ära Sauls, also um 1000 v. Chr., im Umlauf gewesen sein könnte.

Literatur: Die Josephserzählung als eine der ersten meisterhaften Novellen der Geschichte regte eine ganze Reihe von Dichtern und Literaten zu künstlerischen Bearbeitungen an. Neben verschiedenen Josephs-Dramen aus dem 16. Jahrhundert gibt es unter anderem auch einen Josephs-Roman von Grimmelshausen aus dem Jahre 1667. Die bekannteste literarische Nachformung des Stoffes dürfte aber Thomas Manns vierbändiges Romanwerk *Joseph und seine Brüder* sein. Der Literaturnobelpreisträger arbeitete daran 17 Jahre lang, er begann die Arbeit daran 1926 in München und beendete es 1943 im nordamerikanischen Exil. Schon 1928 schrieb er über den Romanzyklus: »Gegenstand des Buches ist die Fleischwerdung des Mythos; sein Held: Joseph; seine Welt: der babylonisch-ägyptische Orient; seine Aufgabe: zu beweisen, dass man auf humoristische Weise mythisch sein kann.« Thomas Mann erklärte, er habe sich von dem Thema angesprochen gefühlt durch eine Disposition, die nicht nur das Produkt seiner persönlichen Zeit und Lebensstufe war, sondern dasjenige der Zeit im Großen und Allgemeinen.

AUF DEN PUNKT GEBRACHT

Mit der planvoll komponierten und zusammenhängend erzählten Josephsgeschichte steigert die Genesis ihr literarisches Niveau erheblich und schafft zahlreiche noch Jahrtausende bis in die Gegenwart hineinwirkende künstlerische Anregungen.

EMPFEHLUNG

Lesenswert:

Die Bibel, Einheitsübersetzung, mit dem Kommentar der *Neuen Jerusalemer Bibel*. Genesis, Kapitel 37, Vers 1-36, Freiburg im Breisgau 2000.

Deutsche Bibelgesellschaft (Hg.): *Die Bibel nach der Übersetzung Martin Luthers*, Genesis, Kapitel 37, Vers 1-36, Stuttgart 1999.

Kurt Galling (Hg.): *Die Religion in Geschichte und Gegenwart*, Band 3, Tübingen 1986.

Klaus Koch, Eckart Otto, Jürgen Roloff und Hans Schmoldt (Hg.): *Reclams Bibellexikon*, Seite 259, Stuttgart 2000.

Dr. Georg Herlitz und Bruno Kirschner (Hg.): *Jüdisches Lexikon*, Band 3, Frankfurt am Main 1987.

Thomas Mann: *Joseph und seine Brüder*, Frankfurt am Main 1971.

Hörenswert:

Richard Strauß: *Josephslegende*, Ballett, Fertigstellung der Partitur: 1914.

Joseph in Ägypten

Genesis 39, 1 – 50, 26

■ Szene aus dem amerikanischen Film *Joseph* von 1995, Regie: Roger Young, mit Paul Mercurio als Joseph.

Jakobs zweitjüngster Sohn Joseph war der erste Israelit in Ägypten. Damit die Ereignisse den von Gott gewollten Gang nehmen konnten, musste ihm bald seine große Familie folgen. Doch zunächst schien es für seine Verwandten nicht erstrebenswert, sein Schicksal zu teilen. Joseph war als Sklave in ein fremdes Land verschleppt worden. Aber der biblische Mythos liefert durch dramaturgisch elegante Wendungen eine schlüssige Erklärung für die Übersiedlung der Jakobssippe nach Ägypten. Die Genesis berichtet, dass Gott mit Joseph war und ihm alles glückte, was er anfing. Er wurde von der Karawane, die ihn mit an den Nil genommen hatte, an Potifar verkauft, den Kämmerer des Pharao und Obersten seiner Leibwache. Dieser machte ihn zu seinem persönlichen Diener und sogar zum Verwalter seines Besitzes. Der Segen des Herrn ruhte auf Joseph und übertrug sich auch auf das ihm anvertraute Haus sowie die Felder des Ägypters. Der Kämmerer brauchte sich um nichts mehr zu kümmern, nur noch um sein Essen, wie es die Bibel ausdrückt.

Joseph war ein gutaussehender junger Mann geworden. Das war kein Makel, nur führte es leider zu einer unschönen Begebenheit. Potifars Frau hatte ein Auge auf ihn geworfen. Unverblümt forderte sie Joseph auf, mit ihr zu schlafen. Doch der Sklave weigerte sich. Mit dieser Ablehnung aber gab sie sich nicht zufrieden. Unaufhörlich redete sie auf Joseph ein, ihr zu Willen zu sein. Als sie eines Tages allein mit ihm im Haus war, packte sie ihn am Gewand und bedrängte ihn erneut. Joseph riss sich los und lief hinaus. Sein Kleid aber hielt die Frau fest umklammert. Sofort schrie sie laut nach den Dienern. Sie behauptete, Joseph habe sie zwingen wollen, mit ihm zu schlafen. Doch als sie um Hilfe gerufen habe, sei er geflohen und habe dabei sein Gewand zurückgelassen. Als angeblichen Beweis für dieses Vorkommnis hielt sie das

Kleid in der Hand. Nachdem Potifar diese Lügengeschichte gehört hatte, wurde er von unbändigem Zorn gepackt. Sofort ließ er Joseph ins Gefängnis werfen.

Aber selbst dort verließ der Segen des Herrn Joseph nicht. Nach einiger Zeit wurden der königliche Mundschenk und der Hofbäcker ins Gefängnis eingeliefert. Der Pharao war zornig über seine beiden Hofbeamten. Den Grund dafür nennt die Genesis nicht. In einer der folgenden Nächte träumten die beiden neuen Gefangenen. Am nächsten Morgen waren sie missmutig, weil niemand ihre Träume deuten konnte, denn für die alten Ägypter hatten Träume weissagende Kräfte. Da erklärte sich Joseph bereit, die Träume auszulegen.

Zuerst erzählte der Mundschenk von seinem Traum. Daraufhin prophezeite ihm Joseph, dass der Pharao ihn in drei Tagen aus dem Gefängnis herausholen lassen und wieder in sein Amt einsetzen würde. Wenn dies einträfe, so bat Joseph, sollte er dem Pharao von ihm erzählen und ihn aus dem Gefängnis befreien lassen.

Für den Hofbäcker hatte Joseph weniger gute Nachrichten. Der Pharao, so wurde ihm von dem jungen Mann geweissagt, würde ihn in drei Tagen aufhängen lassen.

Und tatsächlich geschah alles genau so, wie Joseph es vorhergesagt hatte. Nur vergaß der Mundschenk leider, an Joseph zu denken, als er wieder am Hof war.

Zwei lange Jahre saß Joseph noch im Gefängnis, da hatte auch der Pharao zwei schwer zu deutende Träume. Niemand konnte sie erklären, obwohl der Herrscher alle Weisen und Wahrsager Ägyptens um Rat fragte. Zauberei und Okkultismus hatten in diesem Land damals einen hohen Stellenwert.

Jetzt erinnerte sich der Mundschenk wieder an Joseph und berichtete dem Pharao von ihm. Sogleich ließ ihn der Herrscher aus dem Gefängnis holen und fing an zu erzählen. In seinem ersten Traum stand er am

■ *Joseph und die Frau des Potifar.* Buchmalerei, Oberösterreich, um 1411, aus der »Weltchronik«, die so genannte Toggenburg-Bibel von Rudolf von Ems, mittelhochdeutscher Dichter. Berlin, Kupferstichkabinett

Nilufer. Aus dem Fluss stiegen sieben wohlgenährte, stattliche Kühe und weideten. Nach ihnen folgten sieben magere, hässliche Kühe. Noch nie hatte der Pharao in ganz Ägypten so hässliche Kühe gesehen. Doch sein Erschrecken wurde noch größer, als die sieben mageren Kühe die sieben fetten Kühe auffraßen. Dann wachte er auf. Als er wieder eingeschlafen war, folgte gleich der zweite Traum: Auf einem Halm standen sieben volle, schöne Ähren. Nach ihnen wuchsen sieben kümmerliche, ausgedörrte Ähren und verschlangen die ersten Ähren.

Für Joseph war die Sache sofort klar. Die sieben fetten Kühe und die sieben schönen Ähren waren sieben gute Jahre. Die sieben mageren Kühe und die sieben kümmerlichen Ähren, die die anderen auffraßen, bedeuteten sieben Jahre Hungersnot. Ägypten würde also zunächst sieben Jahre des Überflusses erleben und danach sieben Jahre des Hungers erleiden müssen.

Joseph beließ es aber nicht bei dieser Deutung, sondern unterbreitete dem Pharao auch gleich einen Vorschlag. Der Herrscher sollte in den sieben guten Jahren Ägypten von einem weisen Mann verwalten lassen, der das Land besteuern und Korn speichern sollte. Dann hätten die Ägypter in den sieben folgenden schlechten Jahren genug zu essen.

Der Pharao war von der Auslegung und dem Rat so begeistert, dass er Joseph selbst zum Verwalter machte. Der ehemalige Sklave und Gefangene war plötzlich der zweitmächtigste Mann des großen ägyptischen Reiches. Er hatte damit, im Alter von jetzt dreißig Jahren, die Stellung des obersten Verwaltungsbeamten Ägyptens erlangt. Außerdem heiratete er die Tochter eines ägyptischen Priesters und bekam zwei Söhne: Manasse und Ephraim.

Wieder bewahrheitete sich Josephs Deutung. Nach den sieben Jahren des Überflusses, in denen er Getreide in gewaltigen Mengen speichern ließ, folgte eine katastrophale Hungersnot. Auch in Kanaan gab es nichts mehr zu essen. Und so schickte Jakob seine Söhne nach Ägypten, weil er gehört hatte, dass man dort noch Getreide kaufen konnte. Nur den jüngsten Sohn, Benjamin, behielt er bei sich. Bald schon standen die Brüder vor Joseph, der sie sofort erkannte. Sie selbst aber ahnten nicht, dass dieser hochge-

DIE ÄGYPTISCHE BESTEUERUNG

In Ägypten waren fast alle Ländereien Kronbesitz. Als sich dieses System zur Zeit der Niederschrift der Erzählung durch den Jahwisten in der Ära Salomos ausbreitete, sahen hohe Beamte am israelitischen Hof das ägyptische Vorbild als Ideal an. Sie wollten den Ruhm, die Besteuerung eingeführt zu haben, Joseph zuschreiben. In der Erzählung wird daher behauptet, dass es Joseph war, der durch »seine« Besteuerung dem Pharao das Ackerland der Ägypter »zu eigen« gemacht hat.

■ *Joseph deutet die Träume des Pharao.* Fresko um 1515–1518 von Raffael, (1483–1520). Rom, Vatikan, Freskenzyklus in den Loggien

stellte ägyptische Beamte ihr Bruder war, den sie einst so heimtückisch in eine Grube gestoßen und verkauft hatten. Joseph gab sich nicht zu erkennen. Er wollte seine Brüder zunächst prüfen. Er behauptete, sie für Spione zu halten. Um zu beweisen, dass sie wirklich nur eine harmlose Familie seien, forderte er sie auf, ihm ihren jüngsten Bruder zu bringen, von dem sie ihm erzählt hatten. Simeon behielt er als Geisel zurück.

Zunächst wollte Jakob Benjamin nicht ziehen lassen, nachdem seine Söhne ihm von den Vorfällen in Ägypten berichtet hatten. Er fürchtete, seinen Jüngsten auch noch zu verlieren. Doch schließlich schickte er ihn mit, weil das aus Ägypten mitgebrachte Getreide nicht lange reichte und der Hunger in Kanaan zu groß wurde. Die Brüder mussten neue Nahrung holen.

Als sie in Ägypten angekommen waren, ließ

JOSEPHS SÖHNE

Auch die Namen von Josephs Söhnen, die ihm in Ägypten geboren wurden, hatten symbolische Bedeutung. Manasse wird vom hebräischen Wort für »er hat mich vergessen lassen« hergeleitet und Ephraim von »er hat mich fruchtbar werden lassen«. Joseph wollte mit dieser Namensgebung zum Ausdruck bringen, dass Gott ihn seine Sorge vergessen und im Land seines Elends hat fruchtbar werden lassen.

■ *Joseph führt den Vater vor den Pharao.* Gemälde von Gerbrandt van den Eeckhout (1621–1674). Gera, Kunstgalerie

Joseph einen kostbaren Becher von seiner Tafel in Benjamins Reisesack verstecken. Dann behauptete er, ihr jüngster Bruder sei ein Dieb. Daher wolle er ihn versklaven. Da bot sich Juda an, anstelle Benjamins als Sklave in Ägypten zu bleiben. Nun erkannte Joseph, dass die Brüder sich gebessert hatten. Er gab sich zu erkennen, ließ seinen Vater sowie die ganze Familie holen und feierte mit ihnen unter Tränen der Freude das Wiedersehen. So siedelten sich die Israeliten, die dem Pharao hochwillkommen waren, in der ägyptischen Landschaft Gosen an.

JOSEPH IN ÄGYPTEN

ÜBERLIEFERUNG

Quellen: Die Erzählung von Joseph in Ägypten vom 39. bis zum 50. Kapitel der Genesis setzt sich zum größten Teil aus den Arbeiten des Jahwisten und des Elohisten mit einigen wenigen Einschüben der Priesterschrift zusammen. Die drei unterschiedlichen Quellen wurden von einem unbekannten Schlussredakteur überarbeitet und weitgehend sinnvoll einander angepasst. Nur an einigen wenigen Stellen fallen noch Ungereimtheiten auf, die aber vergleichsweise unbedeutend sind. So war es beim Jahwisten beispielsweise Juda, der sich beim Vater für die Rückkehr Benjamins aus Ägypten verbürgte, beim Elohisten war es Ruben. Insgesamt aber wird die Geschichte als eine kunstvolle Lehrerzählung aus dem Bereich der jüdischen Weisheitsliteratur angesehen. Die handelnden Personen treten nicht mehr nur als typische Vertreter ihrer Stämme, sondern als überzeugende und glaubwürdige Charaktere auf. Erstmals wird das Innenleben der Hauptfiguren mit zahlreichen komplizierten Emotionen und Seelenstimmungen gezeigt. Die Geschichte ist ein echter Entwicklungsroman. Joseph gilt in der jüdischen Literatur als besonders liebliche Idealgestalt. Seine kleinen Jugendfehler werden ihm vergeben, weil er mit den Jahren an Weisheit und Tugendhaftigkeit zunimmt. Seine Großmut im Vergeben und seine Glaubensfestigkeit wirken sehr ansprechend.

Literatur: Über Josephs Eheschließung entstand um das Jahr 100 n. Chr. in Alexandria ein hellenistisch-jüdischer Roman unter dem Titel *Joseph und Asenat*. Er berichtet von der Liebe einer ägyptischen Priestertochter zu Joseph, ihrer wunderbaren Bekehrung und einer glücklichen Heirat.

Bildende Kunst: Gleich mehrere Episoden der Josephlegende zeigt das Gemälde *Joseph in Ägypten*, das 1518 von dem italienischen Maler Jacopo Carrucci, genannt Pontormo (nach seinem Geburtsort bei Empoli), fertiggestellt wurde. Vor einer phantastischen Landschafts- und Architekturkulisse ist Joseph vorne links im Bild zu sehen. Er steht dort vor dem Pharao und weist diesen auf seinen neben ihm knienden alten Vater hin. Rechts oben im Bild sitzt Joseph am Bett seines Vaters. Neben ihm befinden sich seine kleinen Söhne Ephraim und Manasse, die den Segen von Jakob empfangen. In der Mitte des Bildes verleiht eine leicht gedrehte Treppe der gesamten Komposition Spannung und Dramatik. Pontormo entwarf das Motiv für ein Schlafzimmergemach im Palast der Borgherini in Florenz. Heute hängt das 96,5 x 109,5 cm große Bild in London in der National Gallery.

EMPFEHLUNG

Lesenswert:

Die Bibel, Einheitsübersetzung, mit dem Kommentar der *Neuen Jerusalemer Bibel*. Genesis, Kapitel 39, Vers 1 – Kapitel 50, Vers 26, Freiburg im Breisgau 2000.

Deutsche Bibelgesellschaft (Hg.): *Die Bibel nach der Übersetzung Martin Luthers*, Genesis, Kapitel 39, Vers 1 – Kapitel 50, Vers 26, Stuttgart 1999.

Kurt Galling (Hg.): *Die Religion in Geschichte und Gegenwart*, Band 3, Tübingen 1986.

Klaus Koch, Eckart Otto, Jürgen Roloff und Hans Schmoldt (Hg.): *Reclams Bibellexikon*, Seite 259, Stuttgart 2000.

Dr. Georg Herlitz und Bruno Kirschner (Hg.): *Jüdisches Lexikon*, Band 3, Frankfurt am Main 1987.

Sehenswert:

Jacopo Carrucci, genannt Pontormo: *Joseph in Ägypten*, 1518, Öl auf Holz, 96,5 x 109,5 cm, The National Gallery, London.

AUF DEN PUNKT GEBRACHT

Die Josephserzählung ist ein kunstvoller Mythos über den bedeutenden israelitischen Stamm Joseph in Mittelpalästina, der einst in Ägypten angesiedelt war.

Der Auszug aus Ägypten

Exodus 1, 1 – 15, 27

■ *Wanderung Israels.* Buchmalerei, Frankreich, Anfang 14. Jahrhundert. Aus der »Bible historiale« von Guiart Desmoulins. Oxford, Bodleian Library

Der Auszug (griechisch-lateinisch: Exodus) aus Ägypten ist eine der zentralen Episoden in der Geschichte des jüdischen Volkes; denn erst mit dem Auszug aus Ägypten werden die Israeliten von einer Gruppe stammesmäßig verwandter Beduinen zu einem Volk mit eigener Identität, mit seinen eigenen Gesetzen und seiner eigenen Religion. Der Auszug aus Ägypten und die Wanderung des Volkes Israel nach Palästina ist das Thema des Exodus genannten zweiten Buchs Mose.

Die Geschichte vom Auszug aus Ägypten ist eng mit dem Namen des Moses verbunden. Moses war es, der nach der Überlieferung die Israeliten aus der ägyptischen Knechtschaft befreite, sie ins »gelobte Land« führte und ihnen ihr Gesetz gab.

Viele Jahre nachdem Joseph und seine Brüder sich in Ägypten angesiedelt hatten, so erzählt die Bibel, erinnerte sich ein neuer Pharao nicht mehr an Josephs Verdienste, sondern hielt sie in Knechtschaft. In Fronarbeit mussten sie für ihn Städte und Vorratslager bauen. Zudem erregte die lebhafte Vermehrung der Hebräer den Argwohn Pharaos. So befahl er den Hebammen der Hebräer, alle männlichen Neugeborenen zu töten, und als sie diesem Befehl nicht nachkamen, ordnete er an, dass die männlichen Kinder gleich nach der Geburt in den Nil geworfen werden sollten. Zu diesen zählte auch Moses. Um der Tötung ihres Sohnes zuvorzukommen, setzte Moses' Mutter ihn in einem mit Pech ausgestrichenen Binsenkorb auf dem Nil aus. Und der kleine Moses hatte Glück. Sogar großes Glück. Niemand Geringeres als die Tochter des Pharao fand ihn in seinem Korb schwimmend und nahm ihn als Ziehsohn an. Der junge Hebräer genoss nun eine vornehme ägyptische Erziehung am Hof; er blieb sich seiner Herkunft aber stets bewusst.

Als Moses herangewachsen war, beobachtete er eines Tages, wie ein Ägypter einen hebräischen Arbeiter halb zu Tode prügelte, und ihn packte der Jähzorn. Er erschlug den ägyptischen Schinder und verscharrte ihn im Wüstensand. Doch seine Tat wurde entdeckt, und er musste fliehen, um der drohenden Todesstrafe zu entgehen. Er versteckte sich im Land Midian, wo er bei dem Priester Jetro

EXODUS

In der wechselvollen Geschichte des hebräischen Volkes fand das Wort Exodus, Auszug, immer wieder Anwendung. So verglichen die Propheten die Rückkehr der Juden aus dem babylonischen Exil mit dem Auszug aus Ägypten. Zuletzt spielte das Wort eine sinnfällige Rolle im Jahre 1947, als europäische Juden, die den Holocaust überlebt hatten, nach Palästina auswanderten. Der Name eines der Auswandererschiffe war *Exodus*, und seine Passagiere sollten die Einwanderung ins »gelobte Land« nicht einfacher finden als die Hebräer zur Zeit des Moses.

freundliche Aufnahme fand. Jetro verheiratete ihn sogar mit seiner Tochter Zippora. Vierzig Jahre lang hütete Moses dann die Herden seines Schwiegervaters.

Eines Tages aber – Moses war mittlerweile schon achtzig Jahre alt – erschien ihm Gott, der Herr, in einem brennenden Dornbusch. Er gab sich ihm als Gott seiner Väter, des Abraham, Isaak und Jakob, zu erkennen. Er wolle sich seines Volkes erbarmen, und er, Moses, solle sein Werkzeug bei der Erlösung der Hebräer aus der Knechtschaft sein. Als Moses ihn fragte, wie er ihn gegenüber seinem Volke nennen sollte, sprach er: »Ich bin der ›Ich-bin‹.« Seinem Volke aber solle er sagen, Jahwe, der Gott seiner Väter, habe ihn zu ihm gesandt.

Moses wusste aber nicht recht, wie er seine Aufgabe beim Volke der Hebräer erfüllen sollte: »Was aber, wenn sie mir nicht glauben?«, fragte er Jahwe. Da hieß ihn dieser seinen Hirtenstab zur Erde werfen und verwandelte ihn in eine Schlange, die wieder zum Stab wurde, als Moses sie aufhob. Doch auch nachdem der Herr ihn gelehrt hatte, noch weitere Zeichen und Wunder zu vollbringen, blieb Moses unsicher. Er sei »schwer von Zunge«, also ein ganz schlechter Redner. Da wurde der Herr unwillig: »Wer hat dem Menschen den Mund gegeben, … wenn nicht ich!«

Schließlich aber hatte er ein Einsehen und verkündete, dass Moses' Bruder Aaron ihm als sein Sprachrohr zur Seite stehen und für ihn reden werde.

Moses kehrte nun nach Israel zurück, überzeugte die He-

■ Szene aus dem 6-stündigen englisch-italienischen Film *Moses* von Gianfranco De Bosio aus dem Jahre 1975. Mit Burt Lancaster als Moses und Irene Papas als Zippora.

bräer, dass ihr mächtiger Gott Jahwe sie aus der ägyptischen Fron befreien werde, und begab sich gemeinsam mit Aaron zum Pharao. Taktisch geschickt sprachen sie nicht davon, dass die Hebräer Ägypten verlassen wollten, sondern baten nur darum, der Pharao möge sie zu einem Opferfest für ihren Gott Jahwe, das in der Wüste gefeiert werden sollte, beurlauben. Der Pharao zeigte sich von den beiden Vertretern des Knechtsvolks unbeeindruckt und war wenig geneigt, seine billigen Arbeitskräfte ziehen zu lassen. Seine einzige Reaktion auf das Ansinnen des Moses war es, die Arbeitslast des hebräischen Volkes erheblich zu vergrößern.

Dies verübelten die Hebräer weniger dem Pharao als Moses und Aaron, und sie mussten sich beeilen, einen Erfolg zu erzielen. Moses versicherte sich noch einmal der Unterstützung Jahwes und trat zusammen mit Aaron ein zweites Mal vor den König der Ägypter. Um ihn zu beeindrucken, warf Aaron dem Herrscher seinen Stab vor die Füße, der sich sogleich in eine Schlange verwandelte. Da rief der Pharao seine Zauberer, die dasselbe Kunststück zuwege brachten. Doch Aaron siegte in diesem Magierwettbewerb, denn sein Stab verschlang die der Ägypter. Dennoch blieb der Pharao hart gegenüber dem Wunsch der Hebräer, in die Wüste ziehen zu dürfen.

■ Jüdische Buchmalerei aus der goldenen Haggada, Katalonien, um 1320–1330. Die einzelnen Episoden zeigen von links nach rechts: Die Erwürgung der Erstgeborenen; Pharao lässt das Volk Israel ziehen; Die Ägypter verfolgen das Volk Israel; Untergang der Ägypter im Roten Meer. London, British Library

Da schickte der Herr den Ägyptern eine erste Plage: Das Nilwasser verwandelte sich in Blut, das stank und ungenießbar war. Nach einer Woche war die Plage vorbei, und Moses verkündete dem Pharao, wenn er jetzt nicht nachgebe, werde sein Gott eine zweite Plage schicken: Der Nil werde von Fröschen wimmeln. Der Pharao blieb hart, und bald stiegen ungezählte Frösche aus dem Nilschlamm und drangen in jedes Haus ein. Und so ging es weiter: Nacheinander schickte der Herr den Ägyptern Stechmücken, Ungeziefer, eine Viehseuche, schwärende Geschwüre, die Mensch und Tier quälten, Hagel, der die Ernte zerschlug, und Heuschreckenschwärme, die fraßen, was der Hagel noch übrig gelassen hatte. Schließlich wurde es sogar für

PESSACH / PASCHA / OSTERN

Entsprechend der Bedeutung des Auszugs aus Ägypten für das Judentum wurde seiner in einem wichtigen Fest Jahr für Jahr gedacht: dem Pessah- oder Paschafest. Sieben Tage lang, so hatte Gott nach der Darstellung des Buches Exodus dem Moses schon vor dem Auszug aus Ägypten eingeschärft, sollten die Hebräer ungesäuertes Brot essen, zum Gedenken dessen, dass sie beim Aufbruch aus Ägypten keine Zeit hatten, den Brotteig durchsäuern zu lassen. Dann sollten sie unter Beachtung einer ganzen Reihe von Vorschriften festlich das Pessachlamm verzehren. Auch Jesus sollte das Paschafest feiern. Eigens dafür zog er nach Jerusalem. Beim Abendmahl, wo das Paschalamm verzehrt wurde, nahm er nach Überzeugung der Christen auf wunderbare Weise die Rolle des Opferlamms, das verzehrt wird, selbst an. Am folgenden Tag wurde er gekreuzigt, gleichsam geopfert, und stand am dritten Tag, dem Ostertag, von den Toten auf. Auf viele Weise ist das christliche Osterfest mit der Tradition des jüdischen Pessach verbunden, und noch heute verzehren auch die Christen ihr Osterlamm, und sei es in Gestalt eines Kuchens in Lammform.

drei Tage vollkommen finster in Ägypten. Als Moses nach dieser neunten der »ägyptischen Plagen« wieder erneut beim Pharao vorsprach, war dieser verstockt wie zuvor und bedrohte Moses sogar mit dem Tode, falls er ihm noch einmal unter die Augen träte. Da kündigte der Herr dem Moses an, er werde nun eine zehnte, noch weit schrecklichere Plage schicken, nach der der Pharao sein Volk gewiss ziehen lassen werde: Er werde in einer Nacht die Erstgeburt ganz Ägyptens erschlagen, vom Sohn des Pharao über die Kinder seiner Mägde bis hin zum ersten Wurf eines jeden Viehs. Damit der Herr an den Häusern der Hebräer vorbeiging, musste jeder Haushalt am Abend zuvor ein Lamm schlachten und mit seinem Blut Türpfosten und Schwellen bestreichen, zum Zeichen, dass hier Hebräer wohnten. Danach wurde das Lamm festlich verzehrt.

Nach der furchtbaren zehnten Plage konnte Pharao nicht anders, als die Hebräer ziehen zu lassen. Die trieben ihr Vieh zusammen, brachten ihre ägyptischen Nachbarn unter dem Vorwand, es sich

■ Der Auszug aus Ägypten. Szene aus dem 6-stündigen englisch-italienischen Monumentalfilm *Moses* von Gianfranco De Bosio aus dem Jahre 1975.

■ *Durchgang der Israeliten durch das Rote Meer.* Fresko, um 1515–1518, von Raffael (1483–1520). Rom, Vatikan, Loggien

bloß ausleihen zu wollen, dazu, ihnen einen guten Teil ihres Silbergeräts zu überlassen, und zogen in die Wüste hinaus. Damit sie ihren Weg nicht verloren, zog der Herr des Tags als Wolken-, des Nachts als Feuersäule vor ihnen her.

Den Pharao reute schon bald seine Entscheidung, die Hebräer ziehen zu lassen, und er setzte ihnen mit Streitwagen und Soldaten nach. Am Ufer des Schilfmeers trieb er sie in die Enge. Die Hebräer verloren den Mut und behaupteten, Moses habe sie aus Ägypten herausgeführt, damit sie hier in der Wüste sterben müssten. Doch da streckte Moses seine Hand über das Meer aus, und Jahwe teilte die Wasser, die wie eine Wand zu beiden Seiten eines trockenen Weges aufstanden. Auf diesem Pfad entkamen die Juden dem ägyptischen Heer. Als die Soldaten ihnen folgen wollten, fielen die Wasser in sich zusammen, und die Ägypter ertranken jämmerlich mit Mann und Ross und Wagen.

DER AUSZUG AUS ÄGYPTEN

ÜBERLIEFERUNG

Quellen: Die Geschichte von der Jugend des Moses und dem Auszug aus Ägypten in Exodus, Kapitel 1 bis 15, setzt sich aus den Werken des Jahwisten, des Elohisten und der Priesterschaft zusammen. Der Elohist benutzt hier erstmals den Gottesnamen Jahwe. Der Name Gottes in der Bibel ist entweder Jahwe oder Elohim. In der so genannten elohistischen Traditionslinie in den fünf Büchern Mose ist es erst Moses, der den Namen Jahwe erfährt. Hier wird dieser Gottesname auch als Abwandlung des Zeitworts »sein« gedeutet: »Ich bin der ›Ich-bin‹.« Für den »Elohisten« gibt es vor diesem Zeitpunkt keinen Gottesnamen, sondern nur die Bezeichnung für einen Gott: »Elohim«, das ist die Mehrzahl – der Majestätsplural – des semitischen Wortes für Gott: »El« . Doch gibt es auch eine »jahwistische« Traditionslinie, in der der Name Gottes auch schon zuvor angerufen wurde. Später wurde der Name Gottes aus Ehrfurcht vermieden und durch die Bezeichnung »Adonai«, das heißt »Herr« ersetzt. Eine Variante von Jahwe als Gottesname ist »Jehowah« .

Literatur: Die Geschichte des Moses und der zehn Gebote lieferte über die Jahrtausende hinweg bis in unsere Zeit hinein zahlreiche literarische Inspirationen. Unübertroffen in der Tiefe der menschlichen Deutung der Begebenheiten dürfte wohl der Einstieg in Thomas Manns Novelle *Das Gesetz* sein: »Seine Geburt war unordentlich, darum liebte er leidenschaftlich Ordnung, das Unverbrüchliche, Gebot und Verbot. Er tötete früh im Auflodern, darum wusste er besser als jeder Unerfahrene, dass Töten zwar köstlich, aber getötet zu haben höchst grässlich ist und dass du nicht töten sollst.« Zu den weiteren literarischen Bearbeitungen des Mosesstoffes gehören Dramen von Joost van den Vondel, Carl Hauptmann, Ernst Bacmeister und Christopher Fry sowie erzählerische Werke von Joseph Holt Ingraham und Scholem Asch. In einem besonders kraftvollen Deutsch erzählt die Lutherbibel das Leben Mose. Eine Kuriosität am Rande sind verschiedene volkstümliche Zauberbücher aus dem 18. Jahrhundert, die sich sechstes und siebtes Buch Mose nennen und angeblich dessen magisches Geheimwissen enthalten.

EMPFEHLUNG

Lesenswert:

Die Bibel, Einheitsübersetzung, mit dem Kommentar der *Neuen Jerusalemer Bibel*. Exodus, Kapitel 1, Vers 1 – Kapitel 15, Vers 27, Freiburg im Breisgau 2000.

Thomas Mann: *Das Gesetz*, in: Der Tod in Venedig, Frankfurt 1977.

Christian Jacq: *Ramses* (fünf Bände), Hamburg 1997 – 1998.

Sehenswert:

Exodus, Regie: Otto Preminger, mit Paul Newman, Eva Maria Saint, Jill Haworth, USA 1960, nach dem Roman von Leon Uris.

Orazio Gentileschi: *Rettung des Moses aus dem Wasser*, 1633, Öl auf Leinwand, 242 x 281 cm, Prado, Madrid.

Giorgione: *Die Feuerprobe Moses*, um 1500, Öl auf Holz, 89 x 72 cm, Uffizien, Florenz.

Nicolas Poussin: *Die Auffindung des Mosesknaben*, 1638, Öl auf Leinwand, 93,5 x 121 cm, Louvre, Paris.

AUF DEN PUNKT GEBRACHT

Der historische Moses hatte vermutlich eine wichtige Führungsfunktion beim Auszug des Volkes Israel aus Ägypten.

Die Zehn Gebote

Exodus 20, 1-17

Die Idee zur Regelung des menschlichen Zusammenlebens durch schriftlich niedergelegte Gesetze ist fast so alt wie die Hochkulturen des Orients. Für die Israeliten übernahm Moses die Rolle des Gesetzgebers und wurde damit zu einer überragenden Persönlichkeit in der Geschichte seines Volkes. Diese Funktion überwog sogar seine Leistung als Führer der hebräischen Gruppe, die aus Ägypten auszog. Bis in die heutige Zeit hinein spielen die Gesetze des Moses in der jüdischen Religion eine bedeutende Rolle und wurden endlos ausdifferenziert. Keimzelle aller Regeln waren die Zehn Gebote, der so genannte Dekalog, den Gott selbst an Moses übergeben hatte. Als die zwei mit Gottes eigenem Finger beschriebenen steinernen Tafeln in der heiligen Bundeslade der Israeliten ihren Platz fanden, war Gottes Gesetz im Bewusstsein des Volkes fest verankert.

■ *Moses mit den neuen Gesetzestafeln.* (2. Mose 20). Buchmalerei, Frankreich, Anfang 14. Jahrhundert. Aus der »Bible historiale« von Guiart Desmoulins. Oxford, Bodleian Library

Zunächst aber mussten die Israeliten, die unter Moses' Führung Ägypten verlassen hatten, die Wüste durchqueren. Dann erst sollten sie zum Berg Sinai kommen, an dem der Herr die Zehn Gebote erlassen würde. Zwar wurden sie nun nicht mehr durch die Heere des Pharao bedroht, die Gott ja im Schilfmeer vernichtet hatte, aber von einer angenehme Reise konnte dennoch keine Rede sein. Drei Tage nach ihrem Aufbruch hatten sie immer noch kein Wasser gefunden. Schon fingen sie an zu murren, weil es nichts zu trinken gab. Da bewirkte der Herr durch ein Wunder, dass das Wasser eines bitteren Brunnens süß wurde.

Doch damit waren die Probleme nicht aus der Welt. Nach zweieinhalb Monaten beschwerte sich das Volk bei Moses, dass es in der Wüste nicht genügend zu essen gab. Und wieder geschah ein göttliches Wunder. Morgens regnete es Manna, Brot, das vom Himmel fiel, und abends Wachteln, Tag für Tag, nur am geheiligten Sabbat nicht. Dafür gab es am Tag zuvor die doppelte Menge. Dieser Teil der Erzählung verbindet vermutlich die Erinnerungen zweier getrennter hebräischer Gruppen, die auf verschiedenen Wegen zu unterschiedlichen Zeiten aus Ägypten ausgezogen waren. Beim

Manna, so haben Wissenschaftler herausgefunden, könnte es sich um die Absonderungen von Insekten gehandelt haben, die auf bestimmten Tamariskensträuchern im Mai und Juni ausschließlich im Zentralgebiet des Sinai zu finden sind. Die Wachteln dagegen lassen sich als Zugvögel erschöpft von ihrer Rückreise aus Europa im September im Norden der Sinaihalbinsel nieder.
Bevor die Israeliten die Oase Kadesch erreichten, murrten sie wieder, dass es kein Wasser gab. Da ließ der Herr den Moses mit sei-

■ Szene aus Cecil B. DeMills Stummfilm *Die zehn Gebote* von 1923 mit Theodore Roberts als Moses. Die Darstellung der Teilung des Roten Meeres und die Szenen, die das Schreiben auf die Gesetzestafeln zeigen, haben Filmgeschichte gemacht.

SCHRIFTLICHE GESETZE

Zu den ältesten schriftlich niedergelegten Gesetzeswerken gehört der Kodex Hammurabi aus dem 17. Jahrhundert v. Chr., der nach dem babylonischen König benannt ist. Er regelte in 282 nicht streng geordneten Paragraphen strafrechtliche, bürgerrechtliche und handelsrechtliche Aspekte. Noch älter sind die Bruchstücke eines Gesetzbuches des sumerischen Königs Urnammu aus dem 2. Jahrtausend v. Chr. Mit der Entwicklung und ausführlichen Formulierung schriftlicher Gesetze nahmen die Israeliten also keineswegs eine Sonderstellung in ihrer Zeit ein.

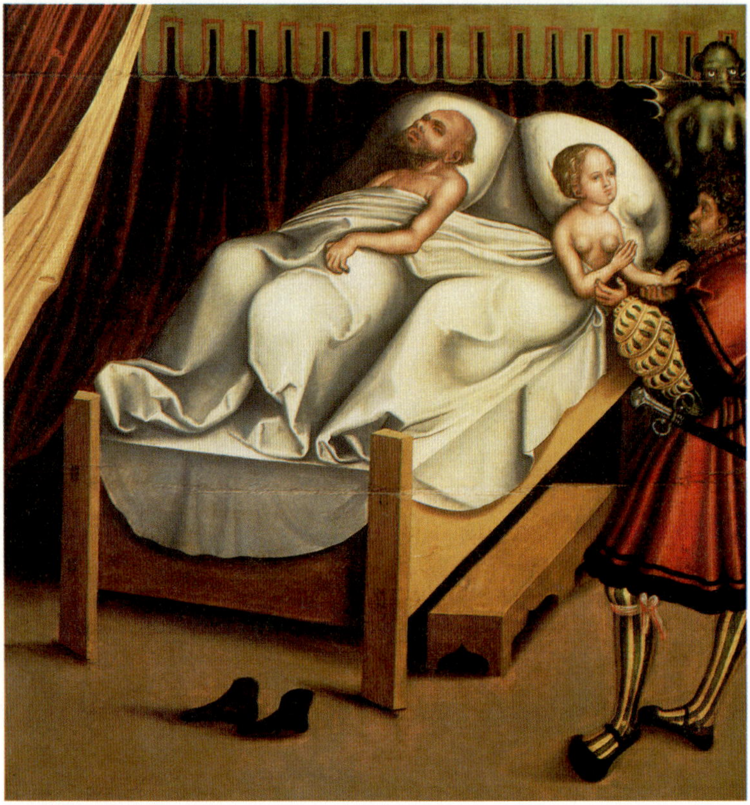

■ Aus der *Zehn-Gebote-Tafel* von Lucas Cranach d. Ä. (1472–1553). Tafel zum 9. Gebot: Du sollst nicht begehren deines Nächsten Weib. Wittenberg, Lutherhalle

nem Stab auf einen Felsen schlagen, und schon sprudelte frisches Wasser daraus hervor.

Kurz danach tauchten die Amalekiter auf, die aus dem Gebirge von Seir stammten, und forderten Israel zum Kampf heraus. Unter Führung Josuahs, der hier erstmals in der Bibel erwähnt wird, schlugen die Israeliten ihre Feinde vernichtend. Auch Moses trug seinen Teil zum Sieg bei, obwohl er nicht unmittelbar am Kampf beteiligt war. Er stand auf dem Gipfel eines nahegelegenen Hügels. Solange er die Hände erhoben hielt, war das Volk seinen Gegnern überlegen. Ließ Moses aber die Hände sinken, waren die Amalekiter im Vorteil. Da sich der Kampf ziemlich lange hinzog, stützten ihm schließlich sein Bruder Aaron und ein weiterer Israelit die Arme, bis seine Männer endgültig gesiegt hatten.

Als die Israeliten die Oase Kadesch achtzig Kilomer südwestlich von Beerscheba erreicht hatten, begegnete ihnen am nahegelegenen Gottesberg, einem alten midianitischen Heiligtum, Moses' Schwiegervater Jetro, der midianitische Priester. Historiker halten es für möglich, dass die aus Ägypten ausgezogenen Hebräer hier von Jetro den Jahweglauben übernommen haben. Immerhin hatte Moses gemäß den Ausführungen des Elohisten auch bei seinem Schwiegervater im Lande Midian die erste Offenbarung des Namens Jahwe in dem brennenden Dornbusch erhalten. Jetro empfahl bei diesem Treffen Moses auch, die Rechtsprechung zu dezentralisieren. Er sollte nicht mehr alle Fälle selbst entscheiden, sondern zuverlässige Männer aus dem Volk als Richter für kleinere Streitigkeiten einsetzen.

Im dritten Monat nach dem Auszug aus Ägypten erreichten die Israeliten den Berg Sinai. Verbindlich lässt sich der Berg heute nicht mehr lokalisieren. Es wird aber vermutet, dass es sich um den 2285 Meter hohen Dschebel Musa, den so genannten Mosesberg im Süden der Sinai-Halbinsel, handelte. Auf diesem Berg ließ sich der Herr nieder und rief Moses zu sich. Er verkündete ihm, dass er mit den Israeliten einen Bund schließen wollte. Sie sollten sein besonderes Eigentum sein und seine Gesetze halten. Dies war eine Erweiterung des Bundes mit Abraham, der nur mit einer einzigen Person geschlossen wurde und nur eine einzige Vorschrift, die Beschneidung, enthielt. Dieser mit allen Israeliten eingegangene Bund aber beinhaltete eine große Anzahl von Vorschriften. Sie wurden im so genannten Bundesbuch festgehalten, das der Herr seinem Knecht Moses auf dem Berg diktierte, derweil das Volk unten wartete.

Vierzig Tage dauerte die göttliche Unterweisung dort oben. Zum Abschluss überreichte der Herr Moses zwei mit seinem eigenen Finger beschriebene steinerne Tafeln, die Zehn Gebote, den Dekalog. Er war das Herz des mosaischen Gesetzes und umfasste alle Bereiche des religiösen und sittlichen Lebens. Zuerst forderte Jahwe in den Zehn Geboten einen ausschließlichen Kult, keine anderen Götter sollten die Israeliten neben ihm haben. Dann verbot er ihnen, Kultbilder herzustellen. So schuf er eine Sonderstellung der Israeliten gegenüber den anderen Völkern der Umgebung. Auch seinen Namen sollten sie nicht missbrauchen. Gedacht war hier vermutlich an einen auf Gott geschworenen Meineid. Das nächste Gebot forderte die Heiligung des Sabbats, des Gott geweihten siebten Ruhetages

■ Moses, gespielt von Charlton Heston, auf dem Weg zum Gipfel. Szene aus dem Film *Die zehn Gebote* von C. B. DeMilles, 1956. Dieser Film konnte nicht an den Erfolg der Erstverfilmung aus dem Jahre 1923 desselben Regisseurs anknüpfen und erntete unzählige Verrisse. Trotzdem wurde er mit einem Oscar für Special Effects ausgezeichnet.

DEKALOG
Das griechische Wort Dekalog bedeutet »zehn Worte« . In der Urform, die bis in die mosaische Zeit zurückreichen könnte, dürfte es sich um zehn kurze, rhythmisierte und leicht zu lernende Sätze gehandelt haben, die mündlich weitergegeben werden konnten.

der Woche. Außerdem sollten die Israeliten Vater und Mutter ehren. Die nächsten Gebote waren knapp und eindeutig gehalten: »Du sollst nicht morden. Du sollst nicht die Ehe brechen. Du sollst nicht stehlen. Du sollst nicht falsch gegen deinen Nächsten aussagen.« Und schließlich verlangte Jahwe noch, dass man nicht die Frau oder den Besitz seines Nächsten begehren sollte.

Die Israeliten, die am Fuße des Berges warteten, hielten Moses mittlerweile für verschollen. Sie wussten nicht, was er so lange da oben machte, und fühlten sich verlassen. So forderten sie Aaron auf, ihnen neue Götter zu geben. Dieser ließ den gesamten Schmuck des Volkes einschmelzen und goss daraus ein goldenes Kalb. In Wirklichkeit war es wohl das Bild eines jungen Stieres, eines der altorientalischen Göttersymbole. Als Moses mit den Zehn Geboten vom Berg herabstieg, sah er, was das Volk angerichtet hatte. In wüsten Verrenkungen tanzten sie um das Kalb herum. Nach langen Jahren packte ihn wieder einmal der Jähzorn. Außer sich vor Wut zerschmetterte er die von Gott selbst beschriebenen Steintafeln an den Felsen.

Die Strafe des Herrn wurde fürchterlich. Die levitische Priesterkaste tötete an diesem Tag auf den durch Moses übermittelten göttlichen Befehl dreitausend Männer aus dem Volk.

Moses aber stieg wieder auf den Berg und erhielt zwei neue Gesetzestafeln. Für diese verfertigten die Israeliten die Bundeslade, eine goldverzierte Truhe aus Akazienholz mit Tragstangen, in der die Leviten die Zehn Gebote vor dem Volk auf seinen Wüstenwanderungen hertrugen.

■ In einem Anfall von Jähzorn will Moses die Steintafeln (Gesetzestafeln) zerschmettern. Charlton Heston als Moses in Cecil B. DeMilles Verfilmung *Die zehn Gebote*, 1956.

DIE ZEHN GEBOTE

ÜBERLIEFERUNG

Quellen: Die bekannteste und allgemein gebräuchlichste Fassung der Zehn Gebote aus Exodus, Kapitel 20, stammt aus der elohistischen Quellenschicht, wurde also im Nordreich Israel in der ersten Hälfte des ersten Jahrtausends v. Chr. verfasst, deutlich nach dem im 13. Jahrhundert v. Chr. anzusetzenden Auszug aus Ägypten und der etwas später erfolgenden Landnahme der israelitischen Stämme in Kanaan. Aus der Sicht der Zeit der Niederschrift erscheinen auch die Inhalte der Zehn Gebote wesentlich nachvollziehbarer. Eine deuteronomistische Redaktion im Exil der Juden ist anzunehmen. So gehen die ersten vier Gebote auf eine Reihe von Sakralgesetzen zurück, die die Reinheit des israelitischen Jahwekultes auch unter ausländischem Einfluss sichern sollen. Die weiteren Gebote sind profane Regeln, die auf die Absicht einer Stärkung der Familie und der Ortsgerichtsbarkeit zurückzuführen sind. Das Verbot des falschen Zeugnisses erscheint als eine Reaktion auf die Gefährdung der Gerichtsinstitution. Das Verbot schließlich, die wirtschaftliche Grundlage der Familie des Nächsten zu zerstören, weist auf zunehmende soziale Spannungen in der israelitischen Königszeit hin. In jedem Falle setzen mehrere Gebote die Sesshaftigkeit der Israeliten nach der Landnahme voraus. Die theologische Mitte der Zehn Gebote liegt im Sabbatgebot, das die Alltagswirklichkeit unter die Herrschaft Gottes stellt. Insgesamt wirkt der Dekalog wie ein umfassendes Reformprogramm für das nach dem Exil erwartete neue Israel. Weitere Fassungen des Dekalogs finden sich in Exodus, Kapitel 34, hier aber mit ausschließlich kultischen Vorschriften aus der jahwistischen Quellenschicht, und in Deuteronomium, Kapitel 5.

Bildende Kunst: Häufig wurde Moses mit über der Stirn entsprossenen Hörnern dargestellt. Das ist ein Missverständnis, das auf einem Übersetzungsfehler beruht. Exodus, Kapitel 34, Vers 29 bis 35 berichtet von Strahlen, die vom Angesicht des Moses ausgingen, nachdem er mit den Gesetzestafeln zum zweitenmal nach vierzigtägiger Unterredung mit Gott vom Berg Sinai zurückkehrte. Diese Strahlen verwechselten Bibelübersetzer in der Vergangenheit versehentlich mit Hörnern. Zu den berühmtesten Mosesdarstellungen gehört die Sitzstatue des Moses von Michelangelo aus dem Jahre 1513 (Rom, San Pietro in Vincoli) und der Moses vom Brunnen des C. Sluter (1395 – 1406).

EMPFEHLUNG

Lesenswert:
Die Bibel, Einheitsübersetzung, mit dem Kommentar der *Neuen Jerusalemer Bibel.* Exodus, Kapitel 20, Vers 1-17, Freiburg im Breisgau 2000.

Hörenswert:
Rossini: *Moses in Ägypten*, Oper, Uraufführung: Neapel 1818.

Sehenswert:
Die verrückte Geschichte der Welt, Regie: Mel Brooks, mit Mel Brooks als Moses, USA 1979.

Rosso Fiorentino: *Moses verteidigt die Töchter des Jethro*, 1523, Öl auf Leinwand, 160 x 117 cm, Uffizien, Florenz.

Paolo Veronese: *Auffindung des Mosesknaben*, 1580, Öl auf Leinwand, 50 x 43 cm, Prado, Madrid.

Nicolas Poussin: *Der Mosesknabe tritt auf die Krone des Pharao*, 1645, Öl auf Leinwand, 99 x 142 cm, Louvre, Paris.

AUF DEN PUNKT GEBRACHT

Die verschiedenen Überlieferungsstufen des Dekalogs bilden einen aufschlussreichen Spiegel der Entwicklung der israelitischen Gesellschaft.

Die Israeliten in der Wüste

Exodus 15, 22 – 18, 27

Das Ziel der Israeliten nach ihrem Auszug aus Ägypten war das gelobte Land Kanaan, in dem Milch und Honig fließen sollten. Der Herr hatte seine alte Verheißung erneuert, als er am Berg Sinai den Bund mit ihnen schloss und das Gesetz gab. Doch der Zug durch die Wüste vom Berge Sinai bis nach Kanaan war beschwerlich und dauerte sehr lange.

Den glorreichen Abschluss dieser Wanderung sollten die Eroberung Kanaans und die Landnahme für die israelischen Stämme bilden. Ein gewaltiger geschichtlicher Einschnitt ins soziale, wirtschaftliche und politische Leben stand bevor: der Übergang zur endgültigen Sesshaftigkeit. Die Zeit der Wüstenwanderung war die letzte Periode des nomadischen Lebens der aus Ägypten ausgezogenen Hebräer.

Ihren Anfang hatten diese Ereignisse, von denen das Buch Exodus berichtet, mit dem Durchzug durch das Schilfmeer genommen, mit der Vernichtung der Truppen des Pharao mit göttlicher Hilfe und schließlich der Offenbarung der Zehn Gebote.

Den weitaus größten Teil der Geschichte von der Wüstenwanderung erzählt jedoch das vierte Buch Mose, Numeri genannt. Numeri bedeutet »Zählungen« und bezieht sich auf die das Buch

■ Blick vom Berg Sinai kurz nach Sonnenaufgang.

eröffnende Volkszählung der wehrfähigen Männer Israels. Die Feststellung der Wehrfähigkeit zu Beginn eines solchen Unternehmens war durchaus sinnvoll, denn die Landnahme Kanaans verwickelte die Israeliten in nicht wenige Kämpfe.

Nachdem sie längere Zeit am Sinai gelagert hatten, feierten sie zum zweiten Male das Paschafest, legten ihre Marschordnung fest und brachen dann in die Wüste auf, um das gelobte Land zu erreichen. Voraus schickte Moses zwölf Kundschafter, die über den Zustand und die Verhältnisse in Kanaan berichten sollten. Als diese nach vierzig Tagen zurückkehrten, meldeten zehn von ihnen wenig Ermutigendes. Es sei zwar wirklich ein reiches Land, in dem Milch und Honig flössen, aber die Völker, die dort lebten, die Amalekiter, die Hethiter, die Jebusiter, die Amoriter und die Kanaaniter, seien sehr stark, ihre Städte groß und befestigt. Sogar Riesen lebten dort, die Anakiter. Ihnen gegenüber seien sich die Kundschafter klein wie Heuschrecken vorgekommen.

■ Jüdische Buchmalerei, Süddeutschland, 14. Jahrhundert. Eingangsseite mit dem ersten Wort des 4. Buch Mose (Numeri). London, British Library

Die beiden anderen Kundschafter, Josuah, der persönliche Diener des Moses, und Kaleb, äußerten sich zuversichtlicher und versuchten, die negative Wirkung der Berichte der anderen Späher abzumildern. Doch ihr Bemühen hatte keinen Erfolg. Das Volk erhob ein lautes Geschrei, weinte die ganze Nacht und murrte schließlich ein weiteres Mal gegen Moses und Aaron. Sie sehnten sich nach Ägypten zurück, manche wünschten schon, in der Wüste gestorben zu sein. Stattdessen befürchteten sie, nun durch das Schwert ihrer Feinde in Kanaan umkommen zu müssen. Die Stimmung neigte sich zugunsten der Rückkehr nach Ägypten. Schon debattierte man, wer der richtige Führer sein könnte.

Dies erzürnte Gott, und er erschien dem ganzen Volke und kündigte Moses an, er werde die Ungehorsamen mit der Pest vernichten. Nur Moses und sein Anhang werde den Segen er-

DIE WÜSTE

Das Hebräische macht einen klaren sprachlichen Unterschied zwischen der Steppe, deren Vegetation noch als Viehweide genutzt werden kann, und der angrenzenden Wüste. Es handelt sich im Umkreis Palästinas fast nie um eine Sandwüste, sondern meist um ein Kalksteingebiet mit einer dünnen Humusschicht und vereinzelten Sträuchern. Im Osten liegt die syrisch-arabische Wüste, im Süden die Wüste Sinai und im Norden die Wüste Juda.

■ *Moses schlägt Wasser aus dem Felsen* (4. Mose 20, 1-13). Gemälde, 1596, von Abraham Bloemaert (1566–1651). New York, Metropolitan Museum of Art

fahren. Moses aber betete zu Gott für sein Volk und stellte ihm vor, wie sehr es seinem Ruf schaden könne, wenn er vor der Erfüllung seiner Verheißung das Volk ausrotte. Dann würden die Völker sagen, er war nicht in der Lage, sein Versprechen zu halten, und deshalb hat er sie vernichtet.

Der Herr lenkte ein und sah von der Drohung ab, doch zur Strafe für ihren Ungehorsam verurteilte er sie, vierzig Jahre lang durch die Wüste zu irren, je ein Jahr für jeden Tag, den die Kundschafter in Kanaan waren. Alle müssten in der Wüste sterben, erst ihre Kinder dürften das gelobte Land sehen. Davon ausgenommen wurden nur Josuah und Kaleb. Die anderen zehn Kundschafter, die falsche Gerüchte über das Land verbreitet und damit die Israeliten zum Aufruhr veranlasst hatten, ließ Gott zur Strafe sofort tot umfallen. Dem Volke aber befahl der Herr, wieder umzukehren und durch die Wüste Richtung Schilfmeer zu ziehen.

Doch das Volk weigerte sich abermals, den göttlichen Anweisungen zu gehorchen. Starrsinnig zog es trotz aller Warnungen Richtung Kanaan, um das gelobte Land endlich in Besitz zu nehmen. Da kamen die Amalekiter und Kanaaniter aus dem Gebirge, schlugen die Israeliten und zersprengten sie

MOSES' BESTRAFUNG

Bei der Erzählung von Moses' Ungehorsam beim Brunnenwunder handelt es sich vermutlich um den Versuch einer mythologischen Begründung, warum Moses die Israeliten nicht selbst ins gelobte Land geführt hat.

bis zur Stadt Horma. Bei dieser Stadt handelt es sich vermutlich um das heutige Tell el-Meschasch, östlich von Beerscheba, 85 Kilometer nördlich von Kadesch.

Auf dem weiteren Weg durch die Wüste rebellierten drei vornehme Israeliten, Korach, Datan und Abiram, gegen Moses und Aaron. Der Herr aber verdammte die ganze »Rotte Korahs«, spaltete den Boden unter ihnen, und die Erde verschlang die drei Rebellen mitsamt ihren Familien und Zelten.

Wer ungehorsam war und meuterte, musste sterben. Auch der Priester Aaron und seine Schwester Mirjam verfielen diesem Gebot. Und zu guter Letzt auch Moses selbst. Auch er erfüllte Gottes Willen nur unvollkommen und erreichte das gelobte Land nicht mehr lebend.

Das Volk hatte wieder einmal gemurrt, weil es kein Wasser gab. Da hatte der Herr Moses und Aaron befohlen, einen Felsen zu besprechen; es werde genug Wasser für Mensch und Vieh heraussprudeln. Die Brüder aber waren sehr zornig über die unverbesserlichen Meuterer. Und so schlug Moses, anstatt mit dem Felsen zu sprechen, zweimal mit seinem Stab darauf. Zur Strafe, weil sie damit seine Anweisungen nicht genau befolgt hatten, verurteilte der Herr Moses und Aaron, vor dem Einzug ins gelobte Land zu den Vätern einzugehen.

■ Der Jordan, östlich von Jericho. An dieser Stelle sollen die zehn Stämme Israels auf ihrer Wanderung vom Lande Moab nach Kanaan den Jordan überschritten haben. Auch Johannes der Täufer soll hier gepredigt und getauft haben.

■ Die Ruinen der Stadt Ai in Israel. Ausgrabungsstätte der kanaaitischen Stadt, die nach biblischer Überlieferung bei der Landnahme durch die Israeliten von Josuah erobert worden sein soll.

Vierzig Jahre waren seit dem umstrittenen Bericht der Kundschafter vergangen. Die Israeliten mussten nur noch das Land der Edomiter durchqueren. Doch deren König verweigerte ihnen unter Androhung von Waffengewalt den Durchzug: »Sonst werde ich euch mit dem Schwerte entgegenziehen.« Deshalb umgingen die Israeliten das Land Edom in weitem Bogen. Aaron starb am Berg Hor.

Bald danach begannen die ersten Kämpfe. Die Israeliten besiegten den kanaanitischen König Arad bei Horma. Danach schlugen sie Sichon, den König der Amoriter, und den legendären König Og aus Baschan, den heutigen Golan-Höhen. Jetzt konnten die Israeliten erstmals das kanaanitsche Kulturland östlich des Jordan betreten. Moses war schon vorher auf dem Berg Nebo gestorben. Die Wüstenwanderung war zu Ende.

DIE ISRAELITEN IN DER WÜSTE

ÜBERLIEFERUNG

Quellen: Ein großer Teil des Buches Numeri entstammt der Priesterschrift, so auch die meisten Erzählungen über die Wüstenwanderung, an denen aber zusätzlich der Jahwist und der Elohist beteiligt waren. Wissenschaftler haben herausgefunden, dass in diese Berichte mehrere unterschiedliche Quellenschichten Eingang gefunden haben. Das Ergebnis ist eine überlieferungsgeschichtliche Kombination, die sich weit von den tatsächlichen Ereignissen der historischen Wüstenwanderung entfernt hat. Vielmehr spiegeln sich hier Erfahrungen halbnomadischer Vorfahren der Israeliten in der Wüste wider. Manche Episoden könnten auch durch den Kontakt sesshafter Israeliten mit Halbnomaden vermittelt worden sein, so etwa die Erzählungen vom Manna und dem Quellwunder. Die tatsächliche Route der Israeliten auf der Wüstenwanderung ist heute nicht mehr zu identifizieren. Historisch lässt sich noch nachvollziehen, dass die hebräische Auszugsgruppe nicht entlang des von den Ägyptern befestigten und bewachten Weges an der Küste wanderte, sondern einen weiter südlich gelegenen Weg durch die Wüste Sinai nahm. Numeri, Kapitel 33, listet zwar die einzelnen Stationen der Wanderung durch die Wüste genau auf, doch die hier genannten Orte sind größtenteils unbekannt und lassen sich auch durch keine anderen historischen Quellen bestätigen. Man nimmt an, dass dieses Stationenverzeichnis auf das Werk eines gelehrten Redakteurs um das Jahr 400 v. Chr. zurückgeht, also lange nach den hier geschilderten Ereignissen. Tatsächlich dürfte die Wüstenwanderung der Israeliten ungefähr von 1220–1180 v. Chr. stattgefunden haben. Auf der so genannten Israelstele des ägyptischen Pharaos Merenptah (1225–1215 v. Chr.) heißt es unter anderem: »Israel – seine Leute sind wenig, sein Same existiert nicht mehr.« Historiker vermuten, dass sich diese Passage auf die Schlacht bei Horma bezog, bei der die Israeliten vernichtend geschlagen wurden, als sie zu Beginn ihrer vierzigjährigen Wüstenwanderung erstmals vergeblich versuchten, in Kanaan einzufallen. Demnach würde sich Merneptah auf der Stele mit vollem Recht den Sieg über die in sein Gebiet einfallenden Stämme zuschreiben. Auch auf den Pentateuch folgende biblische Schriften erwähnen einen längeren Aufenthalt eines Teils der Israeliten in der Wüste. So sprechen beispielsweise die Propheten Amos, Hosea und Jeremia von der glücklichen Jugend, der Brautzeit des Volkes in der Wüste, in der es Gott willig nachfolgte.

EMPFEHLUNG

Lesenswert:

Die Bibel, Einheitsübersetzung, mit dem Kommentar der *Neuen Jerusalemer Bibel*. Exodus, Kapitel 15, Vers 22 – Kapitel 18, Vers 27, außerdem Numeri. Kapitel 9, Vers 1 – Kapitel 33, Vers 56, Freiburg im Breisgau 2000.

Deutsche Bibelgesellschaft (Hg.): *Die Bibel nach der Übersetzung Martin Luthers*, Exodus, Kapitel 15, Vers 22 – Kapitel 18, Vers 27, außerdem Numeri, Kapitel 9, Vers 1 – Kapitel 33, Vers 56, Stuttgart 1999.

Klaus Koch, Eckart Otto, Jürgen Roloff und Hans Schmoldt (Hg.): *Reclams Bibellexikon*, Seite 554, Stuttgart 2000.

Dr. Georg Herlitz und Bruno Kirschner (Hg.): *Jüdisches Lexikon*, Band 4, 2, Frankfurt am Main 1987.

Sehenswert

Sandro Botticelli: *Aufruhr gegen das Gesetz des Moses*, 1482, Fresko, 348,5 x 570 cm, Sixtinische Kapelle, Vatikan.

Nicolas Poussin: *Mannalese des Volkes Israel in der Wüste*, 1637 – 1639, Öl auf Leinwand, 149 x 200 cm, Louvre, Paris.

AUF DEN PUNKT GEBRACHT

Die Erzählungen über die Wüstenwanderung verbinden die Erinnerungen langer nomadischer Traditionen mit dem Übergang des hebräischen Volkes zu einer Kultur der Sesshaftigkeit.

Josuahs Eroberungszüge

Josuah 1, 1-18

DER NAME JOSUAH
Josuah hieß ursprünglich Hosea und wurde gemäß Numeri erst von Moses in Josuah umbenannt. Sein Name ist mit dem Namen Jesu verwandt. Beide haben die Bedeutung »Jahwe ist Rettung«.

■ *Gott befiehlt Josuah, den Jordan zu überschreiten* (Josuah 1, 10). Buchmalerei, Frankreich, 14. Jahrhundert. Aus der »Bible historiale« von Guiart Desmoulins. Oxford, Bodleian Library

Die Eroberung des Landes Kanaan und seine Aufteilung unter den Stämmen Israels ist das Thema des Buches Josuah. In der Realgeschichte sind diese epochalen Ereignisse nicht in jenen folgerichtigen militärisch-politischen Aktionen verlaufen, wie es die Bibel an dieser Stelle nahe legt. Alles spricht dafür, dass die verschiedenen hebräischen Stämme, die sich erst später zum Reich Israel vereinigten, ihre jeweiligen Siedlungsgebiete mit wechselndem Erfolg und unabhängig voneinander besetzten. Der Verfasser des Buches Josuah, der »Deuteronomist«, aber beschrieb die Landnahme rund sechshundert Jahre später so, wie er sie sich idealisiert aus gesamtisraelitischer Sicht vorstellte. Nicht zuletzt Josuah selbst gewinnt vor dem Hintergrund dieses Bemühens weitaus größere Bedeutung als jene historische Persönlichkeit, die hinter diesem Namen steht.

Josuah war wohl tatsächlich ein charismatischer Heerführer des Hauses Joseph, der eine Koalition der Stämme Ephraim und Benjamin gegen die Kanaaniter führte und erfolgreich Teile Mittelpalästinas eroberte. Die biblische Überlieferung aber macht aus ihm den Führer eines zu seiner Zeit noch gar nicht vorhandenen Gesamtisraels, dessen politischem und militärischem Genie sich die erfolgreiche Eroberung Kanaans verdankt.

Josuah, Sohn des Nun, berichtete schon der Pentateuch, war zuerst Diener und nach dessen Tod der von Gott erwählte Nachfolger des Moses. »Sei mutig und stark«, forderte der Herr Josuah auf, »denn du sollst diesem Volk das Land zum Besitz geben.« Der strategisch denkende Heerführer versicherte sich, bevor er den Jordan in Richtung Westen überquerte, noch der Unterstützung der Stämme Ruben, Gad und Manasse, die sich bereits östlich des Jordan niedergelassen hatten und eigentlich nicht mehr um ihr Land zu kämpfen brauchten.

In der epischen Überhöhung gestaltete sich die Überschreitung des Jordan zu einem übernatürlichen Ereignis, das eine bemerkenswerte literarische Symmetrie mit dem wundersamen Durchzug des Volkes Israel durch das Schilfmeer bildete. Mit dem einen Ereignis beginnt die 40-jährige Wanderung durch die Wüste, mit dem anderen endet sie. Auch bei Josuahs Zug teilen sich wieder die Wasser, um den Israeliten einen Durchgang frei zu machen.

Entsprechend der göttlichen Aufforderung waren die levitischen Priester mit der Bundeslade dem Volk vorangeschritten. Als ihre Füße die Fluten des Jordan berührten, der zu dieser Zeit aufgrund der Schneeschmelze am Berg Hermon Hochwasser führte, stellten sich die Wasser wie eine Wand aufrecht. Auf göttliche Weisung hin blieben die Priester mit der Lade mitten im nun trockenen Flussbett stehen. Der Durchgang blieb stabil, und das ganze Volk Israel zog trockenen Fußes durch den Jordan. Aus dem Flussbett nahmen die Israeliten zwölf Steine mit, für jeden Stamm Israels einen, um sie zur Erinnerung an das Wunder an dem nächsten Lagerplatz aufzustellen. Außerdem schichtete Josuah auch mitten im Jordan zwölf Steine übereinander. Erst dann verließen die Priester das Flussbett, und die Wasser des Jordan kehrten zurück. Dieser Teil der Erzählung liefert eine Erklärung für einen Steinhaufen, den man damals im Bett des Jordan aufgeschichtet sah.

■ *Moses teilt das Rote Meer.* Dieses Gemälde wird Colijn de Coter (um 1456 – um 1538) zugeschrieben. Autun, Musée Rolin

Danach ließ Josuah alle Männer des Volkes beschneiden, da diese wichtige Vorschrift des Bundes mit Gott auf der Wüstenwanderung nicht berücksichtigt worden war. Als nächste kultische Handlung feierten die Israeliten nach ihrer Genesung von den Leiden der Beschneidung das Paschafest. Mit dem Erreichen des gelobten Landes Kanaan hörte der tägliche Mannaregen auf, jene Nahrung, mit der Gott sie vierzig Jahre lang in der Wüste ernährt hatte. Kanaan hatte reiche Erträge von allem zu bieten, was Ackerbau und Viehzucht hervorbrachten.

Die eigentliche Landnahme begann mit der Eroberung der Städte Jericho und Ai. Doch nicht alle Völker in Kanaan wurden auf kriegerischem Wege unterworfen. Die Gibeoniter etwa waren so beeindruckt und eingeschüchtert von den militärischen Erfolgen Josuahs, dass sie ihn mit einer List bewogen, ihnen ihr Leben zuzusichern. Dafür wurden sie zu Knechten der Israe-

URSPRÜNGLICHE LANDNAHME

Das meiste Land, das die Israeliten in der ersten Hälfte der Berichte des Buches Josuah erobern, liegt auf dem Gebiet des Stammes Benjamin. Dies legt den Gedanken nahe, dass den geschilderten Ereignissen ursprünglich nur die Landnahme des Stammes Benjamin zugrunde lag. Da Josuah jedoch zum Stamm Ephraim gehörte, ist davon auszugehen, dass er eine Koalition mindestens dieser beiden Stämme anführte.

■ *Sieg Josuahs über die Amalekiter*. Gemälde, um 1625, von Nicolas Poussin (1594–1665). St. Petersburg, Staatliche Ermitage

liten, zu Holzhauern und Wasserträgern. Immerhin entgingen sie dadurch dem Tod auf dem Schlachtfeld, denn Israel verfuhr mit den Besiegten nicht eben glimpflich. Feinde wurden in der Regel schonungslos getötet. Schließlich führte man einen heiligen Krieg um das gelobte Land. Jahwe hatte befohlen, es von allem Heidentum zu reinigen und die verstockte einheimische Bevölkerung auszurotten.

Und so geschah es denn. Nachdem der Süden des verheißenen Landes unterworfen war, nahm Josuah den Norden in Angriff. Er besiegte ein eigentlich militärisch bei weitem überlegenes Bündnis der nördlichen kanaanitischen Städte unter Führung des Königs von Hazor. Dieser Bericht hat offensichtlich einen historischen Kern, denn Ausgrabungen in Hazor bestätigen, dass diese große Stadt tatsächlich in der Spätbronzezeit, also genau der Epoche der israelitischen Invasion, vollständig zerstört und niedergebrannt wurde. Dieser Sieg ist umso erstaunlicher, weil die Kanaaniter im Gegensatz zu den Israeliten über Streitwagen verfügten. Die biblische Erzählung liefert dafür folgende Erklärung: Josuah gelang es, mit göttlicher Hilfe die Pferde zu lähmen und die Wagen in Brand zu stecken. So besiegten die Israeliten die Könige des nördlichen Kanaan und erschlugen alle Menschen dort »mit scharfem Schwert«. Erst als alle Gebiete eingenommen und den Stämmen als Erbbesitz zugewiesen waren, endete der Krieg. »Und das Land bekam Ruhe«, heißt es im Buch Josuah.

JOSUAHS EROBERUNGSZÜGE

ÜBERLIEFERUNG

Quellen: In früheren Zeiten wurde Josuah selbst als Verfasser des Buches Josuah angesehen. Doch diese Annahme ist schon deshalb nicht haltbar, weil das Buch auch über den Tod Josuahs berichtet. Heute geht man davon aus, dass die Schrift eine Fortsetzung des im 5. Buch Mose begonnenen Deuteronomistischen Geschichtswerkes ist. Einige Elemente werden von manchen Wissenschaftlern sogar noch als Spuren des Jahwisten und Elohisten gedeutet. In jedem Fall aber entwirft das Buch Josuah das Bild der Eroberung des verheißenen Landes als Ergebnis eines gemeinsamen Vorgehens aller Stämme Israels unter Josuahs Führung. Der historischen Realität näher kommt das folgende Buch der Richter. Diese Überlieferung judäischen Ursprungs schildert, wie jeder Stamm um sein eigenes Gebiet kämpfte, oft auch vergeblich. Die tatsächlichen Ereignisse lassen sich nur annähernd nachvollziehen. Die ersten Einfälle in den Süden Palästinas erfolgten wohl aus der Oase Kadesch und der Wüste Negeb südlich des Gebirges Juda. Daran waren Gruppen beteiligt, die erst nach und nach in Juda eingegliedert wurden, unter anderem die Kalebiter, Kenasiter und Simeoniter. Danach überquerten Teile der Stämme Ephraim, Manasse und Benjamin unter Führung des historischen Josuah den Jordan und setzten sich in Mittelpalästina fest. Im Norden des Landes waren die Stämme Sebulon, Issachar, Ascher und Naftali schon seit längerer Zeit ansässig. Diese hatten allerdings nie in Ägypten gelebt. Später schlossen sie sich der Gruppe Josuahs an, übernahmen deren Jahwekult, kämpften mit ihr gemeinsam gegen die Kanaaniter und erhielten schließlich ihr endgültiges Stammesgebiet. Dies geschah zum Teil durch kriegerische Eroberungszüge, zum Teil durch friedliche Einwanderung und zum Teil durch Bündnisse mit den alten Bewohnern des Landes. Josuah selbst, offenbar ein charismatischer Kriegskönig einiger an dieser Landnahme beteiligten Stämme, wurde im Nachhinein zum Oberhaupt Gesamtisraels uminterpretiert. Als späteste Erzählschicht wird er in den Mosebüchern als Diener des Moses integriert, um dem Ablauf einen schlüssigen Zusammenhang mit konsistenten Deutungsmöglichkeiten zu geben.

Bildende Kunst: In der christlichen Kunst des Abendlandes wurde Josuah im frühen Mittelalter relativ selten dargestellt. Erst im Spätmittelalter tauchen häufiger Josuahmotive auf. Häufig wird er nun in Figurengruppen zusammen mit David und Judas Makkabäus als Vertreter des jüdischen Glaubens gezeigt. Einen feststehenden Typus gibt es nicht. Er ist genauso als jugendlicher Krieger wie auch als bärtige Patriarchengestalt abgebildet, im 13. Jahrhundert mehrfach mit Judenhut.

AUF DEN PUNKT GEBRACHT

Die Berichte von Josuahs Eroberungszügen versuchen, der Einheit Israels einen historischen Rahmen zu geben, der bis in die Zeit der ersten Besiedelung Palästinas durch hebräische Stämme zurückreicht.

EMPFEHLUNG

Lesenswert:

Die Bibel, Einheitsübersetzung, mit dem Kommentar der *Neuen Jerusalemer Bibel*. Josuah, Kapitel 1, Vers 1-18, außerdem Kapitel 11, Vers 1 – Kapitel 24, Vers 33, Freiburg im Breisgau 2000.

Deutsche Bibelgesellschaft (Hg.): *Die Bibel nach der Übersetzung Martin Luthers*, Genesis, Kapitel 1, Vers 1-18, außerdem Kapitel 11, Vers 1 – Kapitel 24, Vers 33, Stuttgart 1999.

Kurt Galling (Hg.): *Die Religion in Geschichte und Gegenwart*, Band 3, Tübingen 1986.

Klaus Koch, Eckart Otto, Jürgen Roloff und Hans Schmoldt (Hg.): *Reclams Bibellexikon*, Seite 260, Stuttgart 2000.

Dr. Georg Herlitz und Bruno Kirschner (Hg.): *Jüdisches Lexikon*, Band 3, Frankfurt am Main 1987.

Die Mauern von Jericho

Josuah 2, 1-24

Die Landnahme der israelitischen Stämme in Kanaan wurde vom Deuteronomisten als heiliger Krieg dargestellt. Und zu einem heiligen Krieg gehörten nach altorientalischen Vorstellungen auch Wunder. Als eine mythische Wundertat von jahrtausendelangem Prestige gilt die Einnahme der Stadt Jericho, die am Anfang des Feldzuges steht. Die Erzählung geht auf alte Überlieferungen zurück, die man sich in Gilgal erzählte, einer Kultstätte des Stammes Benjamin. Auch die Geschichte über die Eroberung der Stadt Ai, die unmittelbar auf die Zerstörung Jerichos folgte, hängt eng mit diesen Kultsagen zusammen.

Schon bevor seine Truppen den Jordan überquert hatten, schickte Josuah zwei Kundschafter nach Jericho. Diese kehrten bei der Prostituierten Rahab ein, deren Haus in die mächtige Stadtmauer eingebaut war. Doch die beiden Männer wurden verraten. Noch in der gleichen Nacht meldete man dem König von Jericho, dass sich zwei Israeliten bei Rahab aufhielten. Da ließ ihr der König ausrichten, sie möge die Männer herausgeben, es handle sich um Spione. Rahab behauptete, dass die beiden Männer tatsächlich bei ihr gewesen seien, doch bei Einbruch der Dunkelheit die Stadt wieder verlassen hätten. Wenn man sie schnell verfolge, könne man sie vielleicht noch einholen. Die Boten des Königes schenkten den Worten der Dirne Glauben und nahmen sofort die Verfolgung Richtung Jordan auf. Hinter sich verschlossen sie das Stadttor wieder.

■ *Die Posaunen von Jericho* (Josuah 6, 20). Buchmalerei, Spanien, 1162 aus der Lateinischen Bibel, Leon, S. Isidoro

Rahab aber hatte die beiden Kundschafter auf dem Dachgarten ihres Hauses unter Flachsstengeln versteckt. Als die Luft rein war, stieg sie zu ihnen hinauf und erklärte das eigene Engagement damit, dass sie glaube, der Gott Israels sei der Herr des Himmels und der Erde. Er habe ihnen dieses Land zugewiesen, und alle Bewohner fürchteten sich nun vor ihnen, vor allem nachdem sich ihr kriegerischer Ruhm herumgesprochen habe. Um ihnen zu helfen, befestigte

Rahab ein purpurrotes Seil an einem Fenster ihres Hauses, das in die Außenseite der Stadtmauer eingelassen war. Daran sollten die Männer hinabklettern. Vor der Rettungsaktion ließ sie die Kundschafter beim Herrn schwören, dass sie und ihre Familie bei der Einnahme Jerichos an Leib und Besitz verschont würden. Die Männer versprachen, mit ihrem Leben für sie zu bürgen, wenn sie sich genau an folgende Anweisungen halte: Bei der Einnahme Jerichos solle sie das rote Seil ins Fenster hängen. Dies diene als Zeichen für die Krieger, alle zu verschonen, die sich in diesem Hause aufhielten. Für Mitglieder ihrer Familie allerdings, die während der Eroberung das Haus verließen, seien keine Garantien möglich. Rahab versprach, diesen Anweisungen peinlich genauen Gehorsam zu leisten. Bevor die Kundschafter hinausklettern, riet sie ihnen noch, sich drei Tage lang im Gebirge versteckt zu halten, um die Verfolger irrezuführen.

Die Männer verhielten sich so, wie ihnen empfohlen wurde, kehrten nach drei Tagen zu

■ Die Oase von Jericho bei Gilgal. Nach der biblischen Überlieferung war dies der Lagerplatz der Israeliten vor dem Durchgang durch den Jordan (Josuah 3).

GILGAL

Gilgal war ein wichtiges Heiligtum in der Jordansenke bei Jericho. Es lag genau an der Grenze zwischen den Gebieten der Stämme Benjamin und Ephraim. Die Angehörigen beider Völker besuchten diesen Ort regelmäßig. So entstand hier eine der Keimzellen für die Idee einer Verbindung der zwölf Stämme zu einem geeinten Reich Israel. Bevor dieses Reich unter Saul und David tatsächlich geschaffen wurde, feierte man in Gilgal regelmäßig das Fest der ungesäuerten Brote zur Erinnerung an die Landnahme.

RAHAB

Der Dirne Rahab, die die beiden israelitischen Kundschafter in Jericho gerettet hatte und später in das Volk Israel aufgenommen wurde, wird von der christlichen Überlieferung eine Schlüsselrolle zugewiesen. Im Stammbaum Jesu Christi im ersten Kapitel des Matthäus-Evangeliums erscheint sie in Vers 5 als Mutter von Boas. Dieser wiederum wurde der Urgroßvater des israelitischen Königs David, und David war ein Vorfahre des Messias.

Josuah zurück und berichteten ihm ihre Erlebnisse. Die Zusammenfassung ihrer Auskundschaftung war ermutigend: »Der Herr hat uns das ganze Land ausgeliefert; alle Bewohner vergehen aus Angst vor uns.«

Als das israelitische Heer den Jordan durchquert hatte, stand kurz vor Jericho plötzlich ein Mann mit gezücktem Schwert vor Josuah. Als ihn der israelitische Feldherr fragte, wer er sei, gab er sich als Anführer der Heerscharen Jahwes zu erkennen. Sofort fiel Josuah vor ihm zu Boden, um ihm zu huldigen. Bei diesem Teil der Erzählung handelt es sich um den Rest einer verlorengegangenen Überlieferung, die die Eroberung Jerichos als ein persönliches Unternehmen Jahwes auffasste.

Vor den mächtigen Mauern der Stadt angekommen, stellte Josuah fest, dass man dort für die Belagerung gerüstet war. Alle Tore waren verschlossen und gesichert. Die Einnahme schien kaum möglich. Doch der Herr selbst wies ihnen den Weg. Zunächst sollte Josuah sechs Tage lang mit allen Kriegern einmal pro Tag schweigend die Stadt umkreisen. An der Spitze des Zuges sollte man die Bundeslade tragen, und vor der Lade sollten sieben Priester mit sieben Widderhörnern hergehen. Am siebten Tag sollten sie siebenmal um die Stadt herumgehen. Danach sollten die Priester in die Hörner stoßen. Wenn das Volk den Hörnerschall hörte, sollte es ein lautes Kriegsgeschrei erheben. Dann sei die Stadt ihrer Gewalt ausgeliefert. Nur Rahab und ihre Familie seien zu

■ *Gott erscheint Josuah vor Jericho* (Josuah 5, 13). Buchmalerei, Nordfrankreich, 1460–1470. Aus der »Bible historiale« von Guiart Desmoulins. Privatbesitz

■ *Der Fall Jerichos.* Fresko um 1515–1518 von Raffael (1483–1520). Rom, Vatikan, Loggien

verschonen. Als letzte wichtige Anweisung erlegte der Herr den Israeliten auf, keinerlei Beute zu machen. Nichts dürfte man für sich behalten. Gold, Silber sowie Geräte aus Bronze und Eisen seien dem Schatz des Herrn zuzuschlagen. Wer sich nicht an diesen Befehl halte, drohe ganz Israel ins Unglück zu stürzen.

Die Soldaten gingen so vor, wie ihnen geheißen war. Als am siebten Tag nach der siebten Stadtumrundung Hörnerschall und Kriegsgeschrei ertönten, barst unter wildem Tosen die gewaltige Stadtmauer und stürzte in sich zusammen. Mit scharfem Schwert hieben die hebräischen Kämpfer alles nieder, was kreuchte und fleuchte, Männer und Frauen, Kinder und Greise, Rinder, Schafe und Esel. Nur Rahab und alle, die in ihrem Haus Zuflucht gefunden hatten, überlebten. Die Kundschafter geleiteten sie ins israelitische Heerlager. Und mitten in Israel leben ihre Nachkommen auch heute noch, schließt der Deuteronimist den Bericht über die Einnahme Jerichos ab.

Weniger reibungslos gestaltete sich die Eroberung der Stadt Ai. Denn ein israelitischer Krieger, Achan aus dem Stamme Juda,

■ Buchmalerei, Frankreich, 1.Hälfte 13. Jahrhundert. Episoden aus Josuahs Leben (von links nach rechts, von oben nach unten): Josuah findet zwölf kostbare Steine / Josuah lässt die Posaune blasen und die Lade um Jericho tragen / Die Mauern stürzen ein / Jericho wird erobert, die Einwohner getötet / Josuah befiehlt alles Gold und Siber dem Herrn zu opfern. Aus der »Bible moralise« Codex Vindobonensis.

hatte sich nicht an die göttlichen Anweisungen gehalten und Plündergut aus Jericho an sich genommen. Dies war Josuah zunächst verborgen geblieben. Dem Herrn aber entging nichts. Und so traf sein Zorn ganz Israel, wie er es angedroht hatte. Als daher die Israeliten die Stadt Ai in der Nähe von Jericho erobern wollten, wurden sie von deren Bewohnern zurückgeschlagen und mussten fliehen. »Da zerschmolz das Herz des Volkes und wurde zu Wasser«, erzählt das Buch Josuah.

Josuah zerriss seine Kleider und beklagte sich bei Jahwe bitter über die Niederlage. Dieser klärte ihn über den begangenen Frevel der verbotenen Plünderung auf. Jener Missetäter sei für das unglückliche Geschick verantwortlich. Da man keinen Namen wusste, suchte man den Schuldigen durch ein Gottesurteil. Ein gewisser Achan zog in einer allgemeinen Verlosung den Schuldstein. Bestürzt gestand er, in seinem Zelt einige Beutestücke aus Jericho vergraben zu haben: einen kostbaren babylonischen Mantel, zweihundert Schekel Silber und einen Goldbarren. Man sah nach, fand alles so wie berichtet, und wütend wurde Achan mitsamt seiner ganzen Familie gesteinigt.

Danach unternahmen sie einen zweiten Angriff auf Ai, und diesmal konnten sie die Feste mit taktischem Geschick erobern. Auch ließ Josuah sein Sichelschwert wiederum nicht sinken, bis alle Einwohner getötet waren. Die Stadt wurde niedergebrannt und ihr König an einem Baum aufgehängt. Ai bedeutet auf hebräisch »Trümmerhaufen«.

DIE MAUERN VON JERICHO

ÜBERLIEFERUNG

Quellen: Der Bericht über die Eroberung der Städte Jericho und Ai im Buch Josuah ist ebenfalls Teil des Deuteronomistischen Geschichtswerkes. Die Erzählung geht auf Überlieferungen aus Gilgal zurück und unternimmt einen Erklärungsversuch für die zerstörten Mauern von Jericho, die noch zur Zeit der Niederschrift der Geschichte durch den Deuteronomisten besichtigt werden konnten. Die Geschichte vom Fall der Stadt durch eine großartige Wundertat unterstützt die Deutung des Feldzugs als heiliger »Jahwekrieg«. Ausgrabungen haben allerdings ergeben, dass Jericho zur Zeit der Landnahme hebräischer Stämme in Kanaan unter Josuah schon keine Mauern mehr hatte. Deren Zerstörung liegt Jahrhunderte zurück. Jericho befindet sich im südlichen Jordangraben in der Nähe des Toten Meeres rund 250 Meter unter dem Meeresspiegel. Die ältesten Besiedlungsspuren gehen bis in das 9. Jahrtausend v. Chr. zurück. An den Ausgrabungen dort lässt sich der Übergang des Menschen vom umherziehenden Jäger zur Sesshaftigkeit ablesen. Aus dieser Zeit findet sich in Jericho ein Bauwerk, das als ältester Tempel der Welt gilt. Bereits im 8. Jahrtausend v. Chr. wurde Jericho mit Mauern und einem großen Wehrturm befestigt. Damit war es die älteste Stadt in Syrien-Palästina und möglicherweise auch der Welt. Eine denkbare Ursache für diese frühe Blüte der Stadt könnte ihr Reichtum durch den Handel mit Salz, Asphalt und Schwefel aus dem Toten Meer gewesen sein. Nachdem Jericho im 5. und 4. Jahrtausend v. Chr. eine vermutlich klimabedingte Verfallsperiode durchgemacht hatte, folgte um rund 3000 v. Chr. ein neuer Aufschwung, der bis um 1600 v. Chr. anhielt. Um 1550 v. Chr. wurde die Stadt von einem ägyptischen Heer zerstört und blieb von da an 150 Jahre lang unbesiedelt. Um 1400 v. Chr. wurde Jericho als kleines, unbefestigtes Dorf wieder aufgebaut. In diesem Zustand fanden es auch die Truppen des Josuah rund 200 Jahre später vor. Die Stadt Ai war zur Zeit Josuahs ebenfalls längst zerstört. Auch dieser Teil der Erzählung hat keinen echten historischen Hintergrund. Man geht vielmehr davon aus, dass es sich um eine Sonderüberlieferung des Stammes Benjamin handelte, weil in ihr eine feindliche Einstellung gegenüber Juda mitklingt. Der ungehorsame Achan, der die Niederlage bei der ersten Belagerung Ais über Israel brachte, war nach der Erzählung ein Abkömmling des Stammes Juda.

EMPFEHLUNG

Lesenswert:

Die Bibel, Einheitsübersetzung, mit dem Kommentar der *Neuen Jerusalemer Bibel.* Josuah, Kapitel 2, Vers 1-24, außerdem Kapitel 6, Vers 1 – Kapitel 8, Vers 29, Freiburg im Breisgau 2000.

Deutsche Bibelgesellschaft (Hg.): *Die Bibel nach der Übersetzung Martin Luthers*, Josuah, Kapitel 2, Vers 1-24, außerdem Kapitel 6, Vers 1 – Kapitel 8, Vers 29, Stuttgart 1999.

Kurt Galling (Hg.): *Die Religion in Geschichte und Gegenwart*, Band 3, Tübingen 1986.

Klaus Koch, Eckart Otto, Jürgen Roloff und Hans Schmoldt (Hg.): *Reclams Bibellexikon*, Seite 240, Stuttgart 2000.

Dr. Georg Herlitz und Bruno Kirschner (Hg.): *Jüdisches Lexikon*, Band 3, Frankfurt am Main 1987.

AUF DEN PUNKT GEBRACHT

Die Erzählung von der wundersamen Einnahme Jerichos mit göttlicher Hilfe diente zur Stärkung und Festigung des Jahwekultes als einheitlicher Religion der zwölf Stämme Israels.

Die Sonne steht still

Josuah 9, 1 – 10, 43

▪ *Josuah verdunkelt die Sonne.* Fresko, um 1515–1518, von Raffael (1483–1520). Rom, Vatikan, Loggien

Der Deuteronimist versuchte im Buch Josuah, die in Wirklichkeit größtenteils unkoordinierte Landnahme der hebräischen Stämme in Kanaan als militärisch straff organisiertes und homogenes Unternehmen darzustellen. Aus seiner Sicht wurden in zwei gut geplanten Feldzügen zuerst der Süden und dann der Norden des Landes erobert. Auch diese beiden Feldzüge waren Bestandteile des heiligen Krieges und daher von Wundern begleitet. Noch wunderbarer als die Zerstörung der Mauern von Jericho war ein Ereignis bei der Einnahme der südlichen Landesteile: Die Sonne unterbrach ihren Lauf am Himmel, damit die Israeliten siegten.

Ausgangspunkt der erbittert bis zur wechselseitigen Vernichtung geführten Kämpfe in Kanaan war eigentlich ein Friedensvertrag. Die Israeliten hatten ein Bündnis mit den bereits im Lande wohnenden Gibeonitern geschlossen. Doch dieses Abkommen gab Adoni-Zedek, dem König von Jerusalem, Anlass zur Sorge. Er hatte von der vollständigen Zerstörung der Städte Jericho und Ai gehört. Und nun hatte sich diese furchtbare Kriegsmacht auch noch mit der Stadt Gibeon verbündet, die zahlreiche kampferprobte Soldaten in ihren Mauern hatte und größer als Ai war. Daher sandte Adoni-Zedek Boten an die Könige der vier umliegenden Städte Hebron, Jarmut, Lachisch und Eglon, um der sich abzeichnenden Gefahr rechtzeitig zu wehren. Es gelang, eine Koalition der fünf Amoriterkönige aus dem Bergland zu bilden. Ihr Ziel war es, Gibeon zu vernichten, um das mächtige Bündnis mit Israel zu zerschlagen. Die fünf Könige marschierten mit ihren Heeren vor die Stadt und belagerten sie gemeinsam.

Die Gibeoniter aber schickten Boten zum Heiligtum von Gilgal, wo Josuah mit seinen Truppen lagerte. Sie versicherten ihm ihre bedingungslose Treue und flehten ihn an, sie nicht im Stich zu lassen. In der bedrohlichen Situation war schnelle Hilfe nötig.
Josuah ließ sich nicht lange bitten und zog mit seinen kampferprobten Truppen sofort los. Für ihn war es selbstverständlich, seine Bündnisverpflichtungen einzuhalten. Auch der Herr hieß das Vorhaben gut und versprach Josuah beim Abmarsch, die Feinde in seine Gewalt zu geben. Keiner würde ihm standhalten.
Nachdem Josuah die ganze Nacht durchmarschiert war, griff er die Feinde überraschend im Morgengrauen an. Der Herr stand ihm zur Seite und stürzte die Amoriterheere beim Anblick der Israeliten in Verwirrung. Josuah siegte auf der ganzen Linie, die Feinde flüchteten, verfolgt von den Israeliten, bis nach Aseka, dreißig Kilometer südwestlich von Jerusalem, und Makkeda, einen Ort in Juda. An der Steige von Bet-Horon, zweier zusammenhängender Ortslagen an der Grenze zwischen den Gebieten der Stämme Ephraim und Benjamin, griff Gott abermals ins Geschehen ein. Er warf große Steine vom Himmel auf die Flüchtigen. Durch diese Hagelsteine kamen noch mehr Amoriter um als durch das Schwert der Israeliten.

STEIGE VON BET-HORON

Mit dem Begriff »Steige« ist eine Passstraße gemeint. An der Steige von Bet-Horon fanden mehrfach kriegerische Einfälle statt. Auch Saul verfolgte hier zweihundert Jahre später die Philister.

Um die Feinde aber endgültig zu besiegen, brauchte es mehr Zeit, und der Abend kündigte sich an. Im Schutze der Dunkelheit hätten viele Gegner entkommen können. Da rief Josuah den Herrn an und forderte, dass die Sonne über Gibeon, der Mond über dem Tal von Ajalon still stünden. Und so geschah es. Jahwe hörte auf die Stimme eines Menschen.
Durch das Tal von Ajalon führte damals ein wichtiger Verbindungsweg von der Küstenebene zum Gebirge Ephraim. In der Geschichte Palästinas wurde das Gelände wiederholt zum Schlachtfeld.
Sonne und Mond standen an diesem glorreichen Tag still, bis das Volk die Feinde völlig besiegt und fast alle getötet hatte. »So«, sagt der

■ *Juda siegt über die Kanaaniter* (Josuah 11, 1–23). Buchmalerei, Frankreich, Anfang 14. Jahrhundert. Aus der »Bible historiale« von Guiart Desmoulins. Oxford, Bodleian Library

■ *Josuah lässt fünf Amoriterkönige hängen* (Josuah 10, 26-27) und *Josuahs Rede an das Volk und Tod Josuahs* (Josuah 24, 29-31). Buchmalerei, Frankreich, Mitte 13. Jahrhundert. New York, Pierpont Morgan Library

Deuteronomist an dieser Stelle, »steht es im Buch der Aufrechten.« Bei diesem »Buch der Aufrechten« handelte es sich um eine verlorengegangene alte Liedersammlung, die auch im zweiten Buch Samuel erwähnt wird.

Einen ganzen Tag lang verzögerte sich der Sonnenuntergang. Niemals wieder gab es solch ein Wunder, aber der Herr kämpfte damals für Israel. Nach diesem glanzvollen Sieg kehrte Josuah mit seinen Männern nach Gilgal ins Lager zurück.

Die feindlichen Heere waren zwar geschlagen, aber deren Könige waren geflohen. Da meldete man Josuah, dass sich die fünf Könige in einer Höhle bei der Stadt Makkeda versteckt hätten. Er befahl, große Steine vor den Höhleneingang zu wälzen und einige Wachtposten aufzustellen. Erst sollten die Truppen die Nachhut der Amoriter verfolgen. Das Kriegsglück blieb den Israeliten gewogen, und sie konnten fast alle Flüchtigen aufspüren und töten. Nur einzelnen gelang es, sich in den Schutz ihrer Städte zu retten.

Nachdem das ganze Heer zurückgekehrt war, versammelte Josuah all seine Krieger vor der Höhle von Makkeda und ließ den Eingang öffnen. Man schleppte die fünf Könige heraus, die sich dort versteckt gehalten hatten. Josuah forderte seine Hauptleute auf, jedem der zu Boden geworfenen Könige einen Fuß auf den Nacken zu setzen. »Seid mutig und stark«, sprach er. »Denn so wird es der Herr mit allen euren Feinden machen.« Danach erschlug Josuah die fünf Könige eigenhändig und ließ ihre Leichen an fünf Bäumen aufhängen.

ADONI-ZEDEK

Adoni-Zedek, der nach der Erzählung des Deuteronomisten von Josuah getötete König von Jerusalem, war eine historische Persönlichkeit. Er gehörte zu einer Dynastie von Stadtfürsten, die sich in der späten Bronzezeit in Jerusalem konstituiert hatte. Der Name des Königs erinnert an den altsemitischen Gott Zedek. In der Tradition dieser Namensgebung steht auch der Priesterkönig Melchisedek von Jerusalem, der laut dem Bericht der Genesis Abraham segnete.

DIE SONNE STEHT STILL

ÜBERLIEFERUNG

Quellen: Der Bericht des Deuteronomisten über die Schlacht der Israeliten gegen die fünf Amoriterkönige im 10. Kapitel des Buches Josuah unterscheidet sich literarisch von den vorhergehenden Kapiteln. Hier werden die Kampfhandlungen wesentlich systematisierter dargestellt. In zwei straff geführten Feldzügen wäre demnach das ganze Land Kanaan eingenommen worden. Doch diese Erzählung steht im Widerspruch zu den weiteren Kapiteln des Buches Josuah. Sowohl in den Kapiteln 13, 14, 15 und 17 als auch im 1. Kapitel des Buches Richter heißt es, dass noch weite Teile Kanaans in feindlicher Hand lagen, teils wird dies sogar über die Zeit nach Josuahs Tod berichtet. Es handelt sich hier offensichtlich um eine andere Quellenschicht. Eine weitere Sonderüberlieferung ist die Geschichte über die fünf in der Höhle von Makkeda versteckten Amoriterkönige, die sich an die Erzählung vom Stillstand der Sonne anschließt. Diese Überlieferung berichtet unter anderem von weiteren versprengten Gegnern, nachdem der Herr doch eigens den Lauf der Sonne angehalten hatte, damit die Israeliten alle ihre Feinde vernichten konnten.

Bildende Kunst: Die ereignisreichen Szenen aus dem Buch Josuah sind vielfach künstlerisch illustriert worden. So sind beispielsweise in einer reichhaltig gestalteten Bibel aus dem 10. Jahrhundert zehn Motive der Erzählung zu finden. Es handelt sich um die entscheidenden Szenen bei der Eroberung des Gelobten Landes. Die Darstellungen beginnen mit der Jordanüberquerung und enden mit der Hinrichtung der Amoriterkönige. Unabhängig davon entstand ein ganzseitiges Motiv in einer alten karolingischen Bibel mit fünf zusammengefügten Szenen aus dem Josuahbuch innerhalb eines Bildfeldes, die möglicherweise auf einen byzantinischen Zyklus aus dem 5. Jahrhundert zurückgingen. Die illustrierten Bibeln der nachkarolingischen Zeit beschränkten sich dagegen in der Regel auf eine, höchstens aber drei Josuah-Szenen. Eine Ausnahme bildete nur eine um 1250 in Israel selbst entstandene Bibel mit sechs Szenen. In fast allen Zyklen ist die Szene enthalten, in der Josuah im Kampf gegen die Amoriter Sonne und Mond still stehen lässt. Josuah steht auf diesen Bildern hoch erhoben über den Kriegern und weist auf die Sonne, so auch in Raffaels Komposition in den Loggien des Vatikans. Seit der frühen Renaissance ist das Thema besonders häufig, beispielsweise im Fußbodenmosaik im Dom zu Siena aus dem Jahre 1426.

EMPFEHLUNG

Lesenswert:

Die Bibel, Einheitsübersetzung, mit dem Kommentar der *Neuen Jerusalemer Bibel.* Josuah, Kapitel 9, Vers 1 – Kapitel 10, Vers 43, Freiburg im Breisgau 2000.

Deutsche Bibelgesellschaft (Hg.): *Die Bibel nach der Übersetzung Martin Luthers*, Josuah, Kapitel 9, Vers 1 – Kapitel 10, Vers 43, Stuttgart 1999.

Kurt Galling (Hg.): *Die Religion in Geschichte und Gegenwart*, Band 3, Tübingen 1986.

Klaus Koch, Eckart Otto, Jürgen Roloff und Hans Schmoldt (Hg.): *Reclams Bibellexikon*, Seite 260, Stuttgart 2000.

Dr. Georg Herlitz und Bruno Kirschner (Hg.): *Jüdisches Lexikon*, Band 3, Frankfurt am Main 1987.

Sehenswert:

Raffael: *Josuah*, 1519, Loggien des Vatikans.

AUF DEN PUNKT GEBRACHT

Der Stillstand der Sonne war ein göttliches Wunder, das die Landnahme der Israeliten als heiligen Krieg kennzeichnete und damit die rücksichtslose Vernichtung der kanaanitischen Bevölkerung legitimieren sollte.

Die Richter

Richter 1, 11 – 12, 15

Die Zeit der Richter Israels war durch den Übergang vom Nomadendasein zur Sesshaftigkeit gekennzeichnet. Die hebräischen Stämme mussten sich nach der erfolgreichen Landnahme in Kanaan behaupten und die Lebensgewohnheiten von Ackerbauern annehmen. Zwölf Richter sind es, von deren Herrschaft in dieser Epoche das gleichnamige Bibelbuch erzählt. Man unterscheidet zwischen den so genannten »großen« und »kleinen« Richtern. Aufgabe der »kleinen« Richter war die Rechtsprechung in engerem Sinne. Die »großen« Richter aber regelten nicht nur gesetzliche Streitfälle, sondern waren auch eine Art Heerkönige mit charismatischer Ausstrahlung. Sie regierten das Volk in allen entscheidenden Lebensbereichen. Historisch gemessen, dauerte die Richterzeit nur rund einhundertfünfzig Jahre. Der biblische Text dehnt hingegen diese Periode auf vierhundertachtzig Jahre. Damit konstruiert er eine passgenaue zeitliche Brücke vom Tod Josuahs bis zum Wirken des Propheten Samuel. Mit dem Tod des letzten Richters wird die israelitische Königszeit eröffnet.

■ *Salomon ermahnt die Richter, die Gerechtigkeit zu lieben* (Prediger 9, 1). Buchmalerei, Frankreich, Anfang 14. Jahrhundert. Aus der »Bible historiale« von Guiart Desmoulins. Oxford, Bodleian Library

In der historischen Wirklichkeit regierten die Richter teilweise gleichzeitig in den verschiedenen hebräischen Stämmen. Die Verfasser des Richterbuchs haben aus den regionalen Überlieferungen vom Wirken der einzelnen Richter eine einheitliche und konsistente Chronologie konstruiert, in der die Richter als Herrscher ganz Israels aufeinanderfolgen. Die einzelnen Biographien fügen sich stets dem gleichen Erzählschema: Die Israeliten fallen von Jahwe ab und wenden sich dem kanaanitischen Baalskult zu. Das Ergebnis ist jeweils große Not und Bedrückung durch die einheimischen Völker. Nun erinnert man sich wieder Jahwes und fleht ihn um Hilfe an. Dieser erweckt einen Richter, der das Volk von seinen Feinden mit militärischen Mitteln befreit und eine neue Periode des Wohlergehens eingeleitet. Danach kommt es wieder zum Abfall von Gott, und der Kreislauf beginnt von neuem.

Der erste »große« Richter war Otniel. Seine Geschichte ist kurz und eine klassische Standarderzählung nach oben genanntem Muster. Die Israeliten vergessen ihren Gott und dienen stattdessen den Baalsgötzen der Kanaaniter. Da entbrennt der Zorn des Herrn, und er liefert sein Volk an einen fremden König aus. Die hebräischen Quellen sind an dieser Stelle etwas ungenau. Vermutlich handelt es sich um den König von Edom. Von diesem geknechtet, schreien die Israeliten verzweifelt zu Jahwe um Hilfe. Dieser erhört sie und erweckt den Richter Otniel. Der Retter zieht in den Kampf, unterwirft die Edomiter, und das Land hat bis zu Otniels Tod vierzig Jahre lang Ruhe.

■ *Gideon und seine Männer werfen den Baalsaltar um und Gideon opfert einen Stier.* (Richter 6, 25-27). Buchmalerei, Frankreich, nach 1258. Paris, Bibliothèque Nationale

Bald danach werden die Israeliten ihrem Gott abermals untreu. Zur Strafe werden sie diesmal von Eglon, dem König von Moab, unterworfen. Nach achtzehnjähriger Knechtschaft flehen sie den Herrn um Hilfe an. Diesmal schickt er ihnen Ehud aus dem Stamm Benjamin als Richter. Ehud verbirgt einen Dolch unter seinem Gewand und begibt sich zu Eglon, um die israelitischen Tributleistungen abzuliefern. Nach der Übergabe kündigt er dem dickleibigen König eine geheime Botschaft an. Der winkt seine Diener aus dem Gemach und ist begierig, Ehuds Geheimnis zu erfahren. »Ich habe eine Botschaft Gottes für dich«, sagt dieser und stößt Eglon den Dolch in den Wanst. Tödlich getroffen, sackt der König zu Boden. Ehud verschließt die Haupttür des königlichen Saals von innen und entflieht durch einen Seiteneingang. Da die Tür der Kammer verriegelt bleibt, glauben die Diener, ihr Herr verrichte gerade seine Notdurft. Als sie endlich das Gemach mit einem zweiten Schlüssel öffnen, entdecken sie ihren toten Gebieter. Zu diesem Zeitpunkt hat Ehud längst das Gebirge Ephraim erreicht und sammelt ein großes Heer um sich. Mit seinen Soldaten erschlägt er zehntausend Moabiter, befreit Israel von deren

DIE EISERNEN STREITWAGEN

Die eisernen Streitwagen des Sisera weisen auf eine für die damalige Zeit überlegene Technologie hin, die Beherrschung des Metalls Eisen, über die die Kanaaniter verfügten.

DIE KLEINEN RICHTER

Die Namen der sechs »kleinen« Richter Israels lauten Schamgar, Tolar, Jair, Ibzan, Elon und Abdon. Deren Liste im Richterbuch ist kurz und erwähnt neben ihren Namen nur ihre Herkunft, ihren Begräbnisort und die Zahl ihrer Amtsjahre. Bemerkenswerterweise ist diese Zahl nie rund. Der Gedanke liegt nahe, dass es sich bei dieser Liste um die Überreste eines amtlichen Verzeichnisses von Personen handelt, die tatsächlich als Organe der Rechtsprechung in engerem Sinne gewirkt haben.

■ *Jael tötet Sisera* (Richter 4, 21) und *Tomyris tötet den König Cyrus*. Buchmalerei, Westfalen, um 1360, aus dem »Heilsspiegel – Speculum humanae salvationis«. Darmstadt, Hessische Landesbibliothek

Herrschaft und schenkt dem Land achtzig Jahre Frieden. Diese Erzählung, die auf dem Gebiet des Stammes Benjamin spielt, kursierte ursprünglich am Heiligtum von Gilgal.

Nach Ehuds Tod fallen die Israeliten erneut von Jahwe ab. Daraufhin geraten sie unter die Herrschaft der Kanaaniter. Deren Heerführer Sisera verfügt über neunhundert eiserne Streitwagen und unterdrückt die Israeliten zwanzig Jahre lang mit äußerster Grausamkeit. Da erscheint die Richterin Debora als Retterin. Gemeinsam mit dem Richter Barak führt sie ein Heer von zehntausend Kriegern aus den Stämmen Naftali und Sebulon an. Jahwe selbst stürzt die Truppen der Kanaaniter in große Verwirrung, und sie ergreifen panisch die Flucht. Barak verfolgt die Feinde mit seinen Männern und tötet alle erbarmungslos. Nur Sisera kann mit knapper Not entkommen und flüchtet in das Zelt des Keniters Heber. Dessen Frau Jael gibt ihm etwas zu trinken. Als Sisera danach erschöpft auf dem Boden des Zeltes eingeschlafen ist, schlägt sie ihm mit dem Hammer einen Pflock durch den Kopf. So endet der gefürchtete Heerführer, und Israel ist befreit.

Als nächstes werden die Israeliten von den Midianitern bedrückt. Der Befreier heißt diesmal Gideon, ein Richter aus dem Stamm Manasse. Er sammelt 32 000 Mann um sich. Doch Gott befiehlt ihm, die meisten wieder nach Hause zu schicken. Mit nur 300 Kriegern besiegt er nun dank göttlichen Beistands das gewaltige midianitische Heer.

Der Richter Jichtach befreite Israel von den Ammonitern. Ihm folgte Samson als letzter »großer« Richter vor der Zeit Samuels.

DIE RICHTER

ÜBERLIEFERUNG

Quellen: Das Buch der Richter gehört ebenfalls zum Deuteronomistischen Geschichtswerk. Der Deuteronomist fungierte auch hier weniger als Erzähler denn als Redakteur alter Überlieferungen, die er im Exil oder kurz danach zusammenfasste und in formelhafte Lehrerzählungen umwandelte. So wollte er den Jahweglauben festigen. Immer wieder wird gezeigt, dass der Abfall von Jahwe Verderben bringt und die Rückkehr zu ihm Rettung bedeutet. Die stereotypen Abläufe dieser Geschichten haben durchaus realhistorische Grundlagen. Mit dem Eindringen in Palästina waren die hebräischen Stämme den kulturellen Einflüssen der sie umgebenden Kanaaniter in hohem Maße ausgesetzt. Dazu gehörte auch der Götzendienst am Landesgott Baal. Gleichzeitig stand man unter dem Eindruck wirtschaftlichen Wohlergehens. Im Vergleich zum harten Kampf ums Dasein in der Wüste gestaltete sich das Leben in einem der fruchtbarsten Landstriche jener Zeit als relativ angenehm. Daraus resultierte eine zunehmende Nachlässigkeit auch in Fragen der Wehrtüchtigkeit. So konnten die kriegsgeübten einheimischen Kanaaniter oftmals militärische Überlegenheit gewinnen und die israelitischen Stämme hart bedrängen. Die Kampfkraft der ortsansässigen Völker wurde permanent auf die Probe gestellt, denn die Hebräer waren nicht die einzigen Stämme, die in dieser Zeit des zunehmenden Bevölkerungswachstums aus der Wüste in die benachbarten Kulturländer drängten. Die realgeschichtliche Epoche der Richter hat in zahlreichen regionalen Überlieferungen ihren Niederschlag gefunden, wo sie als volkstümliche Freiheitshelden verehrt wurden. Dass sie notwendige Koalitionen verschiedener Einzelstämme gegen die mächtigen einheimischen Feinde zusammenbrachten, nährte spätere Vorstellungen eines einheitlichen Israel. Und es gab noch ein weiteres gemeinschaftsstiftendes Element: Alle Richter waren überzeugte Jahweanhänger. Schilo, das Heiligtum der Bundeslade, wurde zu einem religiösen Mittelpunkt, an dem sich alle Stämme zusammenfanden. Diese kultische Einheit weckte im Verein mit den geführten Kriegen eine erste Form des Bewusstseins einer gemeinsamen Volkszugehörigkeit. Die Grundform des hebräischen Verbs für »richten« lautet »schafat«. Vergleichbare Entwicklungen gab es ebenfalls in der griechisch-römischen und anderen antiken Kulturen, beispielsweise bei den »Sufeten« in Karthago. Auch diese Richter haben nicht nur Recht gesprochen, sondern zugleich regiert. Die Überlieferung von Debora und Barak geht offenbar auf eine historisch belegte Schlacht gegen den Heerführer Sisera in der Ebene Jesreel zurück. Die Geschichte Gideons vereinigt mehrere Kulterzählungen des Stammes Manasse.

EMPFEHLUNG

Lesenswert:

Die Bibel, Einheitsübersetzung, mit dem Kommentar der *Neuen Jerusalemer Bibel.* Richter, Kapitel 1, Vers 1 – Kapitel 12, Vers 15, Freiburg im Breisgau 2000.

Deutsche Bibelgesellschaft (Hg.): *Die Bibel nach der Übersetzung Martin Luthers,* Richter, Kapitel 1, Vers 11 – Kapitel 12, Vers 15, Stuttgart 1999.

Kurt Galling (Hg.): *Die Religion in Geschichte und Gegenwart,* Band 5, Tübingen 1986.

Klaus Koch, Eckart Otto, Jürgen Roloff und Hans Schmoldt (Hg.): *Reclams Bibellexikon,* Seite 432, Stuttgart 2000.

Dr. Georg Herlitz und Bruno Kirschner (Hg.): *Jüdisches Lexikon,* Band 4, 1, Frankfurt am Main 1987.

AUF DEN PUNKT GEBRACHT

Das Buch der Richter gibt wichtige Einblicke in die kulturellen Umbrüche und Krisen der in Kanaan eingewanderten hebräischen Stämme, aus denen später das Reich Israel geboren wird.

Samson und Delilah

Richter 13, 1 – 16, 31

Der letzte Richter in der vorstaatlichen Zeit Israels war Samson aus dem Stamme Dan. Diesem volkstümlichen Helden, der nicht zuletzt wegen seiner Körperkraft mit dem griechischen Halbgott Herkules verglichen wurde, ist gegen Ende der Richtererzählungen ein ganzer Kranz von Mythen gewidmet. Schon um seine Geburt rankten sich sagenhafte Ereignisse. Ein Engel des Herrn erschien der Mutter und kündigte ihr die Niederkunft eines Sohnes an, unter dessen Führung die Befreiung Israels aus der Gewalt der Philister beginnen werde. Samsons Lebenslauf entsprach der Prophezeiung. Im Kampf gegen die Philister erzielte er wundersame Siege, den größten Sieg errang er sogar noch im Tod. Doch das Werk der Befreiung blieb unvollendet.

Das ganze Leben des Richters Samson war vom Ringen mit den Philistern bestimmt. Die Erzählungen von seinen Heldentaten zeichnen die Auseinandersetzungen der israelitischen Stämme mit diesem ehemaligen Seefahrervolk nach. Ursprünglich stammten die Philister vermutlich aus Kreta. Sie hatten sich schon vor den Hebräern in Palästina festgesetzt und dem Land ihren Namen gegeben (Philister – Palästina). In den Kämpfen mit ihnen waren die Israeliten zunächst die Unterlegenen, denn die Philister waren in Kanaan die Pioniere der Eisenzeit. Sie hatten die Kunst der Eisenverarbeitung von den Hethitern übernommen und nach Palästina eingeführt. So blieben sie mit ihren überlegenen Waffen zunächst gegen die Israeliten siegreich. Doch nach und nach erwarben auch die hebräischen Stämme einige Fertigkeiten im Umgang mit dem neuen Metall und schmiedeten sich zunächst eiserne Pflüge, was den Ackerbau sehr erleichterte.

■ Hedy Lamarr und Victor Mature als *Samson und Delilah* in dem gleichnamigen Film von Cecil B. DeMille, 1949.

Samson wurde der erste israelitische Anführer, der die Philister ernsthaft bedrohen konnte. Das Richterbuch schreibt ihm wunderbare Körperkräfte zu. Schon die Mutter hatte dem Engel Gottes versprechen müssen, dass sie das Kind so erziehe wie es einem Nasiräer, also einem gottgeweihten Mann, zukam. Er dürfe sein Leben lang keinen Alkohol trinken,

nichts Unreines essen und sich niemals die Haare schneiden. Solange er diese Vorschriften halte, werde der Segen des Herrn auf ihm ruhen.

■ Delilah mit dem überwältigten Samson. Szene aus demselben Film, der mit drei Oscars (Art-Direktion-Set, Dekoration und Kostüme) ausgezeichnet wurde.

Samson wuchs als Nasiräer heran und wurde ein stattlicher junger Mann. Er verliebte sich ausgerechnet in eine junge Philisterin aus Timna. Samsons Vater Manoach war über die Wahl seines Sohnes wenig erbaut, denn zu dieser Zeit lastete die Herrschaft der Philister schwer auf seinem Volk. Samson aber beharrte auf seinem Wunsch und machte sich zur Brautwerbung nach Timna auf. Unterwegs kam ihm ein junger Löwe entgegen und brüllte schauerlich. Doch Samson zerriss das gefährliche Raubtier mit bloßen Händen, als wäre es ein Böckchen. Bei einem zweiten Besuch in Timna sah Samson am Wegesrand den Kadaver des von ihm erlegten Löwen liegen. In seinem Inneren hatte sich ein Bienenschwarm eingenistet. Da nahm sich Samson aus dem toten Körper

DER STAMM DAN

Bei den Samsonerzählungen handelt es sich um volkstümliche Sagen, die zunächst nur im Stamm Dan kursierten. Alle in der Geschichte genannten Orte befanden sich im Gebiet dieses Stammes, so zum Beispiel Zora, Eschtaol und Timna. Die Daniter wanderten Richtung Norden aus, da die Philister diese Orte in Besitz nahmen. Einige Angehörige des Stammes Dan verblieben aber in ihrem ursprünglichen Siedlungsgebiet, vermischten sich mit den dortigen Kanaanitern und wurden von den Philistern unterworfen.

MODERNE PHILISTER

Die negative Besetzung des Begriffes »Philister« durch die in der Bibel so bezeichneten Gegenspieler der hebräischen Stämme hat sich bis in die Neuzeit gehalten. Im achtzehnten, neunzehnten und auch noch in Teilen des zwanzigsten Jahrhunderts nannten Studenten die Nichtstudenten aus ihrem Umfeld, besonders solche, die sie als Spießbürger betrachteten, abfällig »Philister«.

etwas Honig und aß davon im Weitergehen. Dieser Teil der Erzählung könnte auf einen alten Sonnenmythos zurückgehen. Samson bedeutet auf hebräisch »der Sonnige«, und der Löwe ist das Sternbild, in dem die Sonne im Honigmonat Juli steht.

Bald danach feierte Samson seine Hochzeit mit der Philisterin und dreißig ihrer Landsleute. Mit diesen schloss Samson eine Wette ab. Er wollte ihnen ein Rätsel aufgeben. Wenn sie es innerhalb von sieben Tagen lösen könnten, versprach er ihnen dreißig Hemden und dreißig Festgewänder. Wüssten sie die Lösung aber nicht, müssten sie ihm das gleiche geben. Die Philister waren einverstanden, und Samson fragte sie nach der Bedeutung des folgenden Spruches: »Vom Fresser kommt Speise, vom Starken kommt Süßes.« Die Männer wussten keine Antwort und wandten sich an Samsons frisch angetraute Ehefrau. Wenn sie nicht ihren Mann überreden würde, die Lösung zu verraten, drohten sie ihr an, sie samt dem Haus ihres Vaters zu verbrennen. Da bedrängte sie Samson und weinte ununterbrochen. Am letzten Tag setzte sie ihm so zu, dass er nachgab. Kurz

■ *Samson und Dalila*, 2. Akt, 3. Szene aus Camille Saint-Saëns (1835–1921) Oper, uraufgeführt 1877. Dalila singt: »Wenn ich je besaß deine Liebe, bewähre sie jetzt ihre Macht«. Sammelbildchen der Compagnie Liebigs Fleisch-Extrakt. Farblithographie um 1900

■ *Samson und Delilah* (Richter 16). Buchmalerei, Nordfrankreich, um 1460–1470. Aus der »Bible historiale« von Guiart Desmoulins. Privatbesitz

vor Sonnenuntergang traten die dreißig Philister auf Samson zu und verpackten die Antwort auf seine Frage in eine Gegenfrage: »Was ist süßer als Honig, und was ist stärker als ein Löwe?«
Da erschlug der Held dreißig andere Philister, gab den ersten deren Gewänder und Hemden und reiste wutentbrannt in seine Heimat zurück. Als er einige Zeit danach doch wieder bei seinem Schwiegervater vorbeisah, hatte dieser seine Tochter einem anderen Mann gegeben und erklärte unschuldsvoll: »Ich dachte, du magst sie nicht mehr.« Daraufhin stürzte Samson davon und fing dreihundert Füchse. Er band immer zwei an den Schwänzen zusammen, befestigte eine Fackel zwischen den Schwänzen und jagte die Füchse in die Getreidefelder der Philister. Als diese sahen, was Samson angerichtet hatte, verbrannten sie in heller Wut das Haus seines Schwiegervaters mit allen Menschen, die darin wohnten. Dafür nahm Samson fürchterliche Rache und tötete viele Feinde.
Nun verlangten die Philister vom Stamm Juda, über den sie damals herrschten, die Auslieferung Samsons. Dieser ließ sich widerstandslos fesseln und mitnehmen. Als ihm aber die Philister mit Triumphgeschrei entgegenliefen, zerriss er seine Bande wie Fäden, packte den noch blutigen Kinnbacken eines toten Esels und erschlug damit tausend Mann.
Die große Liebe des Helden galt Delilah, einer Frau aus dem Tal Sorek. Die Philister versprachen ihr viel Silber, wenn sie ihnen das Geheimnis von Samsons Stärke verraten würde. Da ließ Delilah nicht nach, unermüdlich ihren Geliebten mit Fragen nach dem Ursprung seiner großen Kräfte zu quälen. Dreimal gab Samson ihr eine falsche Auskunft. Doch da sie ihn Tag für Tag wieder be-

■ Der ehemals unbesiegbare Samson in Ketten. Victor Mature in *Samson und Delilah*.

drängte, »wurde es ihm zum Sterben Leid«. Und er sagte ihr die Wahrheit: »Würden mir die Haare geschoren, dann würde meine Kraft mich verlassen.«

Delilah schickte sogleich nach den Philistern und ließ sich ihren Verräterlohn auszahlen.

Bei der nächsten Gelegenheit, da er an ihre Knie gelehnt eingeschlafen war, winkte sie einem Diener, der ihm die Locken abschnitt. Nun bemächtigten sich die Philister des Helden, den seine Kraft verlassen hatte, fesselten ihn und stachen ihm die Augen aus. Dann warfen sie ihn in einen finsteren Kerker.

Dort fing jedoch sein Haar an, langsam wieder nachzuwachsen. Den Sieg über Samson feierten die Philister nun mit einem rauschenden Fest. Alle Fürsten der Philister waren gekommen und zechten in der Halle des Königspalastes. Auf dem Flachdach saßen und feierten weitere dreitausend von ihnen. Um den Anlass gebührend zu würdigen, ließen sie Samson aus dem Verließ holen, um sich über ihn lustig zu machen. Ein junger Bursche musste den blinden Mann an der Hand führen. Samson ging zum Schein auf die Späße der Gäste ein und brachte sie durch allerlei Narrheiten zum Lachen. Von dem Burschen ließ er sich nach einer Weile zwischen die beiden tragenden Säulen des Hauses stellen. In stummem Gebet flehte Samson zu Jahwe um die Rückgabe seiner alten Kräfte. Und der Herr erhörte ihn. Der Held stemmte sich gegen die mächtigen Säulen, brachte sie zum Wanken und schließlich zum Einsturz. Und mit furchtbarem Getöse krachte der ganze Palast in sich zusammen. Alle Gäste und auch Samson wurden von den Trümmern erschlagen. So führte der Held sein eigenes Ende herbei und riss Tausende von Feinden mit in den Tod, noch mehr, als er zu seinen Lebzeiten erschlagen hatte.

SAMSON UND DELILAH

ÜBERLIEFERUNG

Quellen: Die Erzählungen von Samson in den Kapiteln 13 bis 16 des Richterbuches weisen eine einheitliche Form auf und stammen vermutlich aus einer stringenten Quellenschicht innerhalb des Deuteronomistischen Geschichtswerkes. Die Geschichte ist eine Sammlung von Anekdoten mit volkstümlichem Charakter. Die Figur des Samson unterscheidet sich durch ihr Verhalten von den anderen Gestalten des Richterbuches. Samson ist kein Heerführer, sondern kämpft für sich allein, fast wie ein antiker Partisan, und verübt dabei wilde Streiche. Sein Handeln ist von keiner höheren Idee getragen, vielmehr lässt er sich von Zufällen treiben. Statt zu agieren, reagiert er oft nur auf seine Feinde. Dabei wirkt er weder ethisch vorbildlich noch konstant erfolgreich. Auch hier handelt es sich um eine typisch deuteronomistische Lehrerzählung, die zeigen soll, dass bloße Körperkraft keine hinreichende Erfolgsvoraussetzung ist. Ohne Klugheit und den Willen zum Guten bleibt die Gefahr eines persönlichen Scheiterns stets präsent. So erging es Samson im Kampf gegen die Philister. Deren Macht begann erst gegen Ende der Richterzeit, also zu Lebzeiten Samsons, zu wachsen. In ihrem Ausdehnungsdrang stießen sie zunächst auf den Stamm Dan und zwangen ihn, andere Wohnsitze zu suchen. Die Philister verteilten sich damals auf fünf Stämme oder Fürstentümer. Deren Hauptstädte hießen Asdod, Gaza, Askalon, Gat und Ekron. Die selbst ins Land eingewanderten Philister waren zwar keine Semiten, nahmen aber die Sprache und altsemitischen Götter der Kanaaniter an, vor allem die Hauptgötter Baal-Sebul, Astarte und den fischgestaltigen Dagon. Astarte galt als Göttin der Sexualität und der Fruchtbarkeit. Baal-Sebul bedeutet »Baal, der Erhabene«. Die Hebräer wandelten diesen Namen später spöttisch in Baal-Sebub um, was soviel wie »Fliegen-Baal« bedeutet. Im Neuen Testament wurde dieser Name weiter zu Beelzebub entstellt, womit ein Dämonenfürst oder der Teufel gemeint war. Noch in Goethes *Faust* wurde zu Anfang des 19. Jahrhunderts Mephistopheles in Anlehnung an diese Terminologie als »Fliegengott« bezeichnet. William Goldings populärer Roman aus dem 20. Jahrhundert trug in dieser Tradition den Titel *Herr der Fliegen*. Von den Israeliten wurden die Philister, die als Sklavenhändler verrufen waren, oft abfällig »die Unbeschnittenen« genannt.

EMPFEHLUNG

Lesenswert:
Die Bibel, Einheitsübersetzung, mit dem Kommentar der *Neuen Jerusalemer Bibel*. Richter, Kapitel 13, Vers 1 – Kapitel 16, Vers 31, Freiburg im Breisgau 2000.

Deutsche Bibelgesellschaft (Hg.): *Die Bibel nach der Übersetzung Martin Luthers*, Richter, Kapitel 13, Vers 1 – Kapitel 16, Vers 31, Stuttgart 1999.

Kurt Galling (Hg.): *Die Religion in Geschichte und Gegenwart*, Band 6, Tübingen 1986.

Hörenswert:
Camille Saint-Saëns: *Samson und Dalila*, Oper, Uraufführung: Weimar 1877.

Sandor Szokolay: *Samson*, Oper, Uraufführung: Budapest 1973.

Sehenswert:
Samson und Delilah, Regie: Cecil B. DeMille, mit Hedy Lamarr, Victor Mature, Angela Lansbury, USA 1949.

AUF DEN PUNKT GEBRACHT

In der Figur des Samson personifizierte sich erstmals der Widerstand gegen die Philister, der später das entscheidende Motiv zur Vereinigung der hebräischen Stämme zum Reich Israel werden sollte.

Ruth und Boas

Ruth 1, 1 – 4, 22

Das Bibelbuch Ruth wirkt auf den ersten Blick wie ein anmutiges ländliches Idyll. Aber es ist mehr als das. Die eigentliche Qualität dieser kunstvoll komponierten Novelle liegt in dem kosmopolitischen Geist, der in ihr zum Ausdruck kommt. Eine Moabiterin, also eine Fremdländerin, spielt am Ende der Geschichte eine wichtige Rolle ausgerechnet in den für die Autoren der Priesterschrift so bedeutsamen Geschlechterregistern.

Das Buch Ruth folgt in der Bibel unmittelbar nach dem Richterbuch. Die Geschichte spielt zeitlich in der Epoche der Richter und setzt ein mit dem Bericht von der Ausbreitung einer heftigen Hungersnot in Kanaan.

Um dem Elend zu entgehen, war der Hebräer Elimelech aus Bethlehem in Juda mit seiner Familie fort ins Grünland Moabs gezogen. Dort starb er und hinterließ seine Frau Noomi und zwei Söhne. Diese, mit Namen Machlon und Kiljon, heirateten zwei Moabiterinnen, Ruth und Orpa. Nach zehn Jahren starben auch sie. Die Vermutung liegt nahe, dass die Namen der Söhne vom Erzähler frei erfunden und wegen ihrer Bedeutung gewählt wurden. Machlon bedeutet »Krankheit« und Kiljon »Schwindsucht«.

■ Szenen aus der Geschichte von Ruth und Boas. Französische Buchmalerei aus der 1. Hälfte des 13. Jahrhunderts. »Bible moralisée«, Codex Vindobonensis

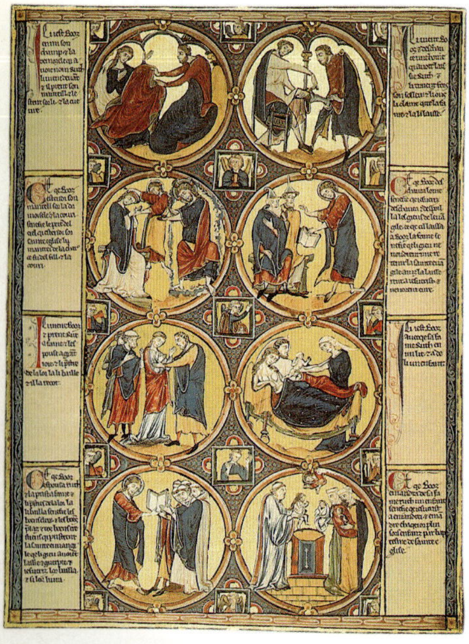

Noomi entschloss sich, nach dem Tod ihrer Söhne wieder in die Heimat zurückzukehren. Gemeinsam mit ihren Schwiegertöchtern verließ sie Moab. Unterwegs sagte sie zu ihnen: »Kehrt doch heim zu euren Müttern.« Doch beide beharrten darauf, mit ihr gehen zu wollen. Noomi aber wies darauf hin, dass sie schon zu alt sei, um noch Söhne bekommen zu können. Und selbst wenn, würde es lange dauern, bis sie groß genug seien, um Ruth oder Orpa zu ehelichen. Noomi sprach damit das Leviratsgesetz an. Danach hatte der Bruder eines Verstorbenen die Pflicht, dessen Witwe zu heiraten.

Orpa kehrte schließlich um, doch Ruth bestand darauf, bei Noomi zu bleiben. Sie unterstrich dies mit poetischen Worten, die noch heute in Anlehnung an diese Erzählung gerne bei jüdischen Trauungszeremonien gesungen werden: »Wo du hingehst, da gehe auch ich hin, und wo du bleibst, da bleibe auch ich. Dein Volk ist mein Volk, und dein

Gott ist mein Gott.« So zogen sie miteinander nach Bethlehem und kamen dort zu Beginn der Gerstenernte an. Ruth musste sich nun um den Lebensunterhalt für sich und ihre Schwiegermutter kümmern. Auf einem Feld ging sie hinter den Schnittern her, um die Ähren zu lesen. Ein Gesetz erlaubte den Armen, sich auf diese Weise mit den notwendigsten Lebensmitteln zu versorgen. Allerdings war das ungestörte Ausüben dieses Rechtes stark vom Wohlwollen des Ernteherrn abhängig. Ruth hatte großes Glück. Als sie die Ähren einsammelte, kam Boas hinzu, der Eigentümer des Grundstücks. Er fragte die Schnitter, wem das Mädchen dort gehöre. Im Orient gehörte jede Frau üblicherweise irgendjemandem, dem Vater, dem Mann, dem Bruder oder dem Herrn. Boas erhielt die Antwort, dass Ruth eine Moabiterin sei, die Noomi begleitet habe. Jetzt arbeite sie hier seit dem frühen Morgen und gönne sich kaum Ruhe.

Da sprach Boas zu Ruth: »Halte dich an meine Felder. Meine Knechte werden dich nicht belästigen beim Sammeln der Ähren. Wenn du durstig bist, trinke von dem Wasser, das sie in Krügen geschöpft haben.« Ruth verbeugte sich bis zur Erde und drückte ihre Verwunderung über so viel Wohlwollen aus, da sie doch eine Fremde sei. Boas erklärte ihr, er habe von ihrer Treue zu ihrer Schwiegermutter gehört, der Gott Israels werde sie für ihr Handeln reich belohnen. Zur Mittagszeit gab er ihr zu essen und zu trinken. Danach befahl er seinen Knechten, Ruth sogar zwischen

■ *Ruth und Boas*. (Ruth 2, 1-21). Bibelillustration aus dem 19. Jahrhundert. Farblithographie nach B. Hummel. Blatt XVIII der Folge: Dreißig Biblische Bilder zur Anschauung und Belehrung für Kinder, Eßlingen

DIE MOABITER

Die Moabiter waren ein den Israeliten verwandtes Volk, das auf der fruchtbaren Hochebene östlich des Toten Meeres wohnte. Im Südteil dieser Ebene lag ihr Kerngebiet. Mehrfach griffen sie aber auf das von den Israeliten besiedelte Land nördlich des Flusses Arnon über. Später besiegte König David die Moabiter und machte sie zu Vasallen Israels.

■ Elana Eden und Stuart Whitman als Ruth und Boas in dem amerikanischen Film *Das Buch Ruth*, 1960.

den vollen Getreidegarben lesen zu lassen, was weit über das Recht der Armen hinausging.

Am Abend hatte Ruth ein Efta Gerste eingesammelt. Das entspricht einer Menge von 45 Litern. Zu Hause zeigte sie es ihrer Schwiegermutter und packte auch noch den Rest der Mahlzeit bei Boas aus. Als sie Noomi erzählte, woher die Gaben kamen, konnte ihr Noomi erfreut berichten, dass Boas ein entfernter Verwandter ihres verstorbenen Mannes Elimelech sei. So blieb Ruth bis zum Ende der Gersten- und Weizenernte auf dem Feld des Boas.

Da dieser Ruth weiterhin gewogen blieb, entwickelte Noomi einen Plan. Sie solle am Abend gewaschen und gesalbt zur Tenne des Boas gehen. Nachdem er gegessen und getrunken hatte, werde er sich irgendwo zum Schlafen zurückziehen. Diesen Platz solle sie sich merken und sich dann zu seinen Füßen niederlegen. Ruth befolgte diese Anweisungen genau. Leise und unbemerkt schlüpfte sie zu Boas und bettete sich an sein Fußende. Um Mitternacht schreckte Boas aus dem Schlaf auf und fragte, wer da zu seinen Füßen sei. Ruth gab sich zu erkennen und forderte ihn auf, den Saum seines Gewandes über sie zu breiten, denn er sei ihr »Löser«. Mit diesem Ansinnen bat Ruth Boas, sie zu heiraten.

Boas zeigte sich erfreut, war er doch schon etwas älter an Jahren. Doch er wies darauf hin, dass es noch einen näheren Verwandten des Elimelech gab, dem als Ersten das Recht zukam, Ruth zu heiraten. Dieser müsse erst gefragt werden. Nur wenn er zurückträte, könne Boas Ruth heiraten. So bestimmte es das alttestamentarische Recht des Lösers.

Boas begab sich sogleich zum Stadttor und wartete auf seinen Verwandten. Als dieser kam, verhandelte Boas vor Zeugen mit ihm, und er konnte glücklich erreichen, dass jener von seinem Anspruch zurücktrat. So stand der Heirat nichts mehr im Wege. Jahwe segnete die Ehe, und Ruth empfing einen Sohn, über den sich auch Noomi freute. Sie nannten ihn Obed. Und Obed wurde der Großvater Davids, des großen Königs. Der Evangelist Matthäus erwähnt Ruth sogar in den Geschlechtsregistern als Vorfahrin Jesu Christi.

DER LÖSER

Der Zusammenhalt innerhalb der einzelnen Sippen, die sich aus mehreren Familien zusammensetzten, war bei den hebräischen Stämmen besonders eng. Ausdruck dieses Gemeinschaftssinns war das Recht des Lösers. Danach waren die Sippenmitglieder verpflichtet, den Bestand der Sippe an Gut und Menschen zu erhalten. So musste der nächste Angehörige verkauften Sippenbesitz oder selbstverkaufte Angehörige zurückkaufen. Dieser Rückkäufer wurde Löser genannt.

RUTH UND BOAS

ÜBERLIEFERUNG

Quellen: Das Buch Ruth gehört nicht zum Deuteronomistischen Geschichtswerk. Die Herkunft der Erzählung ist nicht eindeutig geklärt. Möglicherweise sollte die Geschichte die moabitische Abstammung des israelitischen Königs David erklären. Andere Wissenschaftler vermuten, dass das Buch um 450 v. Chr. entstanden ist, um gegen die zu dieser Zeit mit äußerster Strenge durchgeführte Trennung von Mischehen zu protestieren. Demnach sollte die Erzählung belegen, dass nicht Abstammung, sondern Tugenden maßgebend seien und dass auch der Ehebund mit einer frommen Heidin von Gott gesegnet werden konnte. In modernen Bibelübersetzungen findet sich das Buch Ruth hinter dem Richterbuch. In der hebräischen Bibel zählt es zu den so genannten »fünf Rollen«, die man an den jüdischen Hauptfesten las. Das Buch Ruth wurde üblicherweise am zweiten Tag, dem Wochenfest, in der Synagoge verlesen. Aufgrund seines lehrhaften Charakters zählt man es zur israelitischen Weisheitsliteratur.

Musik: Der Brite Lennox Berkeley wurde 1903 in Oxford geboren und war adeliger Abstammung. 1946 wurde er Professor an der Londoner Royal Academy of Music. Im Jahre 1956 komponierte er die Oper *Ruth*, in der er sich inhaltlich stark an den Erzählungsstoff des Bibelbuches Ruth anlehnt. Mit diesem Stück sowie auch mit einigen anderen Opern (*A Dinner Engagement*, *Nelson* und *Castaway*) erzielte er beachtliche Erfolge. Sein stiller, lyrisch melodiöser Stil war deutlich aus dem französischen Expressionismus entwickelt. Seine Musik wurde von Kritikern als vielschichtig und bedeutungsreich eingestuft.

Bildende Kunst: In frühchristlichen Zyklen mit alttestamentarischen Motiven fehlt die Ruth-Erzählung. Sie taucht zuerst in der englischen Buchmalerei des 12. Jahrhunderts und dann auch im 13. Jahrhundert in Frankreich auf. In der 1150 entstandenen Lambeth-Bibel, die heute im Londoner Lambeth Palace ausgestellt ist, finden sich beispielsweise Szenen der Begebenheiten um Ruth und Boas. In Bilderbibeln aus der Mitte des 13. Jahrhunderts wurde auch die Vorgeschichte der Begegnung illustriert. Französische und französisch beeinflusste Handschriften aus dem 13. und 14. Jahrhundert zeigen wiederum nur die Auswanderung Ruths und Noomis. Die häufigste Einzelszene, die im 16. und 17. Jahrhundert dargestellt wurde, unter anderem auch in einer Zeichnung von Rembrandt, ist Ruth, die Gnade vor Boas findet.

EMPFEHLUNG

Lesenswert:

Die Bibel, Einheitsübersetzung, mit dem Kommentar der *Neuen Jerusalemer Bibel.* Ruth, Kapitel 1, Vers 1 – Kapitel 4, Vers 22, Freiburg im Breisgau 2000.

Deutsche Bibelgesellschaft (Hg.): *Die Bibel nach der Übersetzung Martin Luthers*, Ruth, Kapitel 1, Vers 1 – Kapitel 4, Vers 22, Stuttgart 1999.

Kurt Galling (Hg.): *Die Religion in Geschichte und Gegenwart*, Band 5, Tübingen 1986.

Klaus Koch, Eckart Otto, Jürgen Roloff und Hans Schmoldt (Hg.): *Reclams Bibellexikon*, Seite 437, Stuttgart 2000.

Dr. Georg Herlitz und Bruno Kirschner (Hg.): *Jüdisches Lexikon*, Band 4, 1, Frankfurt am Main 1987.

Hörenswert:

Lennox Berkeley: *Ruth*, Oper, Uraufführung: London 1956.

AUF DEN PUNKT GEBRACHT

Das Buch Ruth atmet einen aufgeschlossenen, modernen Geist, indem es die friedliche Öffnung der Israeliten gegenüber den benachbarten Völkern bejaht.

Samuel und Saul

1. Samuel 1, 1 – 12, 25

Samuel war eine historische Persönlichkeit. Das erste Samuelbuch schildert ihn als Propheten, Richter und Priester. Ob es ihm gelungen ist, alle diese verschiedenen Ämter vollständig auszufüllen, sei dahingestellt. Unbestritten aber ist seine nachhaltige geschichtliche Bedeutung. Er prägte die Gestalt des israelitischen Königtums entscheidend mit. Frühzeitig verfolgte er eine Politik der Einheit aller in Kanaan ansässigen hebräischen Stämme, um ihre Selbstbehauptung gegenüber mächtigen Feinden zu gewährleisten. Allerdings verlieh er dem Königtum Israels einen sakralen Charakter und grenzte es damit deutlich von den Nachbarvölkern ab. Samuel verknüpfte wie Moses Volk und Religion und stellte

■ *Samuel wird zum König gesalbt* (1. Samuel 10, 1). Holzschnitt von Julius Schnorr von Carolsfeld (1794–1874), spätere Kolorierung. Aus der »Bibel in Bildern«, Leipzig, um 1860.

die Religion dabei über die Idee ethnischer Zusammengehörigkeit. In diesem Geist machte Samuel den Benjaminiter Saul zum ersten König über Israel.

Bis Samuel zu dem charismatischen Gottesmann wurde, der die politische Organisation der hebräischen Stämme entscheidend veränderte, war es ein langer Weg. Doch in ihren Grundzügen war seine prophetische Laufbahn schon vor seiner Geburt vorgezeichnet. Das erste Buch Samuel berichtet, dass in der Richterzeit ein Mann mit Namen Elkana im Stamme Ephraim mit seinen zwei Frauen Hanna und Peninna lebte. Peninna hatte mehrere Kinder, Hanna aber blieb unfruchtbar. Als Elkana eines Tages mit seinen Frauen zum Ladeheiligtum nach Schilo zum alljährlichen Opferungsritus zog, flehte Hanna zu Jahwe um einen Sohn. Sie gelobte, diesen Sohn dem Dienst des Herrn zu weihen. Der Priester Eli, der dem Heiligtum vorstand, versprach Hanna, dass Gott ihre Bitte erhören werde. Tatsächlich wurde sie bald danach schwanger und gebar einen Sohn. Sie nannte ihn Samuel, was so viel wie »der Name Gottes ist El« bedeutet. Sobald er entwöhnt war, brachte sie ihn zu Eli nach Schilo, um ihn dem Herrn zu weihen. Samuel diente so von klein auf am Heiligtum der Bundeslade.

Einmal im Jahr besuchte Hanna ihren Sohn anlässlich der Opferung und brachte ihm neue Kleider mit.

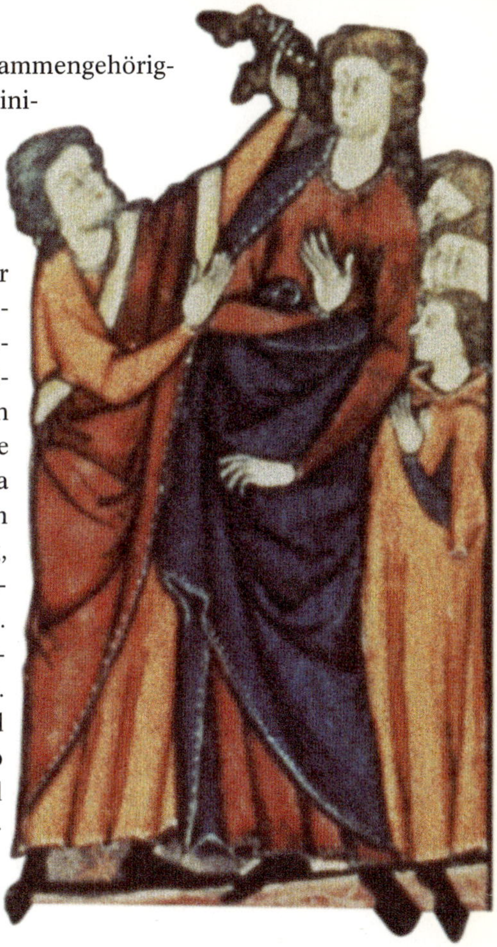

■ Textseite des 1. Buch Samuel, Kapitel 1 mit historisierender Initiale F. Hier wird Samuel zum König gesalbt. Buchmalerei, Ende 13. Jahrhundert. Oxford, Bodleian Library

Samuel wuchs heran und entwickelte sich vorbildlich. Dies konnte man allerdings von Hofni und Pinhas, den beiden erwachsenen Söhnen Elis, nicht behaupten. Sie unterschlugen dem Herrn Opfergaben und legten sie für sich selbst beiseite. Da kündigte der Herr dem Eli ein Strafgericht an. Seine Söhne seien dem Tod verfallen, da er versäumt habe, ihrem Treiben Einhalt zu gebieten, und nie mehr werde ein Mann aus seinem Haus als Priester amten.

Eines Nachts schlief der junge Samuel im Tempel Gottes. Da rief der Herr nach ihm. Samuel aber kannte die Stimme des Herrn nicht. Daher lief er zu Eli und sprach: »Hier bin

SCHILO

Schilo heißt heute Seilun und liegt im Gebirge Ephraim etwa zwanzig Kilometer südlich von Nablus. Schon im elften Jahrhundert v. Chr. war in diesem bedeutenden Heiligtum die Bundeslade nicht wie früher in einem Zelt, sondern in einem Tempel untergebracht. Dieser Tempel wurde kurz nach dem Raub der Lade durch die Philister zerstört. Die Priesterschaft von Schilo setzte ihren Kult danach im Heiligtum von Nob fort.

BEULENPEST

Für die Beulenpest, die über die Philister zur Strafe für den Raub der Lade hereinbrach, gibt es zwei denkbare Deutungen. Einerseits könnte das hebräische Wort für Beulenpest auch mit »Geschwüre am Darmausgang« übersetzt werden. Demnach hätten die Philister Hämorrhoiden gehabt, was gut zum derben Humor der Erzählung passen würde. Andererseits wäre auch eine tatsächliche Beulenpest denkbar, denn bei den Sühnegeschenken, die die Philister mit der Bundeslade zurück nach Israel schickten, handelte es sich um wertvolle goldene Mäuse, und Feldmäuse gelten als typische Überträger der Beulenpest.

ich, du hast mich gerufen.« Eli erwiderte ihm, er irre sich und solle wieder schlafen gehen. Als sich der Vorgang in der gleichen Nacht noch zweimal wiederholte, erkannte Eli, dass der Herr den Knaben gerufen hatte. Da wies er ihn an, dem Herrn zu antworten, wenn er seine Stimme wieder höre. Und abermals meldete sich Gott, und Samuel sprach nun: »Rede, Herr, denn dein Diener hört.« Da verkündete Gott ihm, dass bald ein Strafgericht über Eli und seine Söhne hereinbrechen werde. Nur widerstrebend berichtete Samuel am nächsten Morgen Eli. Schicksalsergeben antwortete darauf der Priester: »Es ist der Herr. Er tue, was ihm gefällt.«

Kurz danach schlugen die Israeliten eine Schlacht gegen die Philister. Als Symbol der Gegenwart Jahwes, der sie im Kampf unterstützen sollte, führten die Truppen die Bundeslade des Herrn aus Schilo mit sich. Die beiden Söhne Elis begleiteten die Lade. Doch die Philister siegten und erbeuteten das Heiligtum. An diesem Tag fielen dreißigtausend Israeliten im Kampf, unter ihnen auch Elis Söhne. Als Eli, der schon 98 Jahre alt und blind war, davon hörte, fiel er von seinem Stuhl, brach sich das Genick und starb.

Die Philister aber wurden mit der erbeuteten Lade nicht glücklich. Sie brachten sie in ihren Tempel und stellten sie neben der Statue ihre Gottes Dagon auf. Am nächsten Morgen war die Dagon-Statue von ihrem Sockel gefallen und lag mit dem Gesicht vor der Lade des Herrn auf dem Boden. Die Philister stellten ihren Gott wieder auf seinen Platz. Doch am folgenden Morgen lag die Dagon-Statue nicht nur auf dem Boden, sondern hatte auch noch Kopf und Hände verloren. Diese fanden sich abgeschlagen auf der Schwelle. Damit nicht genug, strafte der Herr die Philister zusätzlich mit einer schrecklichen Beulenpest. Die Seuche kam über jede Philisterstadt, in der man die Bundeslade aufstellte. Voller Schrecken sandten daher die Philister die Lade zusammen mit wertvollen Sühnegeschenken zurück nach Israel.

Viele Jahre danach war Samuel ein angesehener Prophet und Richter geworden. In seiner Amtszeit konnten die Israeliten sogar einen glanzvollen Sieg über die Philister erringen. Als Samuel alt war, setzte er seine Söhne Joel und Abija als Richter ein. Doch sie folgten nicht dem väterlichen Vorbild, sondern ließen sich bestechen und beugten das Recht. Da forderten die Israeliten von Samuel, er solle ihnen einen König geben, wie ihn die anderen Völker auch hätten. Dem Propheten missfiel dieser Wunsch, aber der Herr wies ihn an, auf das Volk zu hören. Doch Samuel warnte die Israeliten eindringlich vor den Gefahren absoluter Machtansprüche, die sich bei einer Königsherrschaft zu entwickeln drohen. Dann begegnete Samuel dem jungen Saul, dem Sohn des Kisch, einem Israeliten aus dem Stamm Benjamin. Saul war groß und gut aussehend. Er überragte alle anderen Israeliten um Haupteslänge. Der junge Benjaminiter war gerade auf der Suche nach den Eselinnen seines Vaters, die sich verlaufen hatten. Als er sie nirgends finden konnte, ging er zu Samuel, von dessen prophetischen Fähigkeiten er gehört hatte. Saul hoffte, dass Samuel ihm weiterhelfen könne. Der Prophet aber empfing eine Offenbarung des Herrn. Diesen Mann solle er zum König über Israel salben. Gottergeben räumte Samuel ihm einen Ehrenplatz an seiner Tafel ein und erklärte ihm, er brauche sich um die Eselinnen keine Sorgen mehr zu machen. Sie seien längst gefunden. Auf Saul aber richte sich die ganze Sehnsucht Israels. Saul antwortete verlegen und

■ Szene aus dem deutsch-amerikanischen Film *Die Bibel – David*. Regisseur Robert Markowitz aus dem Jahre 1996 mit Leonard Nimoy als Samuel und Jonathan Pryce als Saul.

■ *Saul von Samuel gesalbt.* Gemälde, um 1645, von Johann Heinrich Schönfeld (1609–1684), Sammlung Georg Schäfer, Schweinfurt.

voller Bescheidenheit, dass er doch nur aus der geringsten Sippe Israels komme, dem kleinsten Stamme. Nach dem Essen übernachtete Saul bei Samuel. Am nächsten Morgen begleitete der Prophet den jungen Mann noch ein Stück auf seinem Rückweg. Er nahm einen Krug, goss daraus Öl auf Samuels Haupt und salbte ihn damit zum König über Israel. Diese Salbung geschah im Geheimen. Niemand wusste davon. Kurz darauf rief Samuel das ganze Volk nach Mizpa nördlich von Jerusalem. An diesem Heeressammelplatz bestimmte der Herr durch das Los öffentlich den künftigen König Israels: Und das Los fiel auf Saul.

Der Segen des Herrn ruhte auf ihm, und er führte einen siegreichen Feldzug gegen die Ammoniter. Als Gesalbter des Herrn hatte er sich bestens bewährt. Nach Sauls öffentlicher feierlicher Inthronisierung legte Samuel sein Amt nieder. In einer großen Abschiedsrede ermahnte er Israel zur Treue zum Herrn.

SAMUEL UND SAUL

ÜBERLIEFERUNG

Quellen: Die Erzählungen über das Wirken Samuels und die Salbung Sauls zum ersten König über Israel in den ersten zwölf Kapiteln des ersten Buches Samuel fassen verschiedene alte Überlieferungen zusammen, die teils am Heiligtum von Schilo kursierten und teils im israelitischen Heer erzählt wurden. Erkennbar ist in Teilen auch das Wirken des Verfassers des Deuteronomistischen Geschichtswerkes, vor allem in der lehrhaften Abschiedsrede Samuels in 1. Samuel, Kapitel 12. Zwar wurden die beiden Samuelbücher nicht von den Propheten Samuel, Gad und Nathan geschrieben, wie man in früheren Zeiten annahm, doch begann die Niederschrift einzelner darin enthaltener Erzählungen schon sehr früh, etwa um 950 v. Chr. In der einfachen Sprache dieser Zeit schildern sie weder Empfindungen noch theologische Feinheiten. Wohl aber knüpfen sie literarisch sinnvolle Spannungsbögen, indem sie von Nebensächlichkeiten zur Hauptpointe ansteigen. So liegen diese Novellen in der Mitte zwischen einer mündlichen Sage und pragmatischer Geschichtsschreibung. Ihre weitere Bearbeitung und redaktionelle Zusammenführung erfolgte im babylonischen Exil durch den Deuteronomisten und danach die Verfasser der Priesterschrift um etwa 400 v. Chr. In der hebräischen Bibel bilden die beiden Samuelbücher noch ein einziges Werk. Ihre Aufteilung in zwei Bücher erfolgte erst in der griechischen Übersetzung, der Septuaginta. Samuels eigentliche Bedeutung lag darin, dass er mit Saul den richtigen Mann zur richtigen Zeit fand. Durch dessen Salbung zum König vor einem militärisch bedeutsamen Unternehmen konnte Samuel geschickt den Partikularismus der einzelnen hebräischen Stämme unterlaufen. Die Schilderung Samuels als Priester, Prophet und Richter zugleich zeigt nur seine überragende Bedeutung. Viele unterschiedliche gesellschaftliche Gruppen beanspruchten seinen Ruhm für sich und versuchten dies durch ihre jeweiligen Überlieferungen zu untermauern. Nach der Zerstörung des Ladeheiligtums in Schilo sowie dem Tod der Familie Elis verkörperten sich in Samuels herausragender Stellung die Überlieferungen des Jahwekultes. Nach dem Raub der Bundeslade durch die Philister widersetzte sich Samuel dem sinnvollen Begehren des Volkes nach einem König mit zentraler militärischer Befehlsgewalt nicht. Er gab ihm jedoch eine theokratische Prägung: Das israelitische Königtum legitimierte sich nicht als vom Volke ausgehend, sondern von Gottes Gnade.

EMPFEHLUNG

Lesenswert:

Die Bibel, Einheitsübersetzung, mit dem Kommentar der *Neuen Jerusalemer Bibel.* 1. Samuel, Kapitel 1, Vers 1 – Kapitel 12, Vers 25, Freiburg im Breisgau 2000.

Deutsche Bibelgesellschaft (Hg.): *Die Bibel nach der Übersetzung Martin Luthers*, 1. Samuel, Kapitel 1, Vers 1 – Kapitel 12, Vers 25, Stuttgart 1999.

Kurt Galling (Hg.): *Die Religion in Geschichte und Gegenwart*, Band 5, Tübingen 1986.

Klaus Koch, Eckart Otto, Jürgen Roloff und Hans Schmoldt (Hg.): *Reclams Bibellexikon*, Seite 443, 444 und 447, Stuttgart 2000.

Dr. Georg Herlitz und Bruno Kirschner (Hg.): *Jüdisches Lexikon*, Band 4, 2, Frankfurt am Main 1987.

Sehenswert:

Nicolas Poussin: *Pest zu Asdod*, 1630, Öl auf Leinwand, 148 x 198 cm, Louvre, Paris.

AUF DEN PUNKT GEBRACHT

Sauls Salbung durch den Gottesmann Samuel verlieh dem israelitischen Königtum einen für die Region einzigartigen sakralen Charakter.

Sauls Verwerfung
1. Samuel 13, 1 – 16, 23

Sauls Herrschaft, die etwa um 1020 v. Chr. begann, stand unter keinem guten Stern. Der erste König Israels hatte keine innenpolitischen Befugnisse. Seine Aufgabe bestand nur darin, ein vereinigtes Heer der Stämme Israels zur Verteidigung des Landes in den Kampf zu führen. Mit dieser Strukturschwäche seiner Herrschaft war sein Scheitern absehbar. Außerdem verfügte Saul zwar über den sogenannten Heerbann und konnte die wehrfähigen Männer aller Stämme Israels zum Kriegsdienst einberufen, doch diese waren immer nur für begrenzte Zeit abkömmlich. Sie mussten zu Hause ihr Land bewirtschaften. Demgegenüber hatten die Philister, die damals mächtigsten Feinde der Israeliten, ein gut ausgebildetes Heer aus Berufssoldaten. Es bedurfte eines größeren po-

■ *David und Saul*. Gemälde, um 1658, von Rembrandt (1606–1669). Den Haag, Mauritshuis

litischen Geschicks, als Saul es hatte, um die Interessen der israelitischen Stämme in dieser schwierigen Situation zu behaupten. Die Erzählungen im ersten Buch Samuel liefern religiöse Begründungen für die Verwerfung des Königs durch Jahwe und die Erwählung seines Nachfolgers David.

In militärischen Einzelaktionen gegen die Philister war Saul mitunter ganz erfolgreich, doch ein endgültiger Sieg blieb ihm in der gegebenen militärischen Ausgangslage verwehrt. Zur Schlacht bei Michmas nördlich von Jerusalem trat Saul zunächst mit dreitausend israelitischen Kriegern an, zweitausend davon standen unter seinem unmittelbaren Befehl und tausend unter der Führung seines Sohnes Jonathan. Doch als das Heer der Philister kam, gerieten die Israeliten in Angst und Schrecken. Gegen sie marschierten sechstausend Wagenkämpfer in dreitausend Streitwagen auf. Die feindlichen Fußsoldaten erschienen so zahlreich wie der Sand am Meer. Viele Soldaten Sauls desertierten und versteckten sich.

■ *Jonathans Heldentat und Israels Sieg.* (1. Samuel 14, 1-52). Kupferstich, 1670, von Pierre Mariette (1634–1716) nach Matthäus Merian d. Ä.

Vor Beginn der Schlacht sollte der Prophet Samuel dem Herrn ein Brandopfer darbringen. Es war vereinbart, dass Saul sieben Tage lang auf Samuel zu warten hatte. Und als der Prophet am siebten Tag immer noch nicht eingetroffen war, opferte der König selbst. Gerade als er damit fertig war, erschien Samuel. »Du hast töricht gehandelt«, erklärte er Saul. »Weil du nicht auf meine Ankunft gewartet hast, wie der Herr es befohlen hat, wird deine Herrschaft keinen Bestand haben. Der Herr wird einen anderen Mann zum Fürsten machen.«

Als Saul nun seine Soldaten musterte, stellte er fest, dass ihm noch ganze sechshundert Krieger geblieben waren. Während er die Lage überdachte, griff Jonathan ohne Wissen seines Vaters allein mit seinem Waffenträger die feindlichen Vorposten an und erschlug zwanzig Mann. Da entstand große Verwirrung in deren Lager, und die Philister richteten ihre Schwerter gegeneinander. Nun warf auch Saul seine Männer in die Schlacht. Auch die davongelaufenen Soldaten kamen aus ihren Schlupflöchern und kämpften mit.

Die Israeliten gewannen schnell die Oberhand.

Um den Sieg nicht durch eine Pause zu gefährden, befahl Saul seinen Kriegern, bis zum Abend zu fasten: »Verflucht sei jeder, der vor dem Abend etwas isst.« Jonathan aber hatte weder den Befehl noch den Fluch seines Vaters gehört. Als er daher auf dem Feld einige Waben entdeckte, aß er von dem Honig, der daraus hervorfloss.

Bis zum Abend schlugen die Israeliten die Philister im ganzen Gebiet zwischen Michmas und Ajalon. Damit war das Bergland, das Herz des Königreiches, von den Feinden befreit. Saul befragte den Herrn, ob er die geflüchteten Philister verfolgen solle. Doch Gott gab keine Antwort. Aus Gottes Schweigen schloss Saul, dass einer im Volk eine Sünde begangen haben musste. Er verkündete, dass der Schuldige sterben müsse, und wenn es sein eigener Sohn sei. Um den Sünder zu finden, wurden Lose geworfen. Als das Los tatsächlich auf Jonathan fiel, bekannte dieser, trotz des Fluchs seines Vaters von dem Honig gegessen zu haben. Saul fühlte sich verpflichtet, das von ihm angedrohte Todesurteil an seinem eigenen Sohn vollstrecken zu lassen. Aber das Volk trat für Jonathan ein und bat um Schonung des eigentlichen Siegers der Schlacht. Und so brauchte er nicht zu sterben.

■ *David spielt vor Saul*. Gemälde von Giambattista Zelotti (1526–1578). Rechte Tafel des Ditychons. Padua, Museo Civico

Einige Zeit später überbrachte der Prophet Samuel einen Befehl des Herrn. Saul habe einen heiligen Krieg gegen die Amalekiter zu führen, die sich den Israeliten schon nach ihrem Auszug aus Ägypten in den Weg gestellt hatten. Alle Amalekiter seien dem Untergang geweiht und also sämtlich zu töten. Weder Männer noch Frauen, Kinder oder Säuglinge, Rinder, Schafe, Kamele oder Esel dürften geschont werden. Also berief Saul ein großes Heer aus allen Stämmen ein und schlug die Amalekiter vernichtend. Doch Agag, den König von Amalek, sowie die besten Schafe und Rinder des Feindes ließ er leben.

Da sprach der Herr zu Samuel, dass er es bereue, Saul zum König gemacht zu haben. Er gehorche ihm nicht. Das verdross Samuel sehr, und er beschwor laut den Herrn die ganze Nacht. Am nächsten Morgen forderte er von Saul Rechenschaft, der ihm erklärte, er habe die Befehle des Herrn befolgt. »Und was bedeutet dieses Blöken von Schafen, das mir in die Ohren dringt?«, fragte der Prophet. »Und was ist mit dem Gebrüll der Rinder, das ich da höre?« Verlegen antwortete Saul, dass er diese Tiere doch nur dem Herrn opfern wolle. »Hör auf«, erwiderte ihm Samuel. »Gehorsam ist besser als Opfer, Hinhören besser als das Fett von Widdern.« Und wiederum verkündete der Prophet, dass Saul als König von Gott verworfen sei. Das Urteil war endgültig gesprochen. Es nützte auch nichts mehr, dass Saul um Vergebung flehte und Agag, den gefangenen König der Amalekiter, nun eigenhändig mit dem Schwert in Stücke hieb.

Da erging wieder das Wort des Herrn an Samuel. Der Prophet sollte nicht mehr um Sauls Schicksal trauern. Stattdessen solle er sein Horn mit Öl füllen und nach Bethlehem ziehen, um einen neuen König zu salben.

Gott hatte einen der Söhne Isais aus dem Stamme Juda als neuen Herrscher ausersehen. In Bethlehem traf der Prophet die auserwählte Familie. Isai stellte ihm zuerst seinen ältesten Sohn vor. Als Samuel den stattlichen jungen Mann sah, glaubte er, den künftigen König vor sich zu haben. Doch der Herr sagte zum Propheten, dass er nicht auf das Aussehen des Mannes achten sollte: »Der Mensch sieht, was vor den Augen ist, der Herr aber sieht das Herz.« Isai zeigte dem Propheten insgesamt sieben Söhne, doch keiner war der richtige. Als Samuel fragte, ob das alle seien, erklärte Isai, dass der Jüngste, David mit Namen, noch auf dem

SAULS TRAGIK

Saul handelte uneigennützig und wurde dennoch von Gott verworfen, weil er ihm nicht bedingungslos gehorchte und nicht vollständig auf ihn vertraute. Er schloss in dem Bemühen um den Erfolg seiner guten Sache einen Kompromiss zwischen den Weisungen des Herrn und den Forderungen des Volkes. Im ersten Fall wartete er nicht mehr auf die Ankunft Samuels als des zum Opfern berufenen Priesters, da er Angst vor der raschen Auflösung seines Heeres hatte. Im zweiten Falle wollte er mit dem Volk Schlachtvieh opfern, das er nach Gottes Befehl schon vorher hätte töten sollen.

■ Saul verbietet seinem Heer, vor Ende der Schlacht zu essen oder zu trinken (1. Samuel 14, 24). Französische Buchmalerei, 1. Hälfte 13. Jahrhundert. »Bible moralise«, Codex Vindobonensis.

■ Gefangene Philister werden von Ägyptern abgeführt. Flachrelief an der Außenmauer des Totentempels Ramses III. (20. Dynastie, 1184–1153 v.Chr.) in Medinet Habu.

Feld die Schafe hüte. Da ließ er auch diesen holen. Bald trat David ein, ein blonder junger Mann mit schönen Augen. »Dieser ist es«, sprach Jahwe sofort. Und so salbte ihn Samuel mit dem Öl aus seinem Horn zum König. Doch wie die Salbung Sauls wurde auch diese zunächst geheimgehalten. Niemand außer den Beteiligten wusste, dass David der künftige König Israels war, am wenigsten Saul, der zunehmend in Schwermut verfiel. Nachdem der Geist des Herrn von ihm gewichen war, quälte ein böser Geist den König. Daher befahl er den Hofleuten, einen jungen Mann zu finden, der so gut Harfe spielen und singen konnte, dass dadurch seine Niedergeschlagenheit verscheucht würde. Es fand sich David als der geeignete Mann. Sobald er zu musizieren begann, wich der böse Geist von Saul. Der König gewann David sehr lieb und machte ihn zu seinem Waffenträger.

DER BÖSE GEIST

Die Bibel schreibt, dass der böse Geist, der Saul quälte, vom Herrn kam. Das entspricht der altisraelitischen Vorstellungswelt, die alles mit Gott als Erstursache in Verbindung bringt. Auch das Linderungsmittel war zeitgerecht. Musik wurde im ganzen Altertum verwendet, um böse Geister zu verscheuchen.

SAULS VERWERFUNG

ÜBERLIEFERUNG

Quellen: Die Erzählungen über Saul sind zum großen Teil sagen- oder anekdotenhafter Art und setzen sich aus verschiedenen Quellenschichten zusammen. Das zeigen auch die beiden Berichte über Sauls Verwerfung, die keinen Bezug aufeinander nehmen und deren Erzähler offensichtlich nichts von der Geschichte des anderen wissen. Historisch wird die Persönlichkeit Sauls nicht vollständig erkennbar. Die meisten Erzählungen über ihn beziehen sich nur auf die Anfänge seines Königtums und richten im weiteren Verlauf die Schlaglichter von seiner Person weg hin auf den künftigen König David. Dennoch bleiben die historischen Leistungen Sauls in den biblischen Berichten transparent. Er war der erste, der militärische Erfolge gegen die Philister erringen konnte und damit diesem gefürchteten Kriegervolk den Nimbus der Unbesiegbarkeit nahm. Damit wurde psychologisch der endgültige Sieg der Israeliten unter David vorbereitet und überhaupt erst möglich. Außerdem war es Saul gelungen, die Philister aus dem strategisch bedeutsamen Bergland zu vertreiben. Als Anführer konnte sich Saul zunächst nur auf den Stamm Benjamin stützen, dem er selbst angehörte, später aber wurde er König über ganz Israel. Allerdings fehlte ihm zur Abrundung die Unterstützung des judäischen Südens und des galiläischen Nordens. So blieb seinem Königtum nach glücklichen Anfängen das volle Gelingen zu funktionierender Herrschaft verwehrt. Der historische Saul scheiterte an der Aufgabe, ein geeintes Reich zu schaffen und die widerstrebenden Elemente der einzelnen Stämme wirksam zusammenzuschmieden.

Bildende Kunst: Die Geschichte von Saul und David inspirierte viele Künstler und war das Thema zahlreicher Gemälde. Allein Rembrandt hat dieses Motiv dreimal dargestellt. Jehudo Epstein erhielt für ein Gemälde mit dem gleichen Titel den Michael-Beer-Preis und vier Jahre später einen weiteren Preis. Er malte auch ein Fragment *Saul*, auf dem ein psychopathischer Zug meisterhaft zum Ausdruck kam. Die Verfluchung des siegreichen Königs Saul durch Samuel stellte Holbein d. J. in einem Wandgemälde dar.

EMPFEHLUNG

Lesenswert:

Die Bibel, Einheitsübersetzung, mit dem Kommentar der *Neuen Jerusalemer Bibel*. 1. Samuel, Kapitel 13, Vers 1 – Kapitel 16, Vers 23, Freiburg im Breisgau 2000.

Deutsche Bibelgesellschaft (Hg.): *Die Bibel nach der Übersetzung Martin Luthers*, 1. Samuel, Kapitel 13, Vers 1 – Kapitel 16, Vers 23, Stuttgart 1999.

Kurt Galling (Hg.): *Die Religion in Geschichte und Gegenwart*, Band 5, Tübingen 1986.

Klaus Koch, Eckart Otto, Jürgen Roloff und Hans Schmoldt (Hg.): *Reclams Bibellexikon*, Seite 447, Stuttgart 2000.

Dr. Georg Herlitz und Bruno Kirschner (Hg.): *Jüdisches Lexikon*, Band 4, 2, Frankfurt am Main 1987.

AUF DEN PUNKT GEBRACHT

Die Verwerfung Sauls und die Erwählung Davids zum Herrscher bereitete die kurze, aber für die gesamte jüdische Geschichte entscheidend prägende Blütezeit des israelitischen Königtums im Altertum vor.

David und Goliath

1. Samuel 17, 1-58

Der Sieg des Jünglings David über den Riesen Goliath ist längst ein beliebtes Sprachbild geworden, das weltweit gebräuchlich ist. Es bezeichnet eine Situation, in der ein Kleiner und vermeintlich Schwächerer über einen riesengroßen, scheinbar übermächtigen Gegner triumphiert. Die Erzählung der Begebenheit hat in der Bibel die Bedeutung eines Sinnbilds. Veranschaulicht wurde damit der nachhaltige Erfolg des israelitischen Königs David über die gewaltige Kriegsmacht der Philister. Mit dieser Geschichte beginnt deshalb folgerichtig und dramaturgisch durchdacht der biblische Bericht über Davids Laufbahn. Mit dieser Heldentat ist sein Ruf als von Gott mit Schlachtenglück gesegneter Vorkämpfer Israels bezeichnet, und in seiner weiteren Geschichte wird diese Grundidee mit epischem Atem entfaltet.

Die Ausgangslage des Kampfes war wenig ermutigend. Israeliten und Philister stellten sich zu beiden Seiten eines Tals in Juda gegeneinander auf. Da trat aus den Reihen der Philister Goliath, ihr gefürchtetster Krieger, hervor. Ein Riese von Mann, pflegte er schon durch seine Größe die Feinde zum Erschauern zu bringen. Er war sechs Ellen und eine Spanne groß. Umgerechnet auf heutige Längenmaße wären das 2,90 Meter. Nach der ersten griechischen Bibelübersetzung, der Septuaginta, die hier ein anderes Maß angibt, kommt man immer noch auf 1,90 Meter. Auf dem Kopf hatte er einen Bronzehelm. Außerdem trug er einen schweren Schuppenpanzer aus Bronze sowie bronzene Beinschienen, und der Schaft seines Speeres mit der eisernen Spitze war so dick wie ein Weberbaum. Vor ihm ging sein Schildträger her.

■ *David und Goliath.* Spanische Wandmalerei aus dem 12. Jahrhundert aus Santa Maria de Tahull. Barcelona, Museu d'Art de Catalunya

Der Riese näherte sich den Reihen der Israeliten und fing an, sie zu verhöhnen. Er forderte sie heraus, einen Mann zu schicken, der es wage,

■ *David mit dem Haupt des Goliath.* Gemälde, um 1605/06, von Caravaggio (1573–1610). Wien, Kunsthistorisches Museum

mit ihm zu kämpfen. Wenn der Israelit siege, würden sich die Philister unterwerfen. Wenn er, Goliath, den Kampf gewinne, sollten die Israeliten Knechte der Philister werden. Saul und seine Truppen befiel bei diesen Worten große Angst. Niemand wagte es, sich für einen solchen Kampf zu melden. Und Goliath trat von da an jeden Morgen und jeden Abend vor, um die Israeliten weiter zu verhöhnen und herauszufordern.

Nach vierzig Tagen besuchte David das Lager. Er hatte keinen kriegerischen Auftrag, sondern war von seinem Vater geschickt worden, den drei ältesten Brüdern, die bei Saul unter Waffen standen, etwas zu essen zu bringen. Außerdem wollte der Vater wissen, ob sie wohlauf waren.

Bei seinem Eintreffen erblickte der Jüngling als erstes den ungeschlachten Riesen, der die Israeliten verhöhnte. David empörte sich: »Wer ist denn dieser unbeschnittene Philister?« Dann fragte er die umstehenden Soldaten, welche Belohnung der erhalte, der Goliath erschlage. Sie antworteten ihm, dass der König ihn sehr reich machen, ihm seine Tochter zur Frau geben und seine Familie von allen Steuern befreien würde. Davids ältester Bruder ärgerte sich, als er das Gespräch mitbekam: »Wozu bist du denn hergekommen. Ich kenne doch deine Keckheit und Bosheit.« David wandte sich gereizt von seinem Bruder ab: »Was habe ich denn jetzt wieder getan?«

ZWEIKÄMPFE

Zum sagenhaften Zweikampf zwischen David und Goliath gab es im Altertum interessante Parallelen. Ein Duell zwischen zwei Vorkämpfern, das über das Schicksal ihrer beiden Völker entscheiden würde, entsprach damals durchaus den gängigen Vorstellungen. Auch die Zweikämpfe in Homers *Ilias* sind mit der Auseinandersetzung zwischen David und Goliath vergleichbar.

■ *David kniet mit dem Haupte Goliaths vor Saul* (1. Samuel 17, 55-57). Gemälde, 1627, von Rembrandt (1606–1669). Basel, Öffentliche Kunstsammlung

Kurzerhand ging er zu Saul und erklärte sich bereit, gegen den Riesen zu kämpfen. Doch der König riet ihm ab. Er sei zu jung und Goliath seit seiner Jugend ein Kriegsmann. David aber beharrte auf seinem Vorhaben. Er erzählte Saul, dass er oft die Schafe seines Vaters gehütet habe. Wenn ein Löwe oder ein Bär kam, um ein Lamm wegzuschleppen, habe er auf das Tier eingeschlagen und ihm seine Beute aus dem Maul gerissen. Wenn es kämpfen wollte, habe er es an der Mähne gepackt und totgeschlagen. Selbstbewusst sprach er weiter: »Dein Knecht hat den Löwen und den Bären erschlagen, und diesem unbeschnittenen Philister soll es genauso ergehen.«

Dem hatte Saul nichts mehr entgegenzusetzen als: »Geh, der Herr sei mit dir«. Er ließ ihn die eigene königliche Rüstung anziehen. Als David aber versuchte, so gepanzert zu gehen, kam er kaum vorwärts. So legte er die Rüstung wieder ab, nahm stattdessen nur seinen Stab und seine Schleuder und suchte sich fünf glatte Kieselsteine im nächsten Bach. So ausgerüstet, eilte er Goliath entgegen. Dieser blickte voller Verachtung auf David: »Bin ich ein Hund, dass du mit einem Stock zu mir kommst?«

David hatte sogleich eine passende Antwort: »Du kommst zu mir mit Schwert, Speer und Schild, ich aber komme zu dir im Namen des Herrn.« Dann lief er auf den Philister immer schneller zu, zog einen Kiesel aus seiner Tasche und schleuderte ihn aus vollem Lauf an die Stirn seines Feindes. Wie ein gefällter Baum fiel Goliath tot zu Boden. David trat neben den besiegten Philister, zog dessen Schwert aus der Scheide und schlug ihm den Kopf ab.

Als die Philister sahen, dass ihr ruhmreicher Vorkämpfer gefallen war, ergriffen sie in panischem Schrecken die Flucht. Da jauchzten die Israeliten und erhoben ein wildes Kriegsgeschrei. Sie verfolgten ihre Feinde bis in deren Städte Gat und Ekron. Die ganze Strecke war danach von den Leichen der Philister übersät. Bei der Rückkehr plünderten die Israeliten noch das feindliche Lager und machten überreiche Beute. David aber nahm Goliaths Waffen an sich und brachte den abgeschlagenen Kopf des Riesen zu Saul.

GAT UND EKRON

Die beiden Städte Gat und Ekron gehörten zu den fünf Hauptstädten der Philister. Gat ist am ehesten mit dem heutigen Tell es-safi und Ekron mit Chirlut almuqanna zu identifizieren. In Ekron gab es ein wichtiges Heiligtum des Baal-Sebul.

DAVID UND GOLIATH

ÜBERLIEFERUNG

Quellen: Im biblischen Bericht über den Zweikampf zwischen David und Goliath in 1. Samuel, Kapitel 17, fließen verschiedene Quellenschichten ineinander. Im Gegensatz zu bereits erzählten Begebenheiten lernt Saul hier David erst vor dem Kampf mit Goliath kennen. Bei der Schilderung über Sauls Schwermut und deren Linderung durch Davids Musik in 1. Samuel, Kapitel 16, war David dem König bereits als Zitherspieler vorgestellt worden. Danach hatte Saul den jungen Mann sogar zu seinem Waffenträger gemacht. In der Goliath-Erzählung kam David aber nur zum Kriegsschauplatz, um seinen Brüdern etwas zu essen zu bringen. Der Kampf gegen Goliath stammt ebenfalls aus einer anderen, älteren Überlieferung. Diese wird in 2. Samuel, Kapitel 21, Vers 19, erwähnt. Hier wird berichtet, dass Davids Gefolgsmann Elhanan in einem viel späteren Krieg gegen die Philister unter David als König deren mächtigen Kämpfer Goliath erschlagen habe, dessen Speer einem Weberbaum glich. Unpassend ist auch der redaktionelle Zusatz gegen Ende der Goliath-Erzählung, der behauptet, David habe den abgeschlagenen Kopf des Philisters nach Jerusalem gebracht. Denn die Stadt Jerusalem wurde frühestens zehn Jahre später von David erobert. Ähnlich widersprüchlich ist der Bericht an gleicher Stelle, David habe nach dem Sieg Goliaths Waffen in sein Zelt gebracht. Da er nur ein »ziviler« Besucher im Lager war, hatte er dort gar kein eigenes Zelt.

Bildende Kunst: Insgesamt sind über 60 Kunstwerke bekannt, die das Thema David und Goliath dargestellt haben. Zu den bekanntesten gehören das Fresko von Michelangelo aus dem Deckengemälde der Sixtinischen Kapelle, aber auch Darstellungen von Donatello, Giorgione, Caravaggio und Tizian. Äußerst sehenswert sind darüber hinaus das Fresko von Raffael im Vatikan sowie Rembrandts Motiv *David mit Goliaths Haupt vor Saul*. Mehr als ein Blick lohnt sich auch auf das 1605 entstandene Bild Guido Renis *David mit dem Haupt des Goliath*. Es wurde in Öl auf Leinwand gemalt und ist 222 x 147 cm groß. Das Gemälde stammt aus der Sammlung Ludwigs XIV. und hängt heute in den Uffizien in Florenz. Es zeichnet sich durch eine kontrastreiche Linienführung aus. Gleichzeitig verweist die klassische, statuarische Haltung Davids zwischen einer Säule und einem Postament auf die Antike.

EMPFEHLUNG

Lesenswert:

Die Bibel, Einheitsübersetzung, mit dem Kommentar der *Neuen Jerusalemer Bibel*. 1. Samuel, Kapitel 17, Vers 1-58, Freiburg im Breisgau 2000.

Deutsche Bibelgesellschaft (Hg.): *Die Bibel nach der Übersetzung Martin Luthers*, 1. Samuel, Kapitel 17, Vers 1-58, Stuttgart 1999.

Kurt Galling (Hg.): *Die Religion in Geschichte und Gegenwart*, Band 2, Tübingen 1986.

Klaus Koch, Eckart Otto, Jürgen Roloff und Hans Schmoldt (Hg.): *Reclams Bibellexikon*, Seite 180, Stuttgart 2000.

Dr. Georg Herlitz und Bruno Kirschner (Hg.): *Jüdisches Lexikon*, Band 2, Frankfurt am Main 1987.

Sehenswert:

David und Goliath, Regie: Richard Pottier, Ferdinando Baldi, mit Ivo Payer, Orson Welles, Italien 1959.

Guido Reni: *David mit dem Haupt des Goliath*, um 1605, Öl auf Leinwand, 222 x 147 cm, Uffizien, Florenz.

AUF DEN PUNKT GEBRACHT

Unter der Führung Davids konnten die Israeliten ihre mächtigen Erzfeinde, die Philister, endgültig bezwingen. Die Erzählung von seinem Kampf gegen Goliath veranschaulicht diesen wichtigen Teil seiner Lebensleistung.

David und Jonathan

1. Samuel 18, 1–31, 13

Davids Aufstieg zum König von Israel verlief nach seinem glanzvollen Sieg über Goliath keineswegs geradlinig. Sein kriegerischer Ruhm machte Saul eifersüchtig. In dieser schwierigen Zeit hatte David aber einen wertvollen Beistand: Sauls Sohn Jonathan. Die Freundschaft der beiden wurde sehr eng, endete aber tragisch mit Jonathans Tod.

Gleich nach dem glorreichen Sieg über Goliath schloss David mit Jonathan einen Freundschaftsbund. Zur Besiegelung schenkte der Königssohn dem jungen Helden seinen Mantel, seine Rüstung und seine Waffen. Diese Geste beruhte auf der altorientalischen Vorstellung, dass die Kleider eines Menschen Anteil an seiner Person haben. Jonathan verschenkte sich symbolisch an seinen Freund.

■ *David nimmt Abschied von Jonathan.* Gemälde, 1642, von Rembrandt (1606–1669). St. Petersburg, Staatliche Ermitage

■ *David schneidet Saul ein Stück seines Mantels ab.* Buchmalerei, Frankreich, 1. Hälfte 13. Jahrhundert. Aus der »Bible moralise«, Codex Vindobonensis. Wien, Österreichische Nationalbibliothek

David wurde beim Volk schnell sehr beliebt. Als das Heer heimkehrte, sangen die Frauen in den Straßen: »Saul hat Tausend erschlagen, David aber Zehntausend.« Darüber wurde Saul äußerst zornig. Schon sah er in David einen gefährlichen Anwärter auf die Königswürde. Als der junge Mann am nächsten Tag vor Saul auf der Zither spielte, kam ein böser Geist über den König. Er geriet in Raserei und schleuderte seinen Wurfspieß nach David. Dieser floh und mied danach den Hof des Königs.

Um David loszuwerden, entwickelte Saul einen Plan. Er versprach ihm seine Tochter Michal zur Frau, wenn er als Brautgabe hundert Vorhäute von erschlagenen Philistern bringe. In Wirklichkeit hoffte der König, dass die Philister David töten würden. Doch stattdessen brachte der junge Held Saul sogar zweihundert Vorhäute. So wurde Michal seine Ehefrau.

Als Saul ihn in einem Neidanfall wieder mit seinem Wurfspieß bedrohte, flüchtete David zu seiner Ehefrau. Der König schickte Boten hinterher, um ihn holen und töten zu lassen. David aber kletterte heimlich durch ein Fenster und schlich ungesehen davon. Michal legte ein Götterbild mit einem Geflecht aus Ziegenhaaren um den Kopf in sein Bett und erzählte den Boten, dass er krank sei. Bis die Täuschung bemerkt wurde, war David längst zum uralten Propheten Samuel entkommen, der jetzt der Vorsteher einer ekstatischen Prophetengemeinde war. Mehrere Boten Sauls, die nach David gesandt worden waren, gerieten allesamt selbst bei Samuel in prophetische Verzückung. Das Gleiche geschah sogar mit Saul, als er David persönlich dort festnehmen wollte.

David flüchtete zu Jonathan und berichtete ihm das Vorgefallene. Zunächst konnte der Freund ihm kaum glauben. Doch Jonathan stellte Saul auf die Probe. Beim Mahl erzählte er dem Vater, er habe David beurlaubt. Da fing Saul an, Jonathan voller Zorn zu beschimpfen: »Du Sohn eines entarteten und aufsässigen Weibes. Lass David holen, denn er ist ein Kind des Todes.« Dann schleuderte der König seinen Speer sogar nach seinem eigenen Sohn. Jetzt wusste Jonathan, dass David nicht übertrieben hatte. Er suchte ihn in seinem Versteck auf dem Feld auf und riet ihm, sich in Sicherheit zu bringen. Dann umarmten sich die beiden zum Abschied.

BEI DEN PHILISTERN

Als Lehensmann des Philisterkönigs Achisch spielte David ein doppeltes Spiel. Er unternahm in dessen Auftrag mit seinen Männern mehrere Raubzüge im Negeb im Süden Palästinas und gab vor, hier gegen die Judäer und ihre Verbündeten vorzugehen. In Wirklichkeit richteten sich seine Aktionen aber gegen Wüstenräuber, die die Judäer bedrückten.

■ *Davids Reue*. Buchmalerei, Frankreich, 1485, begonnen von den Gebrüdern Limburg, beendet von Jean Colombe. Chantilly, Musée Conde

David floh zum Heiligtum von Nob am Osthang des Berges Skopus östlich von Jerusalem. Hier wurde der Kult um die Bundeslade weitergeführt, nachdem die Philister Schilo zerstört hatten. Den dortigen Priestern gegenüber behauptete David, im Auftrag Sauls zu reisen. Er ließ sich von ihnen Waffen und Brot geben und zog am gleichen Tag weiter. Als Saul erfuhr, dass David bei den Priestern von Nob kurzzeitig Unterschlupf gefunden hatte, ließ er die gesamte Priesterschaft ausrotten, fünfundachtzig Männer sowie Frauen, Kinder, Säuglinge und Tiere. Nur der Priester Abjatar entkam und flüchtete zu David. Dieser hatte inzwischen vierhundert Männer um sich gesammelt, zu einem großen Teil verschuldete und ausgestoßene Mitglieder der Gesellschaft. Mit ihnen führte er ein unstetes Leben und streifte umher. In der Steppe Sif begegnete er nochmals Jonathan und erneuerte seinen Freundschaftsbund mit ihm.

Einige Zeit später zog Saul mit dreitausend Mann umher, um David zu suchen. Unterwegs begab sich der König alleine in eine Höhle und verrichtete dort seine Notdurft. David hatte sich aber mit seinen Männern im hinteren Teil der Höhle versteckt. Seine Gefolgsleute drängten ihn nun, Saul zu töten. Doch David weigerte sich, seine Hand an den Gesalbten des Herrn zu legen. Stattdessen schlich er sich leise heran und schnitt einen Zipfel von Sauls Mantel ab. Nachdem der König die Höhle verlassen hatte, lief David ihm hinterher. Er erklärte ihm, dass er ihn verschont habe, und zeigte zum Beweis den Zipfel des Mantels. Gerührt lobte Saul Davids Edelmut, fing laut an zu weinen und zog nach Hause. Doch David wusste, dass der nächste Stimmungsumschwung des Königs nur eine Frage der Zeit war. So floh er ins Land der Philister und verdingte sich als Lehnsmann bei Achisch, dem König von Gat. Bald schon stand die nächste kriegerische Auseinandersetzung der Philister mit den Israeliten bevor. David wurde vor dem Kampf von Achisch beurlaubt. Saul hatte große Angst vor der Schlacht und befragte eine Wahrsagerin über deren Ausgang. Diese beschwor den Geist des Propheten Samuel herauf, der einige Zeit zuvor gestorben war. Samuel sagte Saul und seinen Söhnen für den nächsten Tag den Tod auf dem Schlachtfeld voraus. Und genauso kam es. In einem anrührenden Klagelied besang David den Tod Sauls und seines Freundes Jonathan.

DAVIDS KLAGELIED

Davids Klagelied über Saul und Jonathan stammt wahrscheinlich tatsächlich – anders als die ihm zugeschriebenen Psalmen – von David selbst. Es handelt sich um das älteste Totenklagelied Israels mit zum Teil äußerst empfindsamen Versen: »Weh ist mir um dich, mein Bruder Jonathan. Du warst mir sehr lieb. Wunderbarer war deine Liebe für mich als die Liebe der Frauen.«

DAVID UND JONATHAN

ÜBERLIEFERUNG

Quellen: Die Erzählungen über Davids Freundschaft mit Jonathan und sein unstetes Leben vor seiner Königsherrschaft aus 1. Samuel, Kapitel 18, bis 2. Samuel, Kapitel 1, kombinieren mehrere Quellenschichten miteinander. So sind die Übergänge zu den einzelnen Szenen nicht immer glatt, und manche Begebenheiten werden doppelt oder zumindest ähnlich geschildert. Um eine Dublette handelt es sich vermutlich auch beim zweiten Bericht über die Schonung Sauls durch David in 1. Samuel, Kapitel 26. Hier wird ähnlich wie in Kapitel 24 berichtet, dass Saul in Davids Hand war. David hatte sich nachts mit einem seiner Krieger in Sauls Lager geschlichen. Dort fand er den schlafenden Saul, umgeben von seinen ebenfalls schlafenden Männern. Anstatt ihn zu töten, nahm er nur dessen Krug und Speer mit. Später rief er vom Gipfel eines nahegelegenen Berges herab und fragte Sauls Heerführer Abner, warum er seinen Herrn nicht bewacht habe. Zum Beweis für seine Anwesenheit zeigte er Krug und Speer des Königs. Da erkannte Saul, dass David ihn geschont hatte, und bereute seine Fehler. Diese Episode ist mit der zuvor berichteten Schonung Sauls in der Höhle durchaus vergleichbar.

Musik: Unter den späten Werken des namhaften Komponisten Darius Milhaud fand die Oper mit dem Titel *David* das stärkste Echo. Einige von Davids Gesängen in diesem Stück wurden von Kritikern zur schönsten Musik des 20. Jahrhunderts gerechnet. Die nordamerikanische Koussevitzky-Stiftung hatte Milhaud den Auftrag zu dieser biblischen Oper erteilt. Er widmete sein Werk dem Volk Israel anlässlich der Dreitausendjahrfeier der Stadt Jerusalem. Dort wurde sie in konzertanter Form am 1. 6. 1954 uraufgeführt. Die szenische Uraufführung folgte in der Mailänder Scala am 2. 1. 1955. Zur Vorbereitung seiner Arbeit war Milhaud zusammen mit seinem alten Freund und Mitarbeiter Armand Lunel nach Israel gereist. Hier hatte er die Vision seiner Oper, die eine große Brücke zwischen den biblischen Zeiten und der Gegenwart schlagen sollte. Die Handlung des Werkes umfasst den Zeitbogen vom ersten Besuch des Propheten Samuel bei Davids Eltern bis zur Krönung seines Sohnes als Nachfolger. Dieses Geschehen wird von einem Chor aus der Sicht der Gegenwart heraus kommentiert.

EMPFEHLUNG

Lesenswert:

Die Bibel, Einheitsübersetzung, mit dem Kommentar der *Neuen Jerusalemer Bibel.* 1. Samuel, Kapitel 18, Vers 1 – Kapitel 31, Vers 13, Freiburg im Breisgau 2000.

Deutsche Bibelgesellschaft (Hg.): *Die Bibel nach der Übersetzung Martin Luthers*, 1. Samuel, Kapitel 18, Vers 1 – Kapitel 31, Vers 13, Stuttgart 1999.

Kurt Galling (Hg.): *Die Religion in Geschichte und Gegenwart*, Band 2, Tübingen 1986.

Klaus Koch, Eckart Otto, Jürgen Roloff und Hans Schmoldt (Hg.): *Reclams Bibellexikon*, Seite 104, Stuttgart 2000.

Dr. Georg Herlitz und Bruno Kirschner (Hg.): *Jüdisches Lexikon*, Band 2, Frankfurt am Main 1987.

Hörenswert:

Darius Milhaud: *David*, Oper, Uraufführung: Jerusalem 1954.

Josef Tal: *Saul in Endor*, Oper, Uraufführung: Israel 1955.

AUF DEN PUNKT GEBRACHT

Der Bericht über Davids Freundschaft zu Jonathan will die Empfindsamkeit und moralische Festigkeit des künftigen Königs Israels veranschaulichen.

David wird König

2. Samuel 2, 1–10, 19

Jerusalem ist heute die wichtigste Stadt der drei Weltreligionen. Erstmals erlangte der Ort für das Judentum zentrale kultische Bedeutung, als David König aller zwölf hebräischen Stämme in Kanaan wurde. Er eroberte Jerusalem und brachte die Bundeslade dorthin. So wurde die Stadt zum Mittelpunkt des Jahweglaubens. Mit Sauls Niederlage gegen die Philister waren alle seine vorherigen Erfolge zunichte gemacht. Israels Erbfeind hatte seine starke und bedrohliche Stellung zurückgewonnen. Das durch Sauls Tod entstandene Machtvakuum innerhalb der hebräischen Stämme füllte David sofort geschickt aus. Er zog mit seinen beiden Frauen Ahinoam und Abigail sowie seinen Soldaten nach Hebron. Dort ließ er sich zum König über das Haus Juda salben. Dieser Herrschaftstitel wurde von den Südstämmen des Landes anerkannt. Die genauen Ursachen für die Konstituierung eines vom Norden unabhängigen Staates Juda lassen sich heute nicht mehr eindeutig erkennen. Möglicherweise suchten die Südstämme nach dem Scheitern Sauls Schutz bei Davids kampferprobtem Söldnerheer. Mit diesen Truppen hatte er sie schon gegen die räuberischen Wüstenhorden verteidigt, als er noch im Dienste der Philister stand.

■ *Davids Krönung*. Byzantinische Buchmalerei, frühes 10. Jahrhundert. Paris, Bibliothèque Nationale

Im Nordreich Israel zog Sauls Heerführer Abner die machtpolitischen Fäden. Er machte Ischbaal, einen der überlebenden Söhne des gefallenen Königs, zum neuen Herrscher. Bald kam es zum Krieg zwischen den beiden Stammesverbänden. Den Truppen Abners standen in der Schlacht bei Gibeon nördlich von Jerusalem Davids Soldaten unter dessen Heerführer Joab gegenüber. Nach hartem Kampf gewannen die Südstämme die Oberhand, und die Krieger des Nordreiches

mussten fliehen. Asael, ein Bruder Joabs, verfolgte den israelitischen Heerführer Abner. Als er ihm bedrohlich nahe kam, drehte sich Abner um und rammte Asael seinen Speer in den Leib. Der Verfolger war auf der Stelle tot. Abner flüchtete mit den übrig gebliebenen Soldaten weiter. Die siegreichen Südstämme kehrten mit nur leichten Verlusten zurück nach Hebron, dem neuen Königssitz Davids in Juda. Im Krieg mit dem Nordreich gewann er langsam die Oberhand. Es war dort zu einem Zerwürfnis zwischen Sauls Sohn Ischbaal und dem Heerführer Abner gekommen. Ischbaal hatte Abner beschuldigt, dass er sich Rizpa, eine der Nebenfrauen Sauls, angeeignet hatte. Nach altorientalischer Sitte wurden damit Ansprüche auf den Thron erhoben, denn der Harem eines verstorbenen Königs ging immer auf seinen Nachfolger über. Verärgert über Ischbaals Misstrauen, beschloss Abner, zur Partei Davids überzugehen. Zunächst schickte er ihm Sauls Tochter Michal zurück, die David geheiratet hatte, die aber nach seiner Flucht einem anderen Mann gegeben worden war. Danach verhandelte der Heerführer mit den Ältesten der Nordstämme Israels. Er wollte sie überreden, David als ihren König anzuerkennen.

■ König David, hier dargestellt von Richard Gere, steht vor der Bundeslade. Aus der amerikanischen Verfilmung *König David*, von Bruce Beresford, 1985.

■ *Davids Ernennung zum König von Hebron.* Buchmalerei, Spanien, mozarabisch, um 960.

Mit zwanzig Mann besuchte Abner anschließend David in Hebron, wo der König ihn mit einem festlichen Mahl ehrte.
Als Abner in Frieden wieder abgereist war, kehrte Davids Heerführer Joab mit reicher Beute von einem Streifzug zurück nach Hebron. Er erfuhr, dass Abner, der Mörder seines Bruders, in der Stadt gewesen und unbehelligt wieder abgereist war. Ohne Wissen Davids schickte ihm Joab einen Boten hinterher und ließ ihn bitten, nochmals zurückzukehren. Am Tor von Hebron stach Joab ihn nieder, um Blutrache für seinen Bruder zu nehmen.
Als Ischbaal hörte, dass Abner in Hebron ums Leben gekommen war, ergab er sich völlig der Verzweiflung. Zwei Truppenführer aus seinem Heer, Baana und Rechab, nutzten seine Schwäche aus. Sie schlichen sich in sein Haus, schlugen ihn tot und hieben ihm den Kopf ab. Mit dem abgetrennten Kopf in der Hand traten sie vor David. Doch der König entrüstete sich: »Wenn ruchlose Männer einen rechtschaffenen Mann in seinem Haus auf seinem Bett erschlagen, sollte ich dann nicht sein Blut von ihnen zurückfordern?« Auf der Stelle ließ er die beiden töten.
Mit Ischbaals Tod war der Weg zu Davids Königtum über alle

zwölf Stämme frei. Schon bald kamen die Ältesten der Nordstämme zu ihm nach Hebron und salbten ihn auch zu ihrem König. Dieses Doppelkönigtum war ganz auf die Person Davids zugeschnitten und von ihm abhängig. Die Motivation der Nordstämme, Davids Königtum zu übernehmen, lag nicht in der Idee eines israelitischen Gesamtreiches. Vielmehr erhofften sie sich von dem erfolgreichen Heerführer in erster Linie Schutz vor ihren gefährlichsten Feinden, den Philistern. Aus dieser Zeit dürfte übrigens Davids Name stammen. »Dawidum« bedeutet »Truppenführer«. Vermutlich hatte der König in seiner Jugendzeit einen anderen Namen.

Jedenfalls erfüllte David die Erwartungen vollständig. Er führte einen vernichtenden Feldzug gegen die Philister, besiegte sie endgültig und machte sie zu seinen Vasallen. Die von ihnen bis dahin beherrschten kanaanitischen Landesteile gliederte er gleichberechtigt den Reichen Juda und Israel an.

Seine Erfolge krönte David mit der Schaffung eines israelitischen Großreichs. Geschickt nutzte er den richtigen historischen Moment. Die Ägypter im Süden und die Hethiter im Norden durchlebten aus verschiedenen Gründen eine Phase politischer und militärischer Schwäche. Das künftige assyrische Reich war über die Anfänge seiner Macht noch nicht hinausgekommen. So konnte David die ostjordanischen Randstaaten der Moabiter, Edomiter und Ammoniter unterwerfen sowie die Staaten der Aramäer im syrischen Binnenland. Damit dehnte er seine Herrschaft bis an den Euphrat aus.

David wiederholte auch nicht die Fehler des schwärmerischen Saul, der seine Aktivitäten ganz überwiegend auf das Kriegshandwerk beschränkt hatte. Unmittelbar nach der Niederwerfung der Philister erwählte er sich eine neue Hauptstadt seines Reiches: Jerusalem. Der Ort lag strategisch günstig genau auf der Grenze zwischen Juda und Israel, den beiden Reichen des Doppelkönigtums. So wurde er zu dieser Zeit »Stadt Davids« getauft.

Jerusalem lag schon damals verkehrsgünstig auf einem Hügelkamm an der Straße von Hebron nach Sichem. Zu Davids Zeit lebten dort die Jebusiter. Jebus war der vorisraelitische Name Jerusalems. Davids Söldnertruppen eroberten die schwer einnehmbare Stadt, indem sie durch den Schacht der außerhalb gelegenen Gihon-

DIE »STADT DAVIDS«

David eroberte Jerusalem ausschließlich mit seinen eigenen Söldnern, die von ihm persönlich bezahlt wurden. Er setzte bei der Erstürmung der Stadt bewusst keine Krieger aus den Reichen Juda oder Israel ein, deren Rekrutierung ihm als König zugekommen gewesen wäre. Doch so fiel Jerusalem keinem der beiden Reiche zu und ging als »Stadt Davids« in seinen persönlichen Besitz über.

■ *Ansicht von Jerusalem vom Josaphat-Tal aus.* Gemälde, 1825, von Auguste de Forbin (1777–1841). Paris, Louvre.

quelle eindrangen, der die Wasserversorgung des Ortes sicherstellte. In Jerusalem baute David einen prächtigen Palast. Hiram, der König von Tyrus, schickte ihm Zedernholz, Zimmerleute und Steinmetze.

Jerusalem wurde auch zum neuen religiösen Mittelpunkt Israels. David versammelte 30 000 Mann und überführte in einem festlichen Zug die Bundeslade aus Juda nach der neuen Hauptstadt. »David und das ganze Haus Israel tanzten vor Jahwe mit aller Macht und unter Liedern mit Zithern und Harfen, Pauken, Schellen und Zimbeln.« Er führte damit den alten Kult des Heiligtums Schilo weiter und machte die Stadt zum Mittelpunkt der Jahwereligion, die seine beiden Reiche Juda und Israel als stärkstes Band zusammenschweißte. Spätere Betrachter haben darin eine Vergeistigung der Volksidee ins Ethisch-Übernationale gesehen.

EIN KULTISCHES ZENTRUM

Auch unter kultischen Gesichtspunkten erwies sich Jerusalem als hervorragend gewählter Ort. Der Name Jerusalem bedeutet »Gründung des Gottes Schalem«. Nach einer im alten Orient weit verbreiteten Vorstellung war der Osthügel Jerusalems, der in vorisraelitischer Zeit Ofel und später Zion genannt wurde, der Gottesberg, der Sitz des El, des Schöpfers von Himmel und Erde. Hier sollte der Mittelpunkt der Welt sein.

DAVID WIRD KÖNIG

ÜBERLIEFERUNG

Quellen: Die vierzigjährige Regierungszeit Davids fällt in die erste Hälfte des 10. Jahrhunderts v. Chr. Seine Bedeutung spiegelt sich schon in der Tatsache, dass es in seiner Zeit erstmals zu einer wirklichen Geschichtsschreibung in Israel kam. Seine Person ist selbst Gegenstand des Deuteronomistischen Geschichtswerkes. Über keinen anderen Menschen erzählt das Alte Testament so viel wie über den israelitischen Nationalhelden David. Für sein Wirken steht umfangreicheres Quellenmaterial zur Verfügung als für jeden anderen israelitischen oder judäischen König. Der Bericht über den Beginn seines Königtums sowie seine innen- und außenpolitischen Erfolge einschließlich der Eroberung Jerusalems und der Überführung der Bundeslade findet sich in 2. Samuel in den Kapiteln 2 bis 10. Neben der Beschreibung der eigentlichen Vorgänge werden hier zahlreiche Anekdoten erzählt. So berichtet etwa 2. Samuel, Kapitel 6, dass David beim Einzug der Bundeslade in Jerusalem vor dem Herrn hüpfte und tanzte. Als seine Frau Michal dies sah, schämte sie sich für ihn und warf ihm vor, er habe sich bloßgestellt »wie einer vom Gesindel«. Zur Strafe für diese Schmähung bekam Michal, die Tochter Sauls, bis zu ihrem Tod kein Kind. Auch in diesen Berichten laufen unterschiedliche Quellenschichten zusammen. So wissen beispielsweise die Erzählungen über Davids Salbungen zum König von Juda und später von Israel nichts über seine vorherige Salbung durch den Propheten Samuel in seiner Jugendzeit, von der in 1. Samuel, Kapitel 16, berichtet wird. Übereinstimmung herrscht aber in allen Quellen darin, Davids Königtum in Jerusalem als zentrale Epoche der israelitischen Geschichte anzusehen. So wird beispielsweise in 2 Samuel, Kapitel 7, berichtet, dass der Prophet Nathan, der damals am Hof des Königs wirkte, David einen ewigen Bestand seines Königtums vorhergesagt habe. Hierin liegt eine Keimzelle des sogenannten Königsmessianismus. Viele Juden glaubten später während fremder Herrschaft, dass David eines Tages von den Toten wiederauferstehen und das israelitische Königreich neu errichten werde. Christen bezogen diese Prophezeiung auf das himmlische Königtum Jesu, dessen Abstammung ihn nach den Geschlechtsregistern der Evangelien als Spross aus dem Hause Davids ausweist.

EMPFEHLUNG

Lesenswert:

Die Bibel, Einheitsübersetzung, mit dem Kommentar der *Neuen Jerusalemer Bibel.* 2. Samuel, Kapitel 2, Vers 1 – Kapitel 10, Vers 19, Freiburg im Breisgau 2000.

Deutsche Bibelgesellschaft (Hg.): *Die Bibel nach der Übersetzung Martin Luthers*, 2. Samuel, Kapitel 2, Vers 1 – Kapitel 10, Vers 19, Stuttgart 1999.

Kurt Galling (Hg.): *Die Religion in Geschichte und Gegenwart*, Band 3, Tübingen 1986.

Klaus Koch, Eckart Otto, Jürgen Roloff und Hans Schmoldt (Hg.): *Reclams Bibellexikon*, Seite 241 – 249, Stuttgart 2000.

Dr. Georg Herlitz und Bruno Kirschner (Hg.): *Jüdisches Lexikon*, Band 3, Frankfurt am Main 1987.

AUF DEN PUNKT GEBRACHT

David war der größte König der israelitischen Geschichte. Kein Staatsmann erreichte in Begabung und Erfolg seine Qualitäten.

David und Bathseba

2. *Samuel* 11, 1 – 12, 25

»Wo viel Licht ist, ist viel Schatten.« Auf die Erzählung über David und Bathseba, die vermutlich aus dem zehnten Jahrhundert v. Chr. stammt, passt Goethes Vers wie dafür erfunden. Der mit überragenden Fähigkeiten und vielen Tugenden ausgestattete israelitische König zeigt manche menschliche Schattenseiten. Doch die göttliche Vorsehung kann sich auch des Unheils bedienen, um das Gute zu schaffen. Aus der ehebrecherischen Verbindung von David und Bathseba geht der Thronfolger Davids hervor.

Die Erzählung beginnt mit einem romantischen Motiv. Um die Jahreswende, die im alten Israel auf das Frühjahr fiel, zog Davids Heerführer Joab mit seinen Männern in den Krieg gegen die Ammoniter. Der König selbst blieb in Jerusalem. An einem lauen Frühlingsabend konnte er nicht schlafen und spazierte auf dem

■ *David erblickt Bathseba* (2. Samuel 11, 2). Holzschnitt von Julius Schnorr von Carolsfeld (1794–1874), mit späterer Kolorierung. Aus der »Bibel in Bildern«, Leipzig, um 1860.

■ *David und Bathseba.* Gemälde, 1528, von Wolfgang Krodel.

Flachdach seines Palastes umher. Da erblickte er eine Frau, die gerade badete. Der Anblick war entzückend, und begierig erkundigte sich David nach ihr. Er erfuhr, dass ihr Name Bathseba war. Ihr Ehemann war der Hethiter Uria. Dieser diente in Joabs Heer und beteiligte sich gerade am Feldzug gegen die Ammoniter.
David ließ die Frau holen und schlief mit ihr. Unglücklicherweise wurde sie sofort schwanger. Dies ließ sie dem König durch einen Boten mitteilen.
David suchte nach einem gangbaren Ausweg aus der misslichen Situation. Er befahl seinem Heerführer Joab, ihm Uria nach Jerusalem zu schicken. Als der Soldat zu ihm kam, fragte er ihn nach Joab und der Kriegslage aus und entließ ihn dann mit einem Geschenk. Der König hoffte, dass der Krieger die Nacht bei seiner Frau verbringen würde. Wenn dann das Kind geboren würde, könnte Uria keinen Verdacht schöpfen. Doch Davids Plan ging nicht auf. Man berichtete ihm, dass sich Uria in der Nacht am Tor des Königshauses bei seinen Knechten niedergelegt hatte. David fragte ihn am nächsten Morgen, warum er nach der langen Reise nicht in sein Haus gegangen sei. Dieser antwortete, er habe es sich nicht bequem machen und bei seiner Frau liegen wollen, solange Joab und seine Kameraden auf dem Feld lagern müssten.
Also machte David einen weiteren Versuch, um die Angelegenheit zu vertuschen. Er lud Uria zu einem abendlichen Gastmahl in den Palast. Dort machte er ihn betrunken, in der Hoffnung, er werde seine Grundsätze vergessen und nach Hause gehen. Aber Uria schlief wiederum bei den Knechten. Er hielt sich an die damals gültige kultische Regel, nach der Enthaltsamkeit im Krieg eine religiöse Pflicht war. Da verfiel David auf einen bösen Plan. Er sandte Uria zurück zum Heer und gab ihm einen Brief an Joab mit. Darin befahl der König seinem Feldherrn, Uria in die vorderste Kampflinie zu stellen. Während der Schlacht sollten sich die anderen Soldaten von ihm zurückziehen. Dann würde er für die Feinde ein leichtes Ziel bilden.
Joab gehorchte und stellte Uria an einen Kampfabschnitt, an dem besonders tapfere feindliche Krieger standen. Der Hethiter fand den Tod wie geplant. Nachdem der König davon gehört hatte, ließ er Joab durch einen Boten lakonisch ausrichten: »Betrachte die

DIE HETHITER

Die Hethiter wanderten gegen Ende des dritten Jahrtausends v. Chr. aus dem Osten nach Kleinasien ein und stiegen im zweiten Jahrtausend v. Chr. dort zur Großmacht auf. Um 1200 v. Chr. endete das hethitische Reich unter Völkerstürmen aus Westkleinasien. In Syrien lebten noch einige kleinere Nachfolgestaaten fort. Zu deren Angehörigen dürfte Uria gezählt haben, der vermutlich bei David als Söldner diente.

■ König David heiratet Bathseba. Gregory Peck und Susan Hayward in Henry Kings Film *David und Bathseba*, 1951.

Sache nicht als so schlimm; denn das Schwert frisst bald hier, bald dort. Setz den Kampf gegen die Stadt mutig fort und zerstöre sie.«

Bathseba hielt für ihren Mann die rituelle Totenklage ab. Nach der vorgeschriebenen Trauerzeit holte David sie in seinen Palast und heiratete sie. Schon bald bekamen die beiden einen Sohn. Dem Herrn aber missfiel Davids Handlungsweise. Daher schickte er den Propheten Nathan zu ihm. Dieser trat vor den König und erzählte ihm ein Gleichnis. Es handelte von einem armen und einem reichen Mann, die beide in der gleichen Stadt lebten. Der Reiche besaß viele Schafe und Rinder, der Arme nur ein einziges Lamm. Dieses Tier zog er zusammen mit seinen Kindern auf. Es aß von seinem Brot, trank aus seinem Becher und lag in seinem Schoß wie eine Tochter. Eines Tages kam ein Besucher zu dem reichen Mann. Doch der Reiche brachte es nicht über sich, eines von seinen Tieren zu schlachten. Daher nahm er dem Armen sein Lamm weg und bereitete daraus ein Mahl.

Als David die Geschichte vernommen hatte, war er über den Reichen empört: »Der Mann verdient den Tod. Das Lamm soll er vierfach ersetzen.« Da antwortete Nathan schlicht: »Du selbst bist der Mann.« Der Prophet verkündete dem König das Strafgericht des Herrn. Weil David den Hethiter Uria durch das Schwert der feindlichen Ammoniter umgebracht hatte, werde das Schwert fortan nicht mehr aus seinem Hause weichen. Diese Prophezeiung spielte auf den Tod mehrerer seiner Söhne und auf Fehden innerhalb von Davids Familie noch zu seinen Lebzeiten an.

Der König bereute seine Sünde zutiefst. Nathan konnte ihm deshalb den Entschluss Jahwes verkünden, dass der Herr ihm vergeben habe und er nicht mit dem Tode bestraft würde. Allerdings müsse das Kind, das er mit Bathseba gezeugt habe, sterben. So geschah es. Nach sieben Tagen erlag das Kind einer schweren Krankheit.

Bald aber gebar Bathseba dem König wieder einen Sohn. Sie gaben ihm den Namen Salomo. Er wurde Davids Nachfolger auf dem Königsthron.

SALOMOS MUTTER

In der Erzählung über Davids Sünde erscheint Bathseba nur als passives Objekt der Begierde des Königs. Im ersten Buch der Könige tritt sie aber später als Frau von großer Klugheit und Entschlusskraft auf. Bathseba veranlasste geistesgegenwärtig die sofortige Einsetzung ihres Sohnes Salomo zum Nachfolger Davids auf dem Thron, um anderen Ansprüchen zuvorzukommen.

DAVID UND BATHSEBA

ÜBERLIEFERUNG

Quellen: Die Geschichte der Familie Davids sowie der Konflikte um seine Thronfolge wurde in der ersten Hälfte der Regierungszeit Salomos, also im 10. Jahrhundert v. Chr., von einem Augenzeugen aufgeschrieben. Ihren Eingang in das große Deuteronomistische Geschichtswerk fand sie aber erst kurz vor dem jüdischen Exil. Doch gerade der obige Teil der Erzählungen wurde von den Bearbeitern nahezu unberührt übernommen. Dies gilt auch für den Bericht über David und Bathseba sowie die Geburt Salomos in 2. Samuel, in den Kapiteln 11 und 12. Die Thronfolgeerzählungen, die hier beginnen und sich bis zum 20. Kapitel des zweiten Samuelbuches fortsetzen, gelten als Meisterwerke nicht nur der israelitischen, sondern der gesamten alten Geschichtsschreibung. Vor allem die Bathseba-Episode gibt einen aufschlussreichen Einblick in das sittliche Empfinden des alten Israel. Sogar dessen siegreichster König musste Schleichwege nutzen, um sich der Frau eines einfachen Untergebenen nähern zu können. Und der Prophet Nathan durfte seinem König ungestraft schwere Vorhaltungen machen, auf die David mit tiefer Reue reagierte. Diese Umstände lassen Rückschlüsse auf eine gewisse Wirklichkeitsnähe zu. Ob dies freilich auf alle Einzelheiten zutrifft, lässt sich nicht wirklich klären.

Literatur: Der Brief, den David dem Uria mitgab, prägte einen Gattungsbegriff, dessen Motiv in namhaften literarischen Verarbeitungen Parallelen fand. Ein Uriasbrief ist ein Brief, der dem ahnungslosen Überbringer Unglück zufügt. Uria wusste nicht, dass das verschlossene Schreiben den Befehl enthielt, ihn an einer besonders gefährlichen Stelle ungeschützt an die Front zu schicken, damit er den Tod finden sollte. Er musste nach Plan aufgrund des von ihm selbst überbrachten Befehls sterben. Diese dramaturgisch hochwirksame Gegenüberstellung von Arglist und Arglosigkeit findet sich unter anderem auch in Homers *Ilias*. Hier überbringt Bellerophon seinem Schwiegervater einen Brief des Proteus. Und in Shakespeares Hamlet nehmen Güldenstern und Rosenkranz Briefe nach England mit, die auf ihren Tod abzielen.

EMPFEHLUNG

Lesenswert:

Die Bibel, Einheitsübersetzung, mit dem Kommentar der *Neuen Jerusalemer Bibel.* 2. Samuel, Kapitel 11, Vers 1 – Kapitel 12, Vers 25, Freiburg im Breisgau 2000.

Deutsche Bibelgesellschaft (Hg.): *Die Bibel nach der Übersetzung Martin Luthers*, 2. Samuel, Kapitel 11, Vers 1 – Kapitel 12, Vers 25, Stuttgart 1999.

Kurt Galling (Hg.): *Die Religion in Geschichte und Gegenwart*, Band 2, Tübingen 1986.

Sehenswert:

David und Bathseba, Regie: Henry King, mit Gregory Peck, Susan Hayward, Raymond Massey, USA 1951.

Melozzo di Forli: *Bathseba im Bade*, 1485, Öl auf Holz, 191,5 x 84,5 cm, Staatsgalerie Stuttgart.

Rembrandt Harmensz. van Rijn: *Bathseba mit dem Brief des Königs David*, 1654, Öl auf Leinwand, 142 x 142 cm, Louvre, Paris.

AUF DEN PUNKT GEBRACHT

Die konfliktreiche Erzählung von David und Bathseba spiegelt das sittliche Empfinden im alten Israel in vielen schillernden Facetten.

David und Absalom

2. Samuel 13, 1 – 20, 26

Durch sein Doppelkönigtum über Juda und Israel mit dem kultischen Zentrum in Jerusalem hatte David die zwölf hebräischen Stämme in Kanaan erfolgreich vereinigt. Das schloss aber nicht Autonomiebestrebungen einzelner Gruppen und Widerstände in der Landbevölkerung gegen die Zentralgewalt in Jerusalem aus. Diese Konflikte nutzte Davids Sohn Absalom. Er versuchte, die Frage der Thronfolge vorzeitig zu seinen Gunsten zu entscheiden und das Königtum des Vaters an sich zu reißen. Die biblische Erzählung dieser Vorgänge macht die Spannungen zwischen den einzelnen Stämmen in Davids Reich zu einem gefühlsgeladenen Familiendrama.

Gemessen am Status eines orientalischen Monarchen nahm sich Davids Hausstand mit acht Frauen und zehn Nebenfrauen nicht sehr außergewöhnlich aus. Insgesamt wurden ihm siebzehn Söhne und eine Tochter geboren. Als sie erwachsen wurden, bereiteten einige von ihnen ihrem Vater viel Verdruss. Sein ältester Sohn Amnon etwa verliebte sich in seine Halbschwester Tamar, die sehr schön war. Mit einer List lockte er sie in sein Haus und vergewaltigte sie. Darüber war Davids dritter Sohn Absalom sehr erzürnt. Er nahm Tamar in sein Haus auf und schwor Rache. Zwei Jahre später bot sich ihm die ersehnte Gelegenheit. Bei einem Fest anlässlich der Schafschur machte er Amnon betrunken und ließ ihn von seinen Leuten erschlagen. Damit hatte Absalom nicht nur seine Schwester gerächt, sondern auch einen gefährlichen, weil vor ihm anspruchsberechtigten Konkurrenten um die Thronfolge beseitigt. Als David davon erfuhr, grollte er seinem Sohn sehr. Dieser entfloh deshalb nach Geschur.

Nach drei Jahren hatte sich Davids Zorn wieder etwas gelegt. Daher schlug ihm sein Feldherr Joab vor, Absalom nach Jerusalem zurückzuholen. Der König willigte ein, stellte aber die Bedingung, dass Absalom ihm nicht unter die Augen treten dürfe. Der Sohn beugte sich diesen Auflagen und kehrte in sein Haus zu-

■ *David schickt seine Krieger gegen Absalom.* Buchmalerei, Spanien, 1126. Aus der Lateinischen Bibel. Leon, S. Isidoro

■ *David beweint den Tod Absaloms* (2. Samuel 18,33). Holzstich nach einer Zeichnung von Gustave Doré (1832–1883), mit späterer Kolorierung. Aus der Folge der 230 »Bilder zur Bibel«, 1865. Deutsche Ausgabe Stuttgart

rück. Nach zwei weiteren Jahren bat er David durch Joab um eine Audienz. Der König gewährte ihm die Bitte, und Absalom fiel vor ihm mit dem Gesicht zur Erde nieder. David hob ihn auf, küsste ihn, und der Familienfrieden war vorerst wiederhergestellt.

Doch bald erwachte der Ehrgeiz des Königssohnes. In ganz Israel gab es keinen schöneren Mann als Absalom mit dem schweren, langen Haar. Er schaffte sich einen Wagen mit Pferden an, vor dem fünfzig Männer herliefen. Jeden Morgen stellte er sich an den Weg zum Stadttor. Wollte jemand mit einer Streitsache zum König gehen, fragte er ihn, woher er komme. Wenn dann der Angesprochene antwortete, dass er zu einem der nördlichen Stämme Israels gehöre, sagte Absalom zu ihm: »Beim König gibt es niemand, der dich anhört. Würde mich jemand zum Richter im Land machen, ich würde ihm Recht verschaffen.« So schürte Absalom unter den Nordstämmen Unmut gegen den König. Geschickt nutzte er untergründige Vorbehalte in der dortigen Bevölkerung aus, da David aus dem südlichen Stamm Juda kam.

Nach vier Jahren begann Absalom, auch den Süden des Landes aufzuwiegeln. Unter dem Vorwand, ein Gelübde zu erfüllen und

GESCHUR

Absalom flüchtete nicht von ungefähr nach Geschur. Er hatte zu dem kleinen Aramäerstaat am Nordostrand Palästinas beste Beziehungen. Der König dort war Absaloms Großvater mütterlicherseits.

■ *Grab des Absalom im Kidrontal.* Kreidelithographie, koloriert, nach einem Aquarell, 1838/39 von David Roberts (1796–1864).

dem Herrn opfern zu wollen, verabschiedete er sich von David und zog nach Hebron. In Wirklichkeit hoffte er dort eine willige Anhängerschaft zu finden, nachdem der König Jerusalem den Vorzug gegeben und so die Einwohner von Hebron verstimmt hatte. Bald schloss sich Davids wichtigster Berater, Ahitofel, Absalom an. Immer mehr Israeliten folgten seinem Beispiel, und die Verschwörung trat bald offen zutage.

Schließlich wurde die Lage so bedrohlich, dass David mit seinen Anhängern aus Jerusalem fliehen musste, denn er sah sich von Aufständen im Norden und Süden in die Zange genommen. Absalom zog mit einem großen Heer der israelitischen Nordstämme nach Jerusalem und nahm die Stadt in Besitz. Dort riet ihm Ahitofel zu einer Tat mit weitreichendem Symbolcharakter. Absalom sollte sich die zehn Nebenfrauen aus Davids Harem, die dieser in Jerusalem zurückgelassen hatte, öffentlich aneignen. Damit würde er den König formal für tot erklären und das Recht auf die Thronfolge dokumentieren. Also ließ Absalom auf dem Dach des Palastes ein Zelt errichten und wohnte dort den Nebenfrauen seines Vaters vor den Augen ganz Israels bei.

David flüchtete unterdessen ins Ostjordanland, und Ahitofel empfahl Absalom, ihn sofort zu verfolgen. Doch Davids Getreuer Huschai, der in der Stadt geblieben war, überredete Absalom, die Verfolgung noch hinauszuschieben. Ahitofel war untröstlich darüber, dass sein Rat nichts mehr galt, und erhängte sich.

Nun nahm Absalom mit seinen Truppen doch noch die Verfolgung seines Vater auf. In einem Wald bei Ephraim kam es zur entscheidenden Schlacht. Die Männer Davids wurden von Joab befehligt. David wies ihn an, Absalom trotz seiner Rebellion zu schonen. Doch Joab gehorchte dem Befehl nicht. Nachdem Davids Heer die nordisraelitischen Truppen geschlagen hatte, entdeckten Joabs Mannen Absalom. Der Sohn des Königs war mit seinem Maultier unter den Ästen einer Eiche hindurchgeritten und hatte sich mit dem Kopf sowie seinen langen Haaren darin verfangen. Jetzt zappelte er hilflos in der Luft. Joab zögerte nicht lange und stieß Absalom drei Spieße in den Leib. Seine Trabanten machten ihm schließlich mit ihren Schwertern den Garaus. Als David, nun wieder König, vom Tod seines Sohne hörte, weinte er bitterlich und trauerte tief um ihn.

KRETHI UND PLETHI

Davids Leibwache war in den Zeiten des Aufstandes und der Flucht vor Absalom eine lebenswichtige Stütze für den König. Sie bestand gemäß 2. Samuel aus Keretern und Peletern. Damit waren vermutlich Kreter und Philister gemeint. Umgangssprachlich wurde daraus später im Deutschen die Wendung »Krethi und Plethi«, die eine aus allerlei Gesindel gemischte Gesellschaft bezeichnet.

DAVID UND ABSALOM

ÜBERLIEFERUNG

Quellen: Auch die Erzählung um Absaloms Rebellion und die Niederschlagung seines Aufstandes in 2. Samuel, Kapitel 13 bis 19, gehört zu den Berichten eines Augenzeugen aus der Regierungszeit Salomos, die im 10. Jahrhundert v. Chr. aufgeschrieben und fast ohne jede weitere redaktionelle Bearbeitung in das Deuteronomistische Geschichtswerk eingegliedert wurden. Die Handlung dürfte durchaus ihren historischen Hintergrund haben. Es passt ins Bild der damaligen Stammesverhältnisse, dass Absalom mit aktiver Unterstützung der israelitischen Nordstämme bei neutraler Haltung des südlichen Stammes Juda Jerusalem eingenommen hat. Im ungewohnten Waldkampf bei Ephraim waren die unter dem Heerbann eingezogenen Bauern der Nordstämme Davids besser ausgebildeten Söldnern unterlegen, sodass der Aufstand niedergeschlagen werden konnte. Ein treffendes Bild für diese militärische Besonderheit ist der mit den Haaren in einer Eiche hängende Absalom, der von den tödlichen Spießen des Feindes getroffen wird. Eine auffällige Rolle spielte hier Davids Heerführer Joab, der zwar die Interessen seines Königs vertrat, dabei aber offensichtlich wie im Falle der Ermordung Abners auch hier nach eigenem Gutdünken vorging. Entgegen Davids ausdrücklichen Befehlen tötete er Absalom erbarmungslos. David versuchte zwar danach, Joab durch Amasa zu ersetzen, den ehemaligen Heerführer Absaloms. Dies war klug gedacht, da er damit die vormals Aufständischen durch Gunstbezeugungen fester an sich gebunden hätte. Doch Joab vereitelte dieses Vorhaben, indem er Amasa kurzerhand ermordete. Der Bericht über die Begebenheit lässt auf einen nicht geringen Einfluss Joabs schließen, gegen den sich David nur bedingt behaupten konnte. Der alte Heerführer spielte auch in der Niederschlagung des zweiten Aufstandes gegen David, der von dem Benjaminiter Scheba angezettelt wurde, eine entscheidende Rolle. Joab erstickte diese Rebellion ebenfalls blutig und tötete Scheba. Danach genoss Joab zu viel Ansehen, als dass sich der König noch seiner hätte entledigen können. Bis zum Tode Davids blieb Joab in seinem Amt. Mit der öffentlichen Schändung von Davids Nebenfrauen erfüllte Absalom im übrigen eine Strafandrohung aus Nathans Prophezeiung. Nach der Sünde mit Bathseba hatte der Prophet dem König vorhergesagt, dass man ihm zur Strafe seine Frauen öffentlich wegnehmen werde und nicht nur heimlich, wie er es mit Bathseba getan hatte.

EMPFEHLUNG

Lesenswert:

Die Bibel, Einheitsübersetzung, mit dem Kommentar der *Neuen Jerusalemer Bibel.* 2. Samuel, Kapitel 13, Vers 1 – Kapitel 20, Vers 26, Freiburg im Breisgau 2000.

Deutsche Bibelgesellschaft (Hg.): *Die Bibel nach der Übersetzung Martin Luthers*, 2. Samuel, Kapitel 13, Vers 1 – Kapitel 20, Vers 26, Stuttgart 1999.

Kurt Galling (Hg.): *Die Religion in Geschichte und Gegenwart*, Band 1, Tübingen 1986.

Klaus Koch, Eckart Otto, Jürgen Roloff und Hans Schmoldt (Hg.): *Reclams Bibellexikon*, Seite 19, Stuttgart 2000.

Dr. Georg Herlitz und Bruno Kirschner (Hg.): *Jüdisches Lexikon*, Band 1, Frankfurt am Main 1987.

AUF DEN PUNKT GEBRACHT

Die Rebellion des Königssohnes Absalom veranschaulicht die Widerstände, die David im Bemühen um den Zusammenhalt der zwölf Stämme seines Reiches zu überwinden hatte.

Salomo und der Tempelbau

1. Könige 1, 1 – 9, 28

Salomo ist der typische Vertreter der zweiten Generation einer schnell gewachsenen Großmacht. Er strebt danach, sein Reich in die Zusammenhänge der Weltpolitik einzubinden und ihm vollen Anteil an den allgemeinen Kulturwerten zu verschaffen. Über expansive kriegerische Unternehmungen von Davids Thronfolger erzählt das Deuteronomistische Geschichtswerk im ersten Buch der Könige nichts. Seine Festungsbauten hatten einen eher defensiven Charakter. Legendär wurde Salomo vielmehr aufgrund seiner erfolgreichen wirtschaftlichen Betriebsamkeit und des gelungenen Ausbaus internationaler Handelsbeziehungen. Unter seiner Herrschaft strömten sagenhafte Reichtümer ins Land, die

■ *Salomo baut das Haus des Herrn* (1. Könige 6, 11–14). Holzschnitt von Julius Schnorr von Carolsfeld (1794–1874), mit späterer Kolorierung. Aus der »Bibel in Bildern«, Leipzig, um 1860.

allerdings alle in der Hauptstadt Jerusalem konzentriert wurden. Als wichtigstes Ereignis seiner Regierungszeit nennt die Bibel den Bau des Tempels in Jerusalem und eines prächtigen neuen Palastes. Der Tempelbau war ein sichtbarer Ausdruck des kosmopolitischen Geistes des Königs der zwölf Stämme. Das Projekt kam unter internationaler Beteiligung zustande. Außerdem wurde mit der Einweihung des Tempels die Zentralisierung des Jahwekultes in Jerusalem weiter gefördert.

■ *Die Zedern des Libanon zum Tempelbau* (1. Könige 5, 14). Holzstich nach einer Zeichnung von Gustave Doré (1832–1883), mit späterer Kolorierung. Aus der Folge der 230 »Bilder zur Bibel«, 1865. Deutsche Ausgabe Stuttgart

Zunächst aber musste Salomo die Thronfolge erlangen. Das war keineswegs selbstverständlich, denn sein Vater David hatte noch eine ganze Reihe weiterer Söhne, die ebenfalls Ansprüche erhoben. Da war zunächst einmal Adonija, der ältere Bruder Salomos. David war schon alt und schwach. Er fror ununterbrochen, auch wenn man ihn in Decken hüllte. Deshalb brachten ihm seine Diener ein unberührtes junges Mädchen, das seinen Körper wärmen musste. Sie wurde des Königs Dienerin und pflegte ihn, ohne dass er ihr beiwohnte.

Adonija, der wusste, dass David Salomo favorisierte, nutzte die Hinfälligkeit des Königs zu seinen Zwecken. Er brachte den einflussreichen Heerführer Joab auf seine Seite und unternahm Vorbereitungen, um sich zum künftigen König auszurufen.

Nun griffen Salomos Mutter Bathseba und der Prophet Nathan ein. Sie klärten David über Adonijas Umtriebe auf und machten ihm die Dringlichkeit von Gegenmaßnahmen klar. Da ermannte sich der hochbetagte König und handelte noch am gleichen Tag. Er ließ Salomo unter dem Schutz seiner Leibwache vor den Augen des ganzen Volkes durch den Propheten Nathan und den Priester Zadok zum König salben und sofort auf den Thron setzen. Als Adonija davon hörte, begriff er schnell, dass sein Spiel verloren war. Seine Parteigänger zogen sich umgehend von ihm zurück. Er fürchtete um sein Leben, doch der neue König schonte ihn zunächst.

Die Lage änderte sich rasch. Nach dem Tode seines Vaters fand Salomo bald einen Vorwand, um Adonija töten zu lassen. Er warf ihm vor, nach Abischag von Schunem zu trachten, der schönen

HIRAM VON TYRUS
Hiram von Tyrus, Salomos bedeutendster Handelspartner, regierte von 973 bis 942 v. Chr. Die Inselstadt gehörte zu den führenden Metropolen Phöniziens und gründete Kolonien in Zypern und Nordafrika, unter anderem auch Karthago. Da die Phönizier ein bedeutendes Seefahrervolk waren, konnten sie dem von nomadischen Wüstenvölkern abstammenden Salomo wertvolle Dienste leisten.

jungen Frau, die David die kalten Nächte erwärmt hatte. Aus dem Anspruch auf eine Frau des verstorbenen Herrschers konnte ein Recht auf dessen Nachfolge abgeleitet werden. Für die Tötung des alten Heerführers Joab genügten Salomo dessen alte Vergehen. Er befahl seine Hinrichtung, weil er seinerzeit entgegen Davids Wünschen die Heerführer Abner und Amasa getötet hatte. Auch weitere Gegner seines Königtums und ehemalige Mitverschwörer Adonijas ließ Salomo ermorden.

Nachdem er seine Herrschaft mit unnachgiebiger Härte nach innen abgesichert hatte, knüpfte Salomo außenpolitisch wichtige Beziehungen an. Seine internationale Position gedachte er mit friedlichen Mitteln zu festigen. Unter anderem heiratete er eine Tochter des ägyptischen Pharao und erhielt von diesem die große kanaanitische Stadt Geser im Tal von Ajalon als Mitgift. Intensive Handelskontakte unterhielt Salomo außerdem mit Hiram, dem König von Tyrus. Gemeinsam mit dessen erfahrenen Seeleuten schickte Salomo eine von ihm erbaute Flotte nach Ofir und ließ von dort 420 Talente Gold holen. Es wird vermutet, dass Ofir entweder an der Westküste Arabiens oder gegenüber an der Küste von Somalia lag.

Das erste Buch der Könige erzählt, dass Salomos kluge Politik seiner Weisheit entsprang. Sie war dem König von Gott selbst verliehen worden. Eines Nachts erschien ihm der Herr im Traum und stellte ihm die Erfüllung eines Wunsches in Aussicht. Da bat Salomo um die Gabe der Weisheit, »ein achtsames Herz, damit er das Gute vom Bösen zu unterscheiden« verstehe. Dem Herrn gefiel diese Bitte gut. Er erfüllte Salomo mit Weisheit und schenkte ihm darüber hinaus sogar das, was er sich nicht gewünscht hatte: Reichtum und Ehre.

■ *Die Einweihung des Tempels* (1. Könige 8). Buchmalerei, Frankreich, um 1410. Aus der »Bible historiale« von Guiart Desmoulins. Oxford, Bodleian Library

Die Weisheit des Königs wurde schon bald sprichwörtlich. Zwei Dirnen kamen zu ihm. Sie baten ihn, in einem Streitfall zwischen ihnen gerecht zu entscheiden. Beide wohnten im gleichen Haus, und jede hatte ein neugeborenes Kind. In der Nacht war eines davon gestorben. Die eine Mutter behauptete nun, die andere habe ihr das tote Kind untergeschoben und sich stattdessen ihr Söhnchen angeeignet. Die andere aber beteuerte, das lebende Kind gehöre ihr. Um den lautstarken Streit zu schlichten, ließ der König ein Schwert holen und ordnete an, das lebende Kind in zwei Hälften zu schneiden. Jede Frau solle einen Teil erhalten. Die falsche Mutter war mit dem

■ *Die Erbauung des salomonischen Tempels in Jerusalem.* Buchmalerei zu Flavius Josephus von Jean Fouquet (um 1415/20–1477/81). Paris, Bibliothèque Nationale

Lösungsvorschlag sofort einverstanden, die richtige aber rief: »Gebt der anderen Frau lieber das lebende Kind und tötet es nur nicht.« Nun wusste Salomo, wer die wahre Mutter war, und gab ihr das Kind zurück. Ganz Israel hörte von diesem »salomonischen Urteil« und war von Ehrfurcht über die Weisheit des Königs erfüllt. Den Ruhm seiner Klugheit vermehrte Salomo noch weiter, indem er zahlreiche Sprichwörter und Lieder verfasste.

Doch seine größte Leistung wurde der Bau des Tempels in Jerusalem. Schon Salomos Vater David hatte vorgehabt, ihn zu errichten, war aber durch die ständigen Kriege, in die er verwickelt war, stets davon abgehalten worden. Und Jahwe hatte ihm auch schon offenbart, dass dies erst das Werk seines Sohnes sein würde. Zur Vorbereitung des Tempelbaus versicherte sich Salomo der Unterstützung seines wichtigsten Handelspartners, des Königs Hiram von Tyrus. Er ließ sich von ihm Gold, hochwertiges Zypressenholz und Zedern aus dem Libanon über das Meer liefern. Im Gegen-

■ *Salomo dankt dem Herrn für die Vollendung des Tempels.* Buchmalerei, Frankreich, 1. Hälfte 13. Jahrhundert. Aus der »Bible moralise« Codex Vindobonensis. Wien, Österreichische Nationalbibliothek

zug lieferte er Hiram Weizen und Öl. Außerdem trat er ihm zwanzig Städte in der Landschaft Galiläa ab. Neben den Materialien stellte Hiram den Israeliten auch geschulte Bauleute für die Arbeiten zur Verfügung.

Mit dieser wertvollen Unterstützung begann der Tempelbau ungefähr um 960 v. Chr. und dauerte gemäß den biblischen Angaben etwa sieben Jahre. Gleichzeitig baute sich Salomo einen prächtigen Palast. Beide Gebäude wurden in der damals in Israel neuartigen Quaderbautechnik errichtet und mit wertvollem Holz vertäfelt. Die kultisch bedeutsamen Teile der Einrichtung des Tempels ließ Salomo darüber hinaus vergolden. Der Tempel war ein längliches Gebäude mit drei hintereinander angeordneten Teilen: der Vorhalle (Ulam), der großen Kulthalle (Hekal) und dem im Rückraum gelegenen Allerheiligsten (Debir). Als der Tempel fertig war, ließ Salomo die Bundeslade dorthin überführen und weihte die neue zentrale Kultstätte feierlich ein.

DAS SALOMONISCHE URTEIL

Die Geschichte vom weisen Urteil Salomos im Streit der zwei Frauen um das Kind hebt die Weisheit des israelitischen Königs hervor. Im ganzen alten Orient galt Gerechtigkeit als wichtigste Eigenschaft eines Königs. Salomo vereinte diese Tugend mit unvergleichlicher Weisheit.

SALOMO UND DER TEMPELBAU

ÜBERLIEFERUNG

Quellen: Die Geschichten über die Anfänge von Salomos Regierung und den Bau des Tempels finden sich in 1. Könige, Kapitel 1 bis 9. Sie stammen aus einer jüngeren Quellenschicht innerhalb des Deuteronomistischen Geschichtswerkes, die nach sachlichen Gesichtspunkten angelegt ist und neben volkstümlichen Erzählungen sagenhafter Art (etwa wenn sich der Herr in einer Wolke in seinem neuen Tempel niederlässt) auch viele Aufzeichnungen offizieller Herkunft enthält. Salomo bedeutet »der Friedliche«, und dieser Name kennzeichnet auch seine Regierungszeit. Doch sein diplomatisches Geschick und seine außenpolitische Offenheit trug dennoch den Keim künftiger Unbill in sich. Das komplizierte Reichsgebilde mit den Königtümern Juda und Israel sowie dem Stadtstaat Jerusalem und den abhängigen Randstaaten Palästinas, das er von seinem Vater David geerbt hatte, war eine sensible Konstruktion. Sie konnte leicht aus dem Gleichgewicht geraten. Die Mitglieder der zwölf Stämme, aus deren Köpfen der Autonomiegedanke noch längst nicht verdrängt war, hatten wenig Sinn für Salomos außenpolitische Öffnung und seine internationalen Handelsbeziehungen. Auch der Tempelbau unter ausländischem Einfluss mit Beteiligung phönizischer Bauleute trug kaum zur Identitätsstiftung der einheimischen Bevölkerung bei. Im Gegenteil fühlten sich die vor noch nicht allzu langer Zeit als Bauern sesshaft gewordenen Hirten durch den Reichtum und die Prunkentfaltung in Jerusalem eher ihrem Herrscher entfremdet. Der Charakter eines nationalen Heerkönigtums war verloren gegangen, da Salomo für seine politischen Ziele ohne umfangreiche militärische Anstrengungen auskam und keine Wehrpflichtigen brauchte. Dafür wurde der Unmut der Bevölkerung durch den Frondienst erregt, den der König einführte, um seine Bauvorhaben zu verwirklichen. Aufgrund seines politischen Geschicks sowie seines legendären Rufes konnte Salomo ein Auseinanderfallen seines Reiches zu seinen Lebzeiten noch verhindern.

Bildende Kunst: Rund 80 Gemälde sind bekannt, die die Gestalt Salomos künstlerisch darstellen. Besonders beliebte Motive sind das salomonische Urteil sowie das Zusammentreffen des israelitischen Herrschers mit der Königin von Saba. Zu den berühmtesten Werken zählen die Fresken von Pietro Perugino, dem Lehrer Raffaels, und von Raffael selbst das Fresko aus dem Deckengemälde Michelangelos in der Sixtinischen Kapelle sowie die Gemälde von Holbein d. J. und von Rubens.

EMPFEHLUNG

Lesenswert:

Die Bibel, Einheitsübersetzung, mit dem Kommentar der *Neuen Jerusalemer Bibel.* 1. Könige, Kapitel 1, Vers 1 – Kapitel 9, Vers 28, Freiburg im Breisgau 2000.

Deutsche Bibelgesellschaft (Hg.): *Die Bibel nach der Übersetzung Martin Luthers*, 1. Könige, Kapitel 1, Vers 1 – Kapitel 9, Vers 28, Stuttgart 1999.

Kurt Galling (Hg.): *Die Religion in Geschichte und Gegenwart*, Band 5, Tübingen 1986.

Klaus Koch, Eckart Otto, Jürgen Roloff und Hans Schmoldt (Hg.): *Reclams Bibellexikon*, Seite 442, Stuttgart 2000.

Dr. Georg Herlitz und Bruno Kirschner (Hg.): *Jüdisches Lexikon*, Band 4, 2, Frankfurt am Main 1987.

AUF DEN PUNKT GEBRACHT

Der Bau des Tempels durch Salomo war ein wichtiger Schritt auf dem Weg zur endgültigen Zentralisierung des Jahwekultes in Jerusalem.

Salomo und die Königin von Saba

1. Könige 10, 1–11, 43

Ebenso legendär wie Salomos Pracht wurde schon zu seinen Lebzeiten der Ruf seiner Weisheit. Davon nimmt auch die Erzählung über die Königin von Saba ihren Ausgang. Sie besucht den Herrscher, um sich selbst von seiner Weisheit und seinem Reichtum zu überzeugen. Beide Eigenschaften hat sie in ihrem fernen Land rühmen hören. Salomos Karawanen handeln kostbarste Güter mit fernsten Ländern, und seine Handelsschiffe fahren die abgelegensten Häfen an. In Baukunst, Dichtung und Kunsthandwerk wetteifert man mit den besten Werken naher und ferner Völker. Doch die Weltoffenheit dieses dritten Königs der zwölf Stämme führt in seinen späteren Jahren zu kulturellen und sozialen Verwerfungen, die den Zusammenbruch des Reiches nach seinem Tod beschleunigen.

■ Betty Blythe als Königin von Saba in dem gleichnamigen amerikanischen Stummfilm von 1921.

Die Schilderung des Besuchs der Königin von Saba, aufgezeichnet im ersten Buch der Könige, erleuchtet hell die weitgespannten kulturellen und wirtschaftlichen Beziehungen des israelitischen Reiches unter Salomo.

Das Land Saba lag tief in Arabien, im Südwesten der Halbinsel. Die Sabäer waren berühmt für ihren Reichtum, sie führten unter anderem Gold aus, Edelsteine, Weihrauch, Myrrhe, Balsam und Zimt. Die Königin von Saba kam mit großem Gefolge und einer nicht enden wollenden Kamelkarawane nach Jerusalem. Die Tiere waren beladen mit wertvollsten Gastgeschenken, mit ungeheuren Mengen Gold, Edelsteinen und Balsam. Die Königin, deren Name nicht genannt wird, wünschte durch eigenen Augenschein zu erfahren, ob die vielgerühmte Weisheit Salomos wirklich gerechtfertigt war. Sie hatte vor, ihren Gastgeber mit Rätselfragen auf die Probe zu stellen, was den damaligen gesellschaftlichen Gepflogenheiten entsprach. Das Aufgeben von Rätseln gehörte zu den üblichen Belustigungen bei Festlichkeiten. Der Inhalt der Rätsel wird im Bibelbericht nicht erwähnt. Eine alte jüdische Überlieferung sagt nur, dass es sich um drei Rätsel handelte.

Salomo jedenfalls konnte alle Rätsel sofort lösen. »Es gab nichts«, so heißt es in der Bibel, »was dem König verborgen war und was er ihr nicht hätte sagen können.« Die Königin war unendlich beeindruckt, als sie die ganze Weisheit Salomos erkannte. Er zeigte ihr des weiteren seinen prunkvollen Palast und gab ihr zu Ehren Gastmähler, bei denen von den Speisen bis zu den Sesseln seiner

■ *Salomo und die Königin von Saba*. Gemälde, 1624, von Claude Vignon (1593–1670). Paris, Louvre

Beamten, den Gewändern der aufwartenden Dienerschaft bis zu den Getränken alles nur vom Besten und Kostbarsten war, was die damalige Welt zu bieten hatte. Tief beeindruckt war die Königin auch von der ehrfurchtgebietenden Art, wie Salomo selbst Jahwe ein Opfer darbrachte.

»Ich wollte es nicht glauben, bis ich nun selbst gekommen bin und es mit eigenen Augen gesehen habe. Und wahrlich, nicht einmal die Hälfte hat man mir berichtet. Deine Weisheit und deine Vorzüge übertreffen alles, was ich gehört habe.« Glücklich pries sie seine Diener, die täglich vor ihm stehen und seine Weisheit hören durften. Auch seinen Gott Jahwe rühmte sie, der ihn auf den Thron gesetzt habe, damit er Recht und Gerechtigkeit übe. Zum Zeichen ihrer Wertschätzung bedachte sie ihn mit all den mitgeführten kostbaren Gaben. Salomo revanchierte sich seiner Würde entsprechend und beschenkte die Herrscherin umgekehrt so großzügig, wie nur er es in all seinem Reichtum vermochte. Im Gegensatz zu den Dichtern und Musikern, die später über Liebe und sogar Heirat zwischen König und Königin phantasierten, schweigt die Bibel über solche romantische

DIE SABÄER

Die Sabäer waren ein semitisches Volk im Südwesten der arabischen Halbinsel. Die Römer nannten ihr Gebiet »Arabia felix« (das glückliche Arabien). Tatsächlich galten die Sabäer im Altertum als das bedeutendste Volk Arabiens. Sie trieben unter anderem mit Indien, Tyrus, dem Zweistromland und Ägypten Handel. Ihre Herrscher waren Priesterkönige, die in der Hauptstadt Marjaba (heute Marib) residierten. Von deren Größe zeugen noch immer gewaltige Ruinen.

MELECH

Eine außerbiblische Sage hat die Begegnung zwischen Salomo und der Königin von Saba mit einem Liebesverhältnis ausgeschmückt. Demnach sollen die beiden einen Sohn mit Namen Melech gezeugt haben. Dieser sei später nach Abessinien ausgewandert. Und so betrachtete sich das Königshaus von Abessinien noch bis in unsere Tage als Nachkommenschaft dieses legendären Paares.

Weiterungen. Nach ihrem Bericht reist die Herrscherin mit ihrem Gefolge wieder in ihr Heimatland zurück.

Salomo wurde im Laufe der Jahre immer reicher und häufte sagenhaften Luxus an. Der Wohlstand wurde unter seiner Regierung so groß, dass angesichts der gewaltigen Goldmengen sogar Silber als wertlos galt. Bei diesem Teil des Berichtes darf man eine typisch orientalische Ausschmückung vermuten.

Als Salomo älter wurde, traten die Schattenseiten seiner Politik hervor, die auch auf seinen Charakter abfärbten. Seine vielfältigen auswärtigen Beziehungen festigte er nicht selten durch Ehebündnisse. Er heiratete zahlreiche ausländische Frauen und betrachtete dies als Mittel seiner Politik. Insgesamt hatte er gemäß 1. Könige, Kapitel 2, Vers 3, siebenhundert fürstliche Frauen und dreihundert Nebenfrauen. »Sie machten sein Herz abtrünnig«, denn er ließ sich durch seine Frauen zur Verehrung anderer Götter verleiten. So war sein Herz Jahwe nicht mehr ungeteilt ergeben. Neben dem Herrn betete er unter anderem auch die Götter der Sidonier, der Moabiter und der Ammoniter an. Für seine Frauen errichtete er östlich von Jerusalem sogar eine Kulthöhe für deren Götzen.

Diese heidnischen Heiligtümer waren auch für Salomos auswärtige Handelspartner bestimmt und in bester völkerverbindender Absicht errichtet worden. Doch der deuteronomistische Redakteur der Königsbücher sieht durch dieses Vorgehen die Reinheit des Jahwekultes gefährdet. Er entdeckt darin die Ursache für den späteren Verfall des Reiches. Er deutet diese Entwicklung als göttliche Strafe für die religiöse Untreue des Königs.

So heißt es im ersten Buch der Könige, dass der Herr Salomo erschien und ihm sein Strafgericht verkündete. Weil er den Bund mit Gott gebrochen habe, werde dieser ihm das Königreich entreißen. Nur mit Rücksicht auf seinen Vater David solle dies noch nicht zu seinen Lebzeiten, sondern erst bei seinen Nachfolgern geschehen. Außerdem werde sein Geschlecht nicht das ganze Reich verlieren. Ein Stamm werde ihm übrigbleiben. Damit bewahrte das an David ergangene Versprechen seine Geltung, dass sein Haus Bestand haben werde.

Diese kritische Haltung des Textes spiegelt wohl auch die Meinung vieler israelitischer Zeitgenossen Salomos wider, die den wachsenden Einfluss fremder Kulte und Sitten mit Unbehagen und Abneigung betrachteten.

■ Szene aus dem amerikanischen Film *Salomon und die Königin von Saba* aus dem Jahre 1959 unter der Regie von King Vidor, mit Gina Lollobrigida in der Hauptrolle.

SALOMO UND DIE KÖNIGIN VON SABA

ÜBERLIEFERUNG

Quellen: Die Erzählung über die sagenhafte Begegnung zwischen Salomo und der Königin von Saba ist ebenfalls Teil des Deuteronomistischen Geschichtswerkes und findet sich in 1. Könige, Kapitel 10. Parallel berichtet auch 1. Chronik, Kapitel 9, über die Begebenheit. Die beiden Bibelbücher 1. und 2. Chronik sind ein Werk des nachexilischen Judentums. Ihr Verfasser war ein frommer Levit aus Jerusalem, der vermutlich um 300 v. Chr. schrieb. Er berichtete über Saul, David, Salomo und die ihnen folgenden Könige. Allerdings lässt er viele in den beiden Samuelbüchern sowie den beiden Königsbüchern erzählte Begebenheiten aus und konzentriert sich dafür wesentlich stärker auf kultische Themen rund um den Tempel sowie auf Geschlechter- und Personenregister. Der Bericht über den Besuch der Königin von Saba ist dem Bericht aus 1. Könige allerdings sehr ähnlich. Beide Erzählungen sind kurz gefasst und lassen Raum für Phantasien. Die Geschichte könnte durchaus einen historischen Kern haben. Alte assyrische Inschriften erwähnen nicht nur Könige, sondern auch Königinnen von Saba. Die Sabäer behielten bis zum Auftreten des Islams ein selbstständiges Reich, das sich immer mehr nach Norden ausbreitete und sogar den Jemen eroberte. Auch die meist militärisch erfolgreichen Römer scheiterten 25 v. Chr. bei einem Versuch, das Land zu erobern. Außer den eingeführten Sklaven ließen die Sabäer trotz reger Handelsbeziehungen niemanden in ihr Gebiet. Ihre Religion war eine Astralreligion mit dem Hauptgott Attar, dem männlichen Gegenstück zur babylonischen Göttin Ischtar, dem Morgenstern. Außerdem beteten sie die Sonne und den Mond unter verschiedenen Namen an. Eine wichtige Rolle spielte in ihrem Kult auch die Dreieinigkeit von Mondgott, Sonnengöttin und Venussterngott.

Bildende Kunst: Für die christliche Kunst des Abendlandes ist Salomo ein beliebtes Objekt der Darstellung. So thront er beispielsweise als gerechter König vor dem Mittelpfeiler am Südportal des Straßburger Münsters. Und als Symbol der herrschaftlichen Weisheit erscheint Salomo mit David auf der ottonischen deutschen Reichskrone. An Portalen französischer Kathedralen der Gotik hat er seinen Platz unter den königlichen Vorfahren Christi, die auch im Stammbaum Jesu dargestellt werden.

EMPFEHLUNG

Lesenswert:
Die Bibel, Einheitsübersetzung, mit dem Kommentar der *Neuen Jerusalemer Bibel*. 1. Könige, Kapitel 10, Vers 1 – Kapitel 11, Vers 43, Freiburg im Breisgau 2000.

Deutsche Bibelgesellschaft (Hg.): *Die Bibel nach der Übersetzung Martin Luthers*, 1. Könige, Kapitel 10, Vers 1 – Kapitel 11, Vers 43, Stuttgart 1999.

Kurt Galling (Hg.): *Die Religion in Geschichte und Gegenwart*, Band 5, Tübingen 1986.

Klaus Koch, Eckart Otto, Jürgen Roloff und Hans Schmoldt (Hg.): *Reclams Bibellexikon*, Seite 438, Stuttgart 2000.

Dr. Georg Herlitz und Bruno Kirschner (Hg.): *Jüdisches Lexikon*, Band 4, 2, Frankfurt am Main 1987.

Sehenswert:
Salomo und die Königin von Saba, Regie: King Vidor, mit Yul Brynner, Gina Lollobrigida, George Sander, USA 1959.

Konrad Witz: *Die Königin von Saba vor Salomo*, um 1435 – 1437, Tempera auf Holz, 84,5 x 79 cm, Gemäldegalerie, Staatliche Museen Preußischer Kulturbesitz, Berlin.

AUF DEN PUNKT GEBRACHT

Die Geschichte vom Besuch der Königin von Saba zeigt Salomo am Ziel seines Strebens nach internationaler Anerkennung auf politischer, geistiger und wirtschaftlicher Ebene.

Salomos Nachfolger

1. Könige 12, 1-25

■ *Zerteilung des Reichs unter Rehabeam und Jerobeam* (1. Könige 12, 16–17). Holzschnitt von Julius Schnorr von Carolsfeld (1794–1874), mit späterer Kolorierung. Aus der »Bibel in Bildern«, Leipzig, um 1860.

König Salomo regierte die beiden Reiche Israel und Juda von 971 bis 931 v. Chr. Als er starb, gab es innerhalb seiner Familie, anders als beim Tod seines Vaters David, keine Auseinandersetzungen um die Thronfolge. Sein Sohn Rehabeam wurde vom Königshaus einhellig zum neuen Herrscher bestimmt. Dennoch wurde seine Regierung angefochten. Jerobeam, ein ehemaliger Beamter Salomos, wartete nur darauf, den wachsenden Unmut über die Politik der königlichen Familie für seine Ziele zu nutzen.

Noch zu Salomos Lebzeiten hatte der Prophet Ahia Jerobeam eine göttliche Verheißung übermittelt. Der tüchtige junge Mann aus dem Stamm Ephraim war damals vom König zum Aufseher der

Fronarbeiten eingesetzt worden. Bei einer Begegnung mit dem Propheten, der zum Heiligtum von Schilo gehörte, kam es zu einem denkwürdigen Auftritt. Ahia zog seinen neuen Mantel aus, zerriss ihn in zwölf Stücke und forderte Jerobeam auf, sich zehn Teile davon zu nehmen. Damit stellte der Prophet symbolisch die zehn Stämme des Nordreiches Israel dar, über die nach Salomos Tod zur Strafe für dessen Götzendienst Jerobeam herrschen werde. Als der König davon hörte, befahl er, Jerobeam zu töten. Doch dieser war schon nach Ägypten zum Pharao Sisak geflohen. Die biblische Erzählung hat hier einen sehr realen historischen Hintergrund. Tatsächlich wiegelte Jerobeam seine Stammesgenossen zu einer Empörung gegen Salomo auf. Er konnte sich dabei deren Erbitterung über die ihnen auferlegten Frondienste zunutze machen. Doch Salomo schlug den Aufstand nieder, und Jerobeam musste nach Ägypten fliehen. Dass ein Priester des Heiligtums von Schilo Jerobeam unterstützte, passt zu den tatsächlichen historischen Gegebenheiten. Durch die Zentralisation des Jahwekultes im neuen Jerusalemer Tempel verarmten die anderen Kultstätten, deren Priester dem für diese Entwicklung verantwortlichen König nicht freundlich gesonnen sein konnten.

Bei der Nachricht vom Tod Salomos kehrte Jerobeam sofort aus Ägypten zurück. Rehabeam hatte sich inzwischen nach Sichem begeben, einem alten Sitz der Nordstämme in der Ebene Jesreel. In Juda und Jerusalem hatte er dank des von der Familie getragenen Erbkönigtums unangefochten seinen Platz einnehmen können. Um die Anerkennung seines Königtums vonseiten der Nordstämme hingegen musste er erst verhandeln. Dabei hatte er keine leichte Ausgangsposition, denn im Norden fühlte man sich benachteiligt. Man war zu harten Frondiensten verpflichtet und zu hohen Abgaben; der Stamm Juda dagegen blieb von diesen Lasten weitgehend befreit. Dieses Ungleichgewicht schuf Verbitterung. Der Wortführer der Unzufriedenen wurde Jerobeam.

Zu Beginn der Verhandlungen sah sich Rehabeam mit der Forderung konfrontiert, den Druck, den Salomo ausgeübt hatte, zu lockern. Wenn die Leistungen und Frondienste vermindert würden, sei man bereit, ihn anzuerkennen. Rehabeam bat um drei Tage Bedenkzeit und konsultierte den Rat der Alten, die schon sei-

SISAK

Jerobeam flüchtete nach der Niederschlagung seines Aufstandes gegen Salomo nicht von ungefähr nach Ägypten. Der dortige Pharao Sisak war nicht durch natürliche Erbfolge zum Herrscher geworden, sondern hatte den vorherigen Pharao entthront. Mit diesem war Salomo eng befreundet gewesen. So ergab sich eine natürliche Allianz zwischen Jerobeam und Sisak, der in anderen Quellen übrigens auch gelegentlich Schischak, Schoschenk oder Scheschonk genannt wird.

■ *König Rehabeam hält Rat mit den Ältesten* (2. Chronik 10). Buchmalerei, Frankreich.

nem Vater gedient hatten. Sie gaben ihm eine kluge Empfehlung: »Wenn du dich heute zum Diener dieses Volkes machst, ihnen zu Willen bist, auf sie hörst und freundlich mit ihnen redest, dann werden sie immer deine Diener sein.«

Doch Rehabeam verwarf ihren Rat. Er hörte lieber auf die Empfehlungen seiner jungen Gefolgsleute, die mit ihm gemeinsam aufgewachsen waren. Diese sprachen für hartes Durchgreifen. Er solle Macht demonstrieren und dem Volk zeigen, dass sein kleiner Finger stärker sei als die Lenden seines Vaters. Sie hielten es für nützlich, den Druck auf die Nordstämme zu erhöhen und jede Auflehnung im Keim zu ersticken.

Nach drei Tagen kamen Jerobeam und das ganze Volk der Nordstämme zu Rehabeam zurück, um seine Antwort zu hören. Dieser handelte nach dem Rat der jungen Gefolgsleute und lehnte alle Forderungen ab. Die Bibel schreibt, dass der Herr es so bestimmt hatte, damit sich die Vorhersage des Propheten Ahia bewahrheite. Unnachgiebig erklärte Rehabeam: »Mein Vater hat euch mit Peitschen gezüchtigt, ich werde euch mit Skorpionen züchtigen.«

Die Volksmassen vernahmen diese anmaßenden Worte mit Empörung. »Welchen Anteil haben wir an David? Wir haben keinen Erbbesitz beim Sohn Isais«, riefen sie. Hier kam eine tiefsitzende Abneigung gegenüber dem davidischen Herrschergeschlecht zum Ausdruck, die sich durch die Politik der Öffnung nach außen während der Regierung Salomos noch verstärkt hatte.

Die Empörung kochte hoch bis zum offenen Aufruhr. Rehabeam wurde bedrängt und musste fliehen. Er schaffte es nur mit knapper Not, seinen Wagen zu erreichen und nach Jerusalem zu entkommen. Anders erging es dem Fronaufseher Adoniram. Rehabeam hatte ihn zu den Israeliten geschickt, um das Volk zu beruhigen und einen neuen Vermittlungsversuch zu unternehmen. Die Angehörigen der Nordstämme steinigten ihn einfach zu Tode.

Jetzt war der günstige Zeitpunkt für Jerobeam gekommen, auf den er lange gewartet hatte. Er trat vor die in Sichem versammelten Volksmassen und ließ sich zum König über die nördlichen zehn Stämme Israels machen. Damit hatte sich Salomos Reich aufgespalten.

■ *Idealansicht der Stadt Sichem.* Mosaik, Anfang 7. Jahrhundert n.Chr. Jordanien, Um er-Resas, Johannes-Kirche. Das heutige Nablus hieß auf Griechisch Neapolis.

SICHEM
Vor den Toren der alten Stadt Sichem, deren Besiedlungsspuren bis in das vierte Jahrtausend v. Chr. zurückgingen, siedelten im 14. Jahrundert v. Chr. die Jakobssippe und die Leastämme.

SALOMOS NACHFOLGER

ÜBERLIEFERUNG

Quellen: Das zwölfte Kapitel im ersten Buch der Könige berichtet über die Einsetzung von Salomos Nachfolgern. Sein Sohn Rehabeam wurde König über das südliche Zweistämmereich Juda, das neben dem gleichnamigen Stamm auch den Stamm Benjamin mit einschloss. Jerobeam herrschte über das nördliche Zehnstämmereich Israel. Er hatte erfolgreich den Abfall der nördlichen zehn Stämme von Rehabeam organisiert. Damit wurde er zum Gründer und ersten König des israelitischen Nordreiches. Er herrschte von 930 bis 908 v. Chr. Aus der Stringenz und dem taktischen Geschick seines im Bibelbericht beschriebenen Verhaltens schließen Historiker, dass er eine kluge, willensstarke und ausdauernde Persönlichkeit war. Rehabeam, der Sohn Salomos, regierte etwas kürzer, von 930 bis 915 v. Chr. Dem ägyptischen Pharao Sisak waren die Kontroversen zwischen Rehabeam und Jerobeam hoch willkommen. Er betrieb nach langer Zeit erstmals wieder eine aktive ägyptische Außenpolitik. Seine nur formale Oberhoheit über Syrien und Palästina sollte in eine tatsächliche zurückverwandelt werden. Bei diesem Streben konnte ihm eine israelitische Großmacht an der Ostgrenze seines Reiches nur hinderlich sein. Daher kam die Schwächung Israels durch innere Kämpfe seinen Plänen sehr entgegen. Die Zugehörigkeit dieses Stoffs zum deuteronomistischen Geschichtswerk zeigt sich auch in der Präsenz des Propheten Ahia. Dieser weissagt richtig das künftige Schicksal der Thronbewerber und preist Gott als den wahren Urheber der geschichtlichen Ereignisse. Der Verlust der Herrschaft Rehabeams über die zehn Nordstämme Israels wird im Text als unmittelbare Folge des Abfalls von Gott durch seinen Vater Salomo dargestellt.

Bildende Kunst: Die Gestalt Rehabeams regte eine Reihe namhafter Künstler zu Darstellungen mit unterschiedlichen Sinngebungen an. Noch relativ wertungsfrei zeigt ihn Michelangelo an der Decke der Sixtinischen Kapelle als Kind mit seiner Mutter. Anders dagegen sieht Holbein d. J. Rehabeam in einem Fresko im ehemaligen Rathaussaal in Basel. Hier erscheint der erste Herrscher des judäischen Südreiches als warnendes Exempel für ein ungerechtes Regiment. In den Illustrationen einer alten Lutherbibel findet sich Rehabeam als Vertreter der hoffärtigen Könige der alten Zeit.

EMPFEHLUNG

Lesenswert:

Die Bibel, Einheitsübersetzung, mit dem Kommentar der *Neuen Jerusalemer Bibel*. 1. Könige, Kapitel 12, Vers 1-25, Freiburg im Breisgau 2000.

Deutsche Bibelgesellschaft (Hg.): *Die Bibel nach der Übersetzung Martin Luthers*, 1. Könige, Kapitel 12, Vers 1-25, Stuttgart 1999.

Kurt Galling (Hg.): *Die Religion in Geschichte und Gegenwart*, Band 3 und Band 5, Tübingen 1986.

Klaus Koch, Eckart Otto, Jürgen Roloff und Hans Schmoldt (Hg.): *Reclams Bibellexikon*, Seite 241 und 427, Stuttgart 2000.

Dr. Georg Herlitz und Bruno Kirschner (Hg.): *Jüdisches Lexikon*, Band 3 und Band 4, 1, Frankfurt am Main 1987.

AUF DEN PUNKT GEBRACHT

Mit der Einsetzung zweier Könige als Nachfolger Salomos durch die Nord- und Südstämme beginnt der Niedergang des israelitischen Großreichs.

Elia

1. Könige 17, 1-2 und 2, 18

Sein Name war sein Programm: Elia bedeutet »Jahwe ist Gott«. Die ausschließliche Verehrung Jahwes durch die Bewahrung des reinen Jahwekultes war sein Lebensziel. Da er diese Aufgabe bis zu seinem Lebensende treu erfüllte, soll er gemäß der biblischen Erzählung der erste Mensch gewesen sein, der nicht den Tod erleiden musste.

Elia war ein typischer Wanderprophet, der im neunten Jahrhundert v. Chr. im nördlichen Zehnstämmereich Israel lebte. Er stammte aus Tischbe im ostjordanischen Gilead. Die besondere Bedeutung dieser charismatischen Persönlichkeit lag in ihrem Eintreten für den Jahweglauben in einer widrigen Zeit. Israels Könige dienten anderen Göttern und ließen fremde Kulte zu. Elia war der Urtyp der späteren biblischen Propheten, die das Volk zur Umkehr zum wahren Glauben mahnten. Das ekstatische Wesen, das sich bei den späteren abmildert, tritt bei Elia noch in Formen wilder Ergriffenheit in den Vordergrund. Nicht zuletzt deshalb hat seine Person im Gedächtnis der israelitischen Nachwelt ein riesenhaftes und übermenschliches Format angenommen. Elia wurde damals in einem Atemzug mit Moses genannt und sein Wirken mit zahlreichen Wundererzählungen ausgeschmückt. Diese gehören gewissermaßen zum Standard altorientalischer Geschichtserzählungen von legendären Persönlichkeiten. Elias öffentliche Tätigkeit begann zur Zeit des Königs Ahab, der von 874 bis 853 v. Chr. über das Nordreich Israel regierte. Ahab war mit Isebel, der Tochter des Königs der Sidonier, verheiratet und fand nichts dabei, mit ihr gemeinsam dem kanaanitischen Gott Baal zu dienen. In der Reichshauptstadt Samaria errichtete ihm Ahab sogar einen Tempel. Dies missfiel dem Herrn sehr, und er beschloss, zur Strafe eine große Dürre über das Land zu

▪ *Der Prophet Elia.* Ikone, Russland, um 1700. Frankfurt, Privatbesitz

■ *Der Prohet Elia und die Witwe von Sarepta.* Gemälde, um 1640, von Bernardo Strozzi (1581–1644). Wien, Kunsthistorisches Museum

schicken. Er befahl Elia, sich in Sicherheit zu bringen und sich am Bach Kerit östlich des Jordan zu verbergen. Der Bach sollte seinen Durst stillen, morgens und abends kamen Raben geflogen, die ihm Brot und Fleisch brachten.

Nach einiger Zeit vertrocknete der Bach, weil sich die Dürre immer weiter ausbreitete. Da schickte der Herr seinen Propheten in die phönizische Stadt Sarepta zwischen Tyrus und Sidon. Dort würde eine Witwe für ihn sorgen. Gleich am Stadttor traf Elia die Frau, die gerade Holz auflas. Er bat sie um etwas Wasser und ein Stück Brot. Mit Wasser war sie ihm gerne bereit zu dienen, doch Brot gab es keines mehr. Sie erklärte, dass sie zu Hause nur noch eine Handvoll Mehl im Topf und ein wenig Öl in einem Krug habe. Das wollte sie noch zusammen mit ihrem Sohn essen, denn danach, so fürchtete die Witwe, müssten sie dem Hungertod ins Auge sehen. Elia aber machte ihr Mut. Der Herr habe ihm verheißen, dass der Mehltopf nicht leer und der Ölkrug nicht versiegen würde. Sie solle nur erst ein kleines Gebäck für den Propheten zubereiten. Die fromme Frau gehorchte, und das Versprechen ging in Erfüllung. Die Witwe und ihr Kind hatten viele Tage lang etwas zu essen.

Nach einiger Zeit aber wurde das Kind krank und starb. Verzweifelt beschuldigte die Witwe Elia, er habe ihr Unglück gebracht. Da nahm der Prophet den toten Jungen vom Schoß seiner Mutter, legte ihn auf sein Bett, streckte sich dreimal über ihn hin und flehte zu Jahwe. Und der Herr erhörte das inbrünstige Gebet des Propheten, und der Junge wurde wieder lebendig. Da pries die glückliche Witwe Elia laut als einen Mann Gottes.

■ *Elia wird in der Wüste von dem Engel geweckt.* Gemälde vom Meister der Antwerpener Kreuzigung, Anfang 16. Jahrhundert. Gera, Kunstgalerie

Nach drei Jahren der Dürre schickte der Herr seinen Propheten zu Israels König Ahab. Elia forderte Ahab auf, einen denkwürdigen Wettstreit auszurufen. Er, als einziger Prophet Jahwes in Israel übrig geblieben, sei bereit, gegen 450 Propheten des Gottes Baal anzutreten. Der Schauplatz des heiligen Spektakels lag an der nordwestlichen Spitze des ins Meer ragenden Bergrückens Karmel, südlich der heutigen Stadt Haifa. Hier wurden vor den Augen des ganzen Volkes zwei Opferstiere auf Holzscheite gelegt. Der eine Altar wurde für Elia bestimmt, der andere für die Baalspropheten.

Nach dem Vorschlag Elias rief nun jede Partei ihren Gott an, Feuer vom Himmel zu senden und sein Opfer zu verzehren. Er überließ den Baalspropheten den ersten Versuch. Diese riefen von morgens bis mittags »Baal, erhöre uns« und tanzten hüpfend um ihren Altar. Als nichts geschah, begann Elia, seine Konkurrenten zu verspotten: »Ruft lauter. Er ist doch Gott. Er könnte beschäftigt oder verreist sein.« Die Baalspropheten schrien noch mehr, ritzten sich mit Schwertern und Lanzen die Haut blutig und verfielen schließlich in Raserei. Doch alle ihre Bemühungen blieben ergebnislos.

Nun war Elia an der Reihe. Zunächst ließ er dreimal Wasser über seinen Altar und das Brandopfer gießen, bis sich in einem Graben rundherum ein kleiner Bach angesammelt hatte. So wurde das folgende Wunder noch großartiger. Dann betete Elia, dass Jahwe sich offenbare, damit das Volk ihn erkenne und zu ihm umkehre. Da kam das Feuer des Herrn vom Himmel herab. Es verzehrte das Brandopfer Elias mitsamt dem Holz und leckte sogar das Wasser auf. Erschüttert warfen sich die Volksmassen zur Erde nieder und riefen: »Jahwe ist Gott.« Elia aber befahl den Israeliten, die Baalspropheten zu ergreifen und zu töten. Keiner von ihnen entrann den begeisterten Volksmassen. Der Herr sah die Abkehr vom Götzendienst mit Wohlgefallen, und wie von Elia geweissagt, kam nach drei Jahren der Dürre endlich der erste starke Regen über das Land.

■ *Der Prophet Elia wird von Raben gespeist.* Ikone, Russland, 18. Jahrhundert. Sergijewski Possad, Dreifaltigkeitskirche

Ahabs Gemahlin Isebel aber zürnte über die Hinschlachtung der Baalspropheten und trachtete Elia nach dem Leben. Vor ihren Mordgesellen musste der Prophet zunächst nach Juda flüchten und schließlich um der eigenen Sicherheit willen in die Wüste. Am Leben verzweifelnd, ließ er sich unter einen Ginsterstrauch nieder und schlief ein. Doch ein Engel des Herrn rührte ihn an und weckte ihn. Als er aufblickte, sah er neben sich Brot und einen Krug mit Wasser. Er aß und trank davon und schlief wieder ein. Da weckte ihn der Engel abermals und hieß ihn, noch mehr zu essen. Elia gehorchte und trat danach eine vierzigtägige Wanderung zum Gottesberg Horeb an. Dort diente ihm als Nachtlager eine Höhle. Es war die gleiche Felsspalte, in der schon Moses Unterschlupf gefunden hatte, als ihm Jahwe erschien. Und auch dem Elia zeigte sich hier der Herr. Nicht in einem Sturm, nicht in einem Erdbeben und nicht im Feuer, sondern in einem sanften, leisen Säuseln. Ganz absichtsvoll verwendet die Schilderung diese poetischen Worte, als Symbol der Geis-

DER PROPHETENWETTSTREIT

Die Erzählung vom Prophetenwettstreit zwischen Elia und den Baalspriestern wendet sich gegen Baal als Vegetationsgott. Jahwe ist es, der die Dürre über das Land verhängt und auch wieder beendet. Damit wurde der Herrschaftsanspruch Jahwes auf Kanaan demonstriert. Nur er kann es im Land regnen lassen. Baal erweist sich als machtlos, und seine Propheten finden den Tod.

■ *Elia verkündet Isebel und Ahab die Strafe Gottes für die Steinigung Naboths* (1. Könige 21, 15–29). Gemälde, 1862/63, von Frederic Leighton (1836–1896). England, Scarborough Borough Council

ELISA

Elisa, der mit der Mantelübergabe des Propheten Elia zu dessen Nachfolger erwählt wird, stammt aus einer reichen Bauernfamilie. Später wurde er Oberhaupt einer Prophetengemeinschaft und war maßgeblich an einer Revolution in Israel beteiligt, in deren Verlauf die Dynastie Ahabs blutig beendet und der neue König Jehu inthronisiert wurde. Auch Elisa wurden zahlreiche Wundertaten nachgesagt. Die Überlieferungen um Elisa gehen auf die Kultstätte Gilgal bei Jericho zurück. Zunächst bestand der Elisa-Zyklus unabhängig vom Elia-Zyklus, später beeinflussten sich beide Erzählstränge gegenseitig.

tigkeit Gottes und der Innigkeit des Umgangs mit seinem Propheten. Und noch etwas will diese Erzählung von der Gotteserscheinung des Elia veranschaulichen. Sie möchte einen Zusammenhang zwischen Elia und Moses herstellen. Beide haben Gotteserscheinungen am Berg Horeb. An diesem Ort bekräftigt Elia in schwerer Zeit den alten Bund und stellt die Reinheit des Glaubens wieder her.

Danach beruft der Prophet als seinen Nachfolger im heiligen Amte den Elisa und wirft in kultischer Geste seinen Mantel über ihn. Doch noch ein letztes Mal muss Elia selbst in das Geschehen eingreifen, bevor seine Laufbahn endet. Auf göttliche Weisung hin begibt er sich erneut an den Königshof. Isebel hatte den Israeliten Naboth unter Verwendung zweier falscher Zeugen verurteilen und töten lassen, damit ihr Gemahl Ahab in den Besitz eines Weinberges kam. Dieser schien ihm geeignet, einen Gemüsegarten anzulegen. Zur Strafe für dieses ruchlose Verhalten verkündete Elia dem König die Ausrottung seines Geschlechtes.

Nach diesem Auftritt wurde Elia in Anwesenheit seines Nachfolgers Elisa entrückt. Ein feuriger Wagen mit feurigen Rädern erschien und fuhr mit Elia in einem Wirbelsturm zum Himmel empor.

ELIA

ÜBERLIEFERUNG

Quellen: Die Elia-Überlieferungen wurden bereits kurz nach den ihnen zugrunde liegenden Ereignissen gegen Ende des 9. Jahrhunderts v. Chr. erstmals als Einzelerzählungen schriftlich niedergelegt. Allerdings erfuhren sie im Laufe der Jahrhunderte zahlreiche Überarbeitungen und wurden auch durch den Deuteronomisten bei der Einfügung in dessen Geschichtswerk nochmals verändert. So fehlt beispielsweise Elias gesamte Vorgeschichte, und die Erzählung setzt erst mit der großen Dürre ein, vor der Elia flüchtet. Trotz aller wunderbaren altorientalischen Ausschmückungen ist dennoch ein historischer Kern des Berichtes zu erkennen. Die Heirat des israelitischen Königs Ahab mit der tyrischen Königstochter Isebel führte tatsächlich zu einer Förderung des Baalskultes im Nordreich. Der Berg Karmel hatte damals eine israelitische und eine kanaanitische Kultstätte. Offensichtlich gelang es Elia zeitweise, in dieser Gegend den Baalskult durch den Jahweglauben zu verdrängen. Doch trotz aller Anstrengungen und Erfolge konnte er den ausschließlichen Glauben an Jahwe am israelitischen Königshof nicht durchsetzen. Daher musste er nach Rückschlägen zum Berg Horeb fliehen. So erklären sich auch seine Verzweiflung und seine Todessehnsucht auf dem Weg durch die Wüste. Aber sein prophetisches Wirken ist für die Anhänger des Jahwekultes eine wertvolle Stütze und bereitet den Sturz der Dynastie Ahabs durch Jehu vor. Bemerkenswerterweise ist Elia als Wanderprophet ganz auf sich allein gestellt und gehört weder einer einzelnen Kultstätte noch einer Prophetengemeinschaft an, wie etwa sein Nachfolger Elisa. Die Erinnerungen an den Einsatz Elias für den Jahwekult blieben offenbar spirituell so überwältigend, dass man in den Überlieferungen sein Bild dem des Moses nachgestaltete. In der weiteren Herausbildung des Jahweglaubens und dessen Sicherung in der Volksmentalität hat Elia eine entscheidende Rolle gespielt. So darf in der biblischen Erzählung auch sein Ende nicht wie das anderer Menschen sein. Elia gilt als Vorläufer und Wegbereiter der großen Einzelpropheten des Alten Testaments. Anders als sie verkündete er aber kein Vernichtungsgericht über Israel. Er ist der große Warner und sieht für das Volk noch Zeit zur Umkehr, um dem wahren Gott zu dienen.

EMPFEHLUNG

Lesenswert:

Die Bibel, Einheitsübersetzung, mit dem Kommentar der *Neuen Jerusalemer Bibel*. 1. Könige, Kapitel 17, Vers 1-2 Könige, Kapitel 2, Vers 18, Freiburg im Breisgau 2000.

Deutsche Bibelgesellschaft (Hg.): *Die Bibel nach der Übersetzung Martin Luthers*, 1. Könige, Kapitel 17, Vers 1-2 Könige, Kapitel 2, Vers 18, Stuttgart 1999.

Kurt Galling (Hg.): *Die Religion in Geschichte und Gegenwart*, Band 2, Tübingen 1986.

Klaus Koch, Eckart Otto, Jürgen Roloff und Hans Schmoldt (Hg.): *Reclams Bibellexikon*, Seite 121, Stuttgart 2000.

Dr. Georg Herlitz und Bruno Kirschner (Hg.): *Jüdisches Lexikon*, Band 2, Frankfurt am Main 1987.

AUF DEN PUNKT GEBRACHT

Elia, der Prototyp der biblischen Propheten, stemmte sich gegen die Verwässerung des Jahwekultes durch das heidnische Umfeld der hebräischen Stämme in Kanaan.

Die Teilung Israels

1. Könige 12, 26–16, 34 und 2. Könige 2, 19–23, 37

Mit der Ausrufung Jerobeams zum König von Israel um 930 v. Chr. war die Teilung des Landes in das nördliche Zehnstämmereich und das südliche Zweistämmereich Juda vollzogen. In den folgenden Jahrhunderten versuchten zwar beide Reiche mehrfach vergeblich, das jeweils andere zu unterwerfen, doch das Ideal der Einheit der zwölf Stämme wurde niemals wieder Wirklichkeit. Schlimmer noch, beide Reiche gerieten unter die Herrschaft auswärtiger Mächte. Das zunächst bedeutendere Nordreich Israel verschliss sich in Auseinandersetzungen mit der aufstrebenden assyrischen Großmacht und wurde von dieser schließlich besiegt. Auch als die Assyrer danach einen unerwartet schnellen Niedergang erlebten, konnte Juda im Süden nicht aufatmen. Eine neue Großmacht erschien am Horizont, und den letzten beiden unabhängigen hebräischen Stämmen in Kanaan stand eine Katastrophe bevor.

■ *Die Anbetung des Goldenen Kalbes.* Gemälde, um 1562–1564 von Tintoretto (1518–1594). Venedig, Chiesa della Madonna dell'Orto

Unmittelbar nach der Teilung der Länder Salomos fürchtete König Jerobeam um die Einheit des ihm zugefallenen Nordreichs. Er befürchtete, dass seine Untertanen nach wie vor als oberste Jahwekultstätte Jerusalem ansehen würden, was auf Dauer das Prestige seines dortigen Rivalen zu steigern drohte. Um das zu verhindern, errichtete er zwei eigene Kultstätten in Bet-El und Dan. Da stellte er die berüchtigten Goldenen Kälber auf, die schon den Israeliten unter Moses zum Verhängnis geworden waren. Der Herr war über Jerobeam erzürnt und ließ ihm durch seinen Propheten Ahia den Untergang seiner Dynastie weissagen.

Zunächst kam es zum Krieg mit Rehabeam, der das abgefallene Nordreich zurückzuerobern versuchte. Doch der ägyptische Pharao Sisak kam seinem alten Verbündeten Jerobeam zur Hilfe und belohnte sich für diese Unterstützung gleich selbst. Er plünderte den Tempel in Jerusalem und raubte dessen Schätze sowie die Reichtümer des königlichen Palastes. Da er schon einmal in der Gegend war, überfiel er gleich noch einige nordisraelitische Städte und machte dort reiche Beute.

Im Südreich Juda überstand die Dynastie Davids zwar die Erschütterungen und blieb bis zum Ende des Reiches an der Macht, wie es der Prophet Nathan vorhergesagt hatte, doch im israelitischen Norden jagte eine Revolution die nächste. Jerobeams Sohn Nadab wurde von Bascha verdrängt, der die Stadt Tirza zu seiner Residenz machte. Dessen Sohn Ela wurde wiederum gestürzt. Omri, ein Feldherr, begründete als erster im nordisraelitischen Reich eine Dynastie, die vier aufeinanderfolgende Herrscher währte. Deren Regierungszeit war von Naturkatastrophen und Bedrohungen vonseiten des erstarkenden aramäischen Reichs um Damaskus gekennzeichnet. Bei den Aramäern handelt es sich um semitische Stämme, die im zweiten Jahrtausend v. Chr. das Kulturland Mesopotamiens und Syriens besetzten. Ihr Dialekt gehört der semitischen Sprachfamilie an. Omri, der Samaria zur Hauptstadt Israels gemacht hatte, verlor anfangs einige ostjordanische Städte an die Aramäer, die sich mit Juda verbündet hatten. Bald aber konnte Omri wieder Boden zurückgewinnen, da die Aramäer sich von ihrer Westfront abwandten. Sie wurden plötzlich von der in ihrem Rücken erwachten assyrischen Großmacht angegriffen. Deren Stammgebiet mit der Hauptstadt Assur lag an den beiden Ufern des Flusses Tigris. Ihre Attacke gegen die Aramäer entlas-

■ *Jerobeams Götzendienst* (1. Könige 13). Gemälde, 1772, von Jean-Honoré Fragonard (1732–1806). Paris, Musée de l'Ecole des Beaux-Arts

BET-EL

Bet-El bedeutet in hebräischer Sprache »Haus Gottes«. Das Heiligtum von Bet-El lag siebzehn Kilometer nördlich von Jerusalem und hatte eine Tradition, die bis in die Jungsteinzeit zurückreichte. Der Ort galt als Wohnung der Gottheit. In kanaanitischer Zeit wurde hier ein El Bet-El verehrt.

■ *Siegel des Jerobeam*. Palästina um 1000 v. Chr. Kopie eines verlorenen Originals. Haifa, Universität

tete das Nordreich, das die Gelegenheit nutzte und Juda eine Niederlage zufügte. Juda wurde zu Tributzahlungen und zur Leistung von Heeresdiensten verpflichtet. In der Regierungszeit von Omris Sohn Ahab wurden die Assyrer immer mächtiger, während die Aramäer an Bedeutung verloren. Von Ahabs Thronnachfolgern Ahasja und Joram sind verschiedene Frevel gegen den Herrn verzeichnet. In einem blutigen Umsturz ergriff der Heerführer Jehu die Macht, vernichtete alle Baalsverehrer im Lande und begründete die zweite Dynastie in Israel. Aber schon sein Nachfolger Joahas musste wieder gegen die Aramäer ins Feld ziehen, die eine Atempause im Ringen mit Assur nutzten, um fast ganz Israel zu verwüsten und tributpflichtig zu machen.

Joahas Sohn Joas hingegen fand äußerst günstige Umstände vor. Das aramäische Reich brach unter dem Ansturm der Assyrer endgültig zusammen. Dies schuf dem neuen König des Nordreiches, der von 797 bis 781 v. Chr. herrschte, und seinem Sohn Jerobeam II. eine große Entlastung. Sie konzentrierten sich auf die Rückeroberung der ehemalige Länder Davids. Und sie gelang ihnen weitgehend. Dadurch gewannen sie gegenüber Juda ein deutliches Übergewicht. Doch diese Periode dauerte nicht sehr lange. Verschiedene schnell aufeinander folgende Könige mussten sich der Oberherrschaft der immer mächtigeren Assyrer unterwerfen.

König Hosea versuchte in der Hoffnung auf ägyptische Unterstützung, Israels volle Unabhängigkeit wieder herzustellen. Doch die Ägypter hielten sich zurück, und der assyrische Herrscher Sargon I. eroberte im Jahre 725 v. Chr. Samaria, die Hauptstadt des Nordreiches, und zerstörte den Staat vollständig. 27 000 Familien wurden nach Mesopotamien verschleppt und gingen mit der Zeit in der einheimischen Bevölkerung auf.

Eine große Zahl von Flüchtlingen hatte sich ins Südreich retten können. Juda war klüger gewesen und hatte sich rechtzeitig den Assyrern unterworfen und freiwillig tributpflichtig gemacht. Nun erst erlebte das südliche Reich seine wahre Blütezeit durch eine Rückbesinnung auf die eigene Tradition und religiöse Reformen unter den Königen Hiskia und Josia. Die Blütezeit Judas wurde jäh beendet durch die Invasion der Babylonier unter König Nebukadnezar. Er unterjochte Juda im Jahre 587 v. Chr., brandschatzte die Hauptstadt Jerusalem, zerstörte den Tempel und führte die Oberschicht des Landes nach Babylon ins Exil.

DIE ENTDECKUNG DES DEUTERONOMIUMS

Bei Ausbesserungsarbeiten am Tempel in Jerusalem unter der Herrschaft Josias im Südreich von 640 bis 609 v. Chr. fand man dort ein Gesetzbuch. Es dürfte sich um die Urfassung des Deuteronomiums gehandelt haben, zumindest seiner rechtlichen und kultischen Auflistungen. Möglicherweise war die Urkunde unter König Hiskia (716 – 687 v. Chr.) verfasst worden und zwischenzeitlich in Vergessenheit geraten.

DIE TEILUNG ISRAELS

ÜBERLIEFERUNG

Quellen: Die Geschichte des geteilten Israels von 1. Könige, Kapitel 12, bis zum Ende des zweiten Buches der Könige ist ein typisch deuteronomistisches Werk. Es handelt sich um Lehrerzählungen, in denen die geschichtlichen Verläufe stereotyp auf Treue oder Abfall gegenüber dem Jahwekult zurückgeführt werden. Die Grundthese des Deuteronomiums wird immer aufs Neue wiederholt. Wenn das auserwählte Volk und sein König am Bund mit Gott festhalten, werden sie gesegnet, werden sie abtrünnig, werden sie bestraft. Die Regierungszeiten der einzelnen Könige werden stets in denselben Formeln vorgestellt. Anfang und Ende der Regierungen werden durch fast gleichlautende Formulierungen bezeichnet, nie fehlt ein Urteil über die religiöse Haltung des jeweiligen Herrschers. Alle Könige Israels werden wegen der Goldenen Kälber in den Heiligtümern Bet-El und Dan verurteilt. Von den Königen Judas finden nur Hiskia und Josia uneingeschränkte Anerkennung. Als Quellen nennt das Werk selbst das Buch der Geschichte der Könige von Israel und das Buch der Geschichte der Könige von Juda. Den Höhepunkt der Erzählung bildet die Entdeckung des Deuteronomiums unter Josia. Seine wesentlichen Lehren sind der bildlose Eingottglaube sowie die Beschränkung allen Opferdienstes auf die zentrale Kultstätte in Jerusalem. Diese Regeln wurden als Vorbedingung des Staatswohles verstanden und 620 v. Chr. als Staatsgesetz eingeführt. Damit einher ging eine nicht zu unterschätzende Umformung des gesamten gesellschaftlichen Lebens im allein noch bestehenden Südreich Juda. Die erste Redaktion dieses deuteronomistischen Grundtextes erfolgte vermutlich noch vor dem Tod Josias im Jahre 609 v. Chr., die zweite deuteronomistische Redaktion im babylonischen Exil nach 562 v. Chr. Bezeichnenderweise nahm die ins Exil weggeführte Oberschicht des Südreiches Juda das Gesetzbuch mit sich. Offenbar bildete es in deren Selbstverständnis ein entscheidendes Element ihrer religiösen und politischen Identität, die es gerade unter diesen misslichen Umständen zu wahren galt. Das schon lange vorher untergegangene israelitische Nordreich hatte in der Geschichte des Vorderen Orients nie eine bedeutende Rolle gespielt. Es wollte nur sein »wie die anderen Völker«. Juda hingegen erlebte vor allem in den letzten Jahrzehnten seines Bestehens eine neue geistige Blüte, die maßgeblich von den Propheten getragen und befördert wurde. Sie hatten den Untergang Jerusalems vorausgesagt und als göttliches Strafgericht begriffen. Die Zerstörung der Stadt und des Tempels war aus deuteronomistischer Sicht ein Sieg der göttlichen Gerechtigkeit.

EMPFEHLUNG

Lesenswert:

Die Bibel, Einheitsübersetzung, mit dem Kommentar der *Neuen Jerusalemer Bibel*. 1. Könige, Kapitel 12, Vers 26 – Kapitel 16, Vers 34, außerdem 2. Könige, Kapitel 2, Vers 19 – Kapitel 23, Vers 37, Freiburg im Breisgau 2000.

Deutsche Bibelgesellschaft (Hg.): *Die Bibel nach der Übersetzung Martin Luthers*, 1. Könige, Kapitel 12, Vers 26 – Kapitel 16, Vers 34, außerdem 2. Könige, Kapitel 2, Vers 19 – Kapitel 23, Vers 37, Stuttgart 1999.

Kurt Galling (Hg.): *Die Religion in Geschichte und Gegenwart*, Band 3, Tübingen 1986.

Klaus Koch, Eckart Otto, Jürgen Roloff und Hans Schmoldt (Hg.): *Reclams Bibellexikon*, Seite 232 – 234, Stuttgart 2000.

Dr. Georg Herlitz und Bruno Kirschner (Hg.): *Jüdisches Lexikon*, Band 3, Frankfurt am Main 1987.

AUF DEN PUNKT GEBRACHT

Der katastrophale Niedergang des Nordreiches Israel und die Eroberung des Südreiches Juda durch die Babylonier war aus Sicht des Deuteronomiums die Strafe für den religiösen Abfall von Jahwe.

Das babylonische Exil

2. Könige 24, 1–25, 30

Die relativ kurze Epoche des Exils der nach Babylon verschleppten Hebräer war die Geburtsstunde der jüdischen Theologie im strengen Sinn. In der Fremde verinnerlichten die Exilanten den Glauben ihrer Väter, um die Hoffnung auf eine Rückkehr aufrecht zu erhalten. Das überlieferte Schrifttum wurde gepflegt und unter neuen Gesichtspunkten grundlegend überarbeitet oder schöpferisch ergänzt. Als die ersten Rückkehrer nach fünfzig Jahren ihre alte Heimat wiedersehen durften, brachten sie eine dezidiert ausgearbeitete und reglementierte Religion mit.

Deren Entwicklung wurde notwendig durch die grundlegende Umwälzung der Lebensverhältnisse, der die jüdische Kultur ausgesetzt war. Die Vertreibung aus der kanaanitischen Heimat erfolgte in zwei Stufen. Sie begann im Jahre 597 v. Chr. Wenige Jahre zuvor hatte sich der judäische König Jojakin gegen die Oberherrschaft des babylonischen Königs Nebukadnezar aufgelehnt. Die Folgen seines Aufbegehrens erlebte er nicht mehr, wohl aber sein Sohn und Nachfolger Jojachin, der 598 v. Chr. den Thron bestieg. Nur ein Jahr später erschien Nebukadnezar mit einem gewaltigen Heer vor den Toren Jerusalems und eroberte die Stadt. Der babylonische König plünderte die Schätze des Tempels und des Palastes. Dann verschleppte er die gesamte Oberschicht des judäischen Reiches in seine Heimat. Nebukadnezar nahm den jungen König Israels, seine Mutter, seinen Harem und fast die gesamte große Familie mit, außerdem seinen Hofstaat, Offiziere, Beamte und sogar Handwerker wie Schmiede und Schlosser. Jojachins Onkel Zedekia setzte er im Lande als Vasallenkönig ein. Dieser residierte weiter in Jerusalem, denn

■ König Zedekia wird von Nebukadnezar als Gefangener nach Babylon gebracht (Jeremia 39, 1). Buchmalerei aus der Spanischen Bibel, um 1400–1425. Madrid, Escorial

■ *Die trauernden Juden im Exil* (nach Psalm 137). Gemälde von Eduard Bendemann (1811–1889).

die Stadt war noch nicht zerstört. »Doch auch Zedekia tat, was dem Herrn missfiel«, heißt es in 2. Könige. »Und weil der Herr über Juda und Jerusalem erzürnt war, kam es so weit, dass er sie von seinem Angesicht verstieß.«

Zehn Jahr später brach noch schlimmeres Unheil über die Stadt herein. Auch Zedekia hatte sich gegen Nebukadnezar aufgelehnt, der abermals Jerusalem belagerte und schließlich einnahm. Er brannte diesmal alles nieder und zerstörte den Tempel, den Palast sowie die Umfassungsmauern. Zedekia versuchte, entlang dem Jordan zu entfliehen. Von seinen Truppen verlassen, wurde er von den Babyloniern eingeholt und gefangen nach Ribla gebracht, einem Ort am Fluss Orontes in Syrien. Hier hatte Nebukadnezar für die Dauer des Krieges sein Lager aufgeschlagen. Der Babylonier sprach ein hartes Urteil, das er sofort ausführen ließ. Zedekias Söhne wurden vor dessen Augen hingerichtet.

DIE SAMARITER

Im Nordreich Israel hatten die Assyrer, anders als die Babylonier in Juda, sofort nach der Eroberung im Jahre 722 v. Chr. die politische Struktur zerstört. Nach der Deportation der israelitischen Oberschicht wurden in der Hauptstadt Samaria viele Fremde angesiedelt. Im Laufe der Zeit wurden daraus die Samariter, die von den Juden später als kultisch unreines Mischvolk angesehen wurden. Die Samariter erkannten als Heilige Schrift nur die fünf Bücher Mose an und errichteten auf dem Berg Garizim im Tal von Sichem einen eigenen Tempel.

■ *König Zedekia wird von Nebukadnezar als Gefangener nach Babylon gebracht* (Jeremia 39, 1). Buchmalerei aus der Spanischen Bibel, um 1400–1425. Madrid, Escorial

Danach wurde er selbst geblendet, gefesselt und nach Babylon überstellt. Auch ein großer Teil der noch im Lande verbliebenen israelitischen Bevölkerung, insbesondere der Landadel, die Priester und Propheten, wurden nun, im Jahre 587 v. Chr., ins babylonische Exil im Zweistromland verschleppt.

BABYLONIEN

Babylonien war der südliche Teil des Zweistromlandes Mesopotamien, des Schwemmlandes von Euphrat und Tigris. Seine Hauptstadt Babylon lag südlich des heutigen Bagdad am Euphrat. Nachdem bereits im 24. Jahrhundert v. Chr. unter Sargon I. ein babylonisches Großreich bestanden hatte, eroberte 612. v. Chr. der babylonische König Nabopolassar Assur und Ninive, die Hauptstädte der bis dahin herrschenden Weltmacht Assyrien. Er begründete damit das neubabylonische Großreich.

Über das noch im Lande verbliebene Volk Judas, meist Angehörige der ärmeren Schichten, setzte Nebukadnezar den Gedalja ein, einen hohen Beamten des Jerusalemer Hofes. Dieser verwaltete das Land von Mizpa aus, einem Ort dreizehn Kilometer nördlich von Jerusalem. Doch Gedalja wurde nach nur zweimonatiger Amtszeit von einigen im Lande verbliebenen judäischen Truppenführern ermordet. Aus Angst vor der drohenden Rache der Siegermacht flohen die Täter nach Ägypten. Viele Juden aus dem im Land verbliebenen Volk schlossen sich ihnen an.

Genauere Zahlen der aus Jerusalem und ganz Juda nach Babylon deportierten Einwohner sind unbekannt. Man darf allerdings davon ausgehen, dass es nicht die gesamte Bevölkerung war, sondern vorwiegend Angehörige der Oberschicht. Dies entsprach der gängigen Praxis der Babylonier, die darin dem Beispiel der vormaligen assyrischen Großmacht folgten. Allerdings verfolgten die Babylonier keine so konsequente Integrationsstrategie wie die Assyrer rund 130 Jahre zuvor. Diese hatten die exilierten Bewohner des israelitischen Nordreichs vollständig assimiliert. Die Praxis der Assyrer bestand nicht nur im Falle Israels darin, die Oberschicht einer neu unterworfenen Provinz in einer anderen Provinz in führender Funktion einzusetzen. Deren jeweilige Oberschicht war zuvor ebenfalls in eine andere Region umgesiedelt worden. So hatten all diese Provinzregime ein elementares Eigeninteresse, die assyrische Ordnung zu unterstützen, die ihnen am zugewiesenen Platz zahlreiche Privilegien zugestand. Zugleich war die Rückkehr zur angestammten Position in der Heimat durch eine andere fremde Oberschicht versperrt.

Die Babylonier handelten konventioneller. Sie schickten keine fremde Oberschicht nach Juda und setzten die Judäer auch nicht als Herrschaftselite in einer anderen Provinz ein. Stattdessen siedelten sie sie im südlichen Teil Babyloniens an, wo sie in harter Arbeit verödete Landschaften erschließen mussten. Es handelte sich um relativ geschlossene Kolonien, in denen die Exilanten wenig Gelegenheit hatten, mit der einheimischen Bevölkerung zu verschmelzen. Der soziale Abstieg, den sie hier durchmachten, hielt ihre Sehnsucht nach der alten Heimat und den früheren Verhältnissen wach. Außerdem bedrückte das babylonische Herrschaftssystem die Völker mit hohen Steuerlasten. So verklärte sich der Blick zurück zu sehnsuchtsvoller Erinnerung an eine glückliche Vergangenheit in Jerusalem.

■ *Eroberung Jerusalems* und *Wegführung der Juden in die Babylonische Gefangeschaft* und *Drei Paare aus dem Stammbaum Christi* (von oben nach unten: Salathiel, Abiud und Amos). Buchmalerei, Mainz, Mitte 13. Jahrhundert. Aschaffenburg, Hofbibliothek

Um das Streben nach Rückkehr wach zu halten, legten die Judäer auf die Wahrung ihrer überlieferten Kultur und religiösen Identität besonderes Gewicht. Jetzt erst gewannen die alten Vorschriften wie die Beschneidung und die Einhaltung des Sabbats ihre zentrale Bedeutung. Sie dienten als Abgrenzung von der heidnischen Umwelt. Im Exil wurde viel Fleiß auf die Sammlung der schriftlich niedergelegten Gesetze und Überlieferungen, aber auch auf ihre Weiterentwicklung verwandt. Der in Babylon wirkende Prophet Hesekiel etwa formulierte in seinem Werk Ideen von der Gerechtigkeit Gottes und der Weise seiner Geschichtslenkung. Mit der Zeit glaubten die Judäer zu verstehen, dass ihr Exil die angekündigte Strafe Gottes für ihre religiöse Untreue in der Vergangenheit war. Daraus folgte andererseits Trost und Hoffnung auf ein Ende der Bußzeit und eine Heilserwartung, die sich mit Visionen einer glorreichen Rückkehr verband. Im Mittelpunkt dieser nostalgischen Phantasien stand die Sehnsucht nach der Wiederherstellung des Tempels in Jerusalem. Er war nach der erst im Exil unumstrittenen Tradition die einzige legitime kultische Opferstätte für den Jahweglauben. So verneigten sich die Judäer in Babylon beim Gebet stets in die Himmelsrichtung, in der Jerusalem lag.

■ *Die Wegführung der Juden.* Gemälde, 1865, von Eduard Bendemann (1811–1889). Düsseldorf, Kunstmuseum

Nach 37 Jahren keimte eine erste Hoffnung auf das Ende des Exils auf. Der unter verhältnismäßig angenehmen Bedingungen in Haft gehaltene judäische König Jojachin wurde anlässlich des Regierungsantritts von Nebukadnezars Sohn und Thronfolger Awil-Marduk begnadigt. Fortan durfte er an der Tafel des Königs speisen und empfing von diesem eine lebenslange Unterhaltszahlung. Doch es sollten noch einige Jahre ins Land gehen, bis die ersten Judäer mit ihren im Exil ausgeprägten religiösen Vorstellungen in die Heimat zurückkehren durften.

DAS BABYLONISCHE EXIL

ÜBERLIEFERUNG

Quellen: Auf das Exil der judäischen Oberschicht in Babylon beziehen sich eine ganze Reihe von Bibelbüchern. Neben den Berichten über die Exilierung in typisch deuteronomistischem Duktus in den beiden Schlusskapiteln 24 und 25 des zweiten Buches der Könige werden diese Vorgänge ebenfalls in 2. Chronik, Kapitel 36, und in Jeremia, Kapitel 52, beschrieben. Auch die Bücher Esra, Nehemia, Esther, Judith und Daniel beschäftigen sich mit dem Thema des babylonischen Exils. Die Angaben über die Zahlen der in die Gefangenschaft weggeführten Personen differieren. Historiker gehen aber davon aus, dass es eine geringere Anzahl war als in der Bibel angegeben. Dennoch bleibt das Exil eine historische Tatsache, die auch von zahlreichen außerbiblischen Quellen bestätigt wird. Die Lieferung von Nahrungsmitteln an Jojachin und weitere Judäer ist beispielsweise in einer babylonischen Hofliste aus dem Jahre 592 v. Chr. erwähnt. Einige Judäer sind nicht aus dem Exil zurückgekehrt und dauerhaft in Babylon geblieben. So erwähnen beispielsweise alte babylonische Geschäftsurkunden aus dem fünften Jahrhundert v. Chr. eine Reihe judäischer Namen und geben damit zu erkennen, dass sich deren Träger mit der Zeit in das Leben vor Ort einfügten. Sie hatten Häuser gebaut, Gärten angelegt und geheiratet. Der weitaus größte Teil der Judäer lebte im Exil in eigenen Ortschaften und eigenen gesellschaftlichen Organisationsformen, denen so genannte »Älteste« vorstanden. Hier hielten sie auch religiöse Zusammenkünfte ab, die sie in Form von Klagefeiern ausgestalteten. Noch heute zeugen Ortsnamen wie Tel Aviv, dessen Bezeichnung auf den assyrischen Begriff »til-abubu« für »Sturmfluthügel« zurückgeht, von diesen Ortschaften in der Fremde. Die Ansiedlungen der mit der ersten Deportationswelle 597 v. Chr. weggeführten Judäer waren bewusst provisorisch gehalten. Sie weigerten sich, feste, steinerne Häuser zu bauen, da sie auf eine baldige Rückkehr hofften. Nach der Zerstörung Jerusalems und des Tempels schien diese Möglichkeit in weite Ferne zu rücken. Langsam kam es zu einer vorsichtigen sozialen Annäherung an die babylonische Bevölkerung. Diese wurde durch die sprachliche Verwandtschaft des Hebräischen mit der im Lande verbreiteten aramäischen Umgangssprache erleichtert. Die intellektuellen Führungsschichten aber taten alles, um in religiöser und kultureller Hinsicht die israelitische Identität zu erhalten.

EMPFEHLUNG

Lesenswert:

Die Bibel, Einheitsübersetzung, mit dem Kommentar der *Neuen Jerusalemer Bibel*. 2. Könige, Kapitel 24, Vers 1 – Kapitel 25, Vers 30, Freiburg im Breisgau 2000.

Deutsche Bibelgesellschaft (Hg.): *Die Bibel nach der Übersetzung Martin Luthers*, 2. Könige, Kapitel 24, Vers 1 – Kapitel 25, Vers 30, Stuttgart 1999.

Kurt Galling (Hg.): *Die Religion in Geschichte und Gegenwart*, Band 2, Tübingen 1986.

Klaus Koch, Eckart Otto, Jürgen Roloff und Hans Schmoldt (Hg.): *Reclams Bibellexikon*, Seite 141, Stuttgart 2000.

Dr. Georg Herlitz und Bruno Kirschner (Hg.): *Jüdisches Lexikon*, Band 1, Frankfurt am Main 1987.

AUF DEN PUNKT GEBRACHT

Unter den harten Bedingungen des babylonischen Exils entwickelte die jüdische Religion ihre bis heute typischen Grundzüge.

Jesaja und Jeremia

Jesaja 1, 1–39, 8 und Jeremia 1, 1–52, 34

Beiden Propheten gemeinsam war ihr unerlässliches Sendungsbewusstsein. Und beider Leben war selbst Bestandteil ihrer Botschaft. Jesaja und Jeremia prophezeiten in einem Abstand von gut hundert Jahren den Untergang Jerusalems. Dadurch zogen sie sich den Unmut ihrer Zeitgenossen und ein hartes Schicksal zu. Folgenreicher als ihre Untergangsprophezeiungen waren die neuen Züge, die sie dem Gesicht ihrer Religion verliehen. Jesaja entwickelte die Idee von einem kommenden Messias, der aus dem Geschlecht Davids stammen und eine ideale Herrschschaft über Gottes Volk errichten werde. Und Jeremia war es, der dem alten Glauben einen neuen Individualismus einprägte. Nicht mehr nur das Verhältnis zwischen Gott und der Gesamtheit seines Volkes, sondern auch zwischen Gott und jedem einzelnen Menschen ist nach seiner Lehre bedeutsam.

■ *Der Prohet Jesaja*. Gemälde, um 1516, von Fra Bartolomeo (1475–1517). Florenz, Galleria dell'Academia

Sowohl das Jesaja- als auch das Jeremiabuch sind nach einem dreiteiligen Schema aufgebaut. Nach einleitenden Unheilsprophezeiungen gegen Juda und Jerusalem folgen heftige Drohungen gegen Fremdvölker und schließlich Heilsverheißungen.

Wenn Wissenschaftler heute über das Jesajabuch sprechen, meinen sie in aller Regel die Kapitel 1 bis 39, deren Inhalt tatsächlich Jesaja selbst zugeschrieben wird. Von den Kapiteln 40 bis 66 nimmt man an, dass sie aus anderen, späteren Quellen hinzugefügt wurden.

Der Prophet Jesaja, Sohn des Amos, wurde um 765 v. Chr. geboren und stammte aus Jerusalem. Seine Berufung zum Propheten empfing er durch eine Vision im Tempel von Jerusalem im Alter von 25 Jahren, also um 740 v. Chr. Damals befand sich das Nordreich Israel nach dem Tode Jerobeams II. bereits in starker Zersetzung. Sein eigenes Heimatland Juda erfreute sich zu dieser Zeit noch relativ stabiler Verhältnisse. Dennoch beobachtete Jesaja auch hier sittliche und religiöse Verwahrlosung und vor allem Abtrünnigkeit vom Jahwe-

glauben. Daher warnte er unablässig vor dem Untergang Israels und Judas als Strafe für ihre Untreue gegen den Herrn. Mit scharfen Worten geißelte Jesaja die Jerusalemer Oberschicht, die den wirtschaftlich schwachen Teil der Bevölkerung rücksichtslos ausbeutete.
In seinen Prophezeiungen entwickelte Jesaja eine sprachliche Wucht und dichterische Brillanz, die sein Werk durch die Leuchtkraft seiner Bilder zu einem echten Klassiker der Bibel machen. Schon der Anfang des Jesajabuches fasziniert den Leser: »Hört, ihr Himmel! Erde, horch auf! Denn der Herr spricht: Ich habe Söhne großgezogen und emporgebracht, doch sie sind von mir abgefallen. Der Ochse kennt seinen Besitzer und der Esel die Krippe seines Herrn; Israel aber hat keine Erkenntnis, mein Volk hat keine Einsicht. Weh dem sündigen Volk, der schuldbeladenen

■ *Der Prophet Jeremia predigt gegen den Götzendienst* (Jeremia 1, 16–17). Holzschnitt von Julius Schnorr von Carolsfeld (1794–1874), mit späterer Kolorierung. Aus der »Bibel in Bildern«, Leipzig, um 1860.

■ Der Herr bestraft mit seinem harten, starken, großen Schwert Leviathan, die schnelle, gewundene Schlange. *Untergang des Leviathan, Weissagung Jesaja* (Jesaja 27, 1). Holzstich nach einer Zeichnung von Gustave Doré (1832–1883), mit späterer Kolorierung. Aus der Folge der 230 »Bilder zur Bibel«, 1865.

HEILSWEISSAGUNGEN
In den Büchern der Propheten Jesaja und Jeremia sind Heilsweissagungen enthalten, die nach dem göttlichen Strafgericht den Anbruch einer Gottesherrschaft voraussagen. Im Fall der »Jesaja-Apokalypse« gehen Wissenschaftler davon aus, dass diese Prophezeiungen erst von späteren Bearbeitern nach dem Exil eingefügt worden sind. Ähnlich verhält es sich auch mit dem Jeremiabuch. Hier wurde gegen Ende des Exils aus der bedingungslosen Untergangsverkündigung eine Bußpredigt mit der Chance zur Umkehr und zur Hoffnung auf Heil gemacht.

Nation, der Brut von Verbrechern, den verkommenen Söhnen! Sie haben den Herrn verlassen, den Heiligen Israels haben sie geschmäht und ihm den Rücken gekehrt. Wohin soll man euch noch schlagen? Ihr bleibt ja doch abtrünnig.«

Neben der religiösen Botschaft hatte der Prophet aber auch ein dezidiertes politisches Anliegen. Er forderte die absolute Neutralität Judas und widerriet allen militärischen Bündnissen. Das judäische Gemeinwesen sollte allein auf Gott vertrauen. So lautete denn auch Jesajas Empfehlung an den jungen König Ahas, als dieser im Jahre 736 v. Chr. den Thron von Jerusalem bestieg.

Als Juda jedoch von den Königen von Israel und Damaskus angegriffen wurde, sah Ahas keinen anderen Ausweg, als sich mit den Assyrern zu verbinden. Jesaja resignierte und zog sich verbittert aus dem öffentlichen Leben zurück.

721 v. Chr. eroberten die Assyrer Samaria, die Hauptstadt des Nordreiches Israel. Im Jahre 716 v. Chr. folgte Hiskia in Jerusalem auf Ahas als König des Südreiches Juda. Hiskia bemühte sich eif-

rig um religiöse Reformen, strebte aber politisch ein Bündnis mit den Ägyptern gegen die Assyrer an. Erneut griff Jesaja ins Tagesgeschehen ein und warnte vor dieser Strategie – wieder vergebens. Im Jahre 705 v. Chr. versuchte er ein letztes Mal, die königliche Politik zu beeinflussen. Hiskia beteiligte sich an einem Aufstand gegen die assyrische Oberherrschaft. Im Gegenzug verwüstete der assyrische König Sanherib 701 v. Chr. Palästina und bedrohte Jerusalem. Jesaja versprach Hiskia in dieser Situation Gottes Hilfe. Und tatsächlich zog Sanherib unerklärlicherweise sein Heer zurück. Doch die moralische Wandlung in Juda, die sich der Prophet von diesem Eindruck göttlicher Rettung in höchster Not versprochen hatte, blieb aus. Danach weiß die Bibel nichts mehr über das Leben Jesajas zu berichten. Nach einer jüdischen Legende soll er unter dem auf Hiskia folgenden gottlosen judäischen König Manasse das Martyrium erlitten haben und zersägt worden sein.

Der Prophet Jeremia lebte ein halbes Jahrhundert nach Jesaja. Er wurde um 645 v. Chr. als Sohn des Priesters Hilkia in Anathoth sieben Kilometer nordöstlich von Jerusalem geboren. Die biographischen Informationen, die über ihn durch seinen Freund und Schreiber Baruch an vielen Stellen in das Jeremiabuch eingestreut sind, sind umfangreicher als bei allen anderen Propheten. Jeremia war ein empfindsamer junger Mann, der seine göttliche Berufung schon im Alter von 19 Jahren, im Jahre 626 v. Chr., erlebte. Damit war er in eine wechselvolle, schicksalsschwere Epoche hineingestellt worden. Zunächst versuchte er, sich gegen seine Aufgabe zu wehren: »Ach, mein Gott und Herr, ich kann doch nicht reden, ich bin ja noch so jung.« Doch der Herr gab kein Pardon und beharrte darauf, dass er seinen Auftrag ausführte. Dies brachte Jeremia viel Verdruss, denn seine Botschaft hieß: »Ausreißen und niederreißen, vernichten und einreißen.« Oft fühlte er sich von seiner Sendung innerlich gepeinigt, wovon erschütternde Klagen aus dem Jeremiabuch Zeugnis geben, etwa: »Warum dauert mein Leiden ewig?« oder: »Verflucht der Tag, an dem ich geboren wurde«.

Das Hauptthema seiner Predigten war die Warnung vor dem Juda wegen des Götzendienstes und der sittlichen Verderbtheit seiner Bewohner drohenden Unheil und die unablässige Mahnung zur Umkehr.

■ *Jeremia auf den Ruinen des Tempels.* Nach der Zerstörung Jerusalems durch Nebukadnezar und der Wegführung der Juden ins babylonische Exil. Hinterglasmalerei, Österreich-Ungarn, 1. Hälfte 19. Jahrhundert. Wien, Judaika-Sammlung, Max Berger

■ Szene aus dem Film *Die Bibel – Jeremia* von 1998, mit Patrick Demsey als Jeremia und Stuart Bunce als Baruch unter der Regie von Harry Winer.

Jeremia erlebte in Jerusalem die Regierungszeiten der Könige Josia, Jojakin, Jojachin und Zedekia. Nach zunächst ermutigenden Hoffnungen, die sich aus den religiösen Reformen Josias ergaben, litt Jeremia umso mehr unter den Schwächen der Nachfolger. Unter König Jojakin verbot man Jeremia sogar, im Tempel in Jerusalem öffentlich aufzutreten. Daher ließ er seine Prophezeiungen dort durch seinen Schreiber Baruch aus einer Buchrolle verlesen. Als Jojakin davon erfuhr, verbrannte er den Text eigenhändig.

Zedekia, der letzte König Jerusalems vor der zweiten Deportationswelle ins babylonische Exil, war ein schwacher Mann. Er zeigte zwar Interesse an Jeremias Botschaft, konnte sich aber nicht gegen seine hohen Beamten durchsetzen. Diese ließen den Propheten, der gegen einen Aufstand gegen die neue babylonische Oberherrschaft im Lande predigte, festnehmen und in den tiefen Schlamm einer alten Zisterne werfen. Erst durch die Fürsprache des Kuschiters Ebed-Melech wurde Jeremia wieder befreit. Nach der Zerstörung Jerusalems durch den babylonischen König Nebukadnezar wurde Jeremia von einigen überlebenden Judäern gezwungen, mit ihnen nach Ägypten zu emigrieren, wo er sein Leben beendete.

Das eigene Los führte Jeremia zur zentralen Erkenntnis, dass vor Gott nur die persönliche Gesinnung des einzelnen Menschen entscheidend ist, nicht aber Äußerlichkeiten wie etwa Opfergaben.

BARUCH

Jeremias Freund und Schreiber Baruch kommt bei der Abfassung des Jeremiabuches große Bedeutung zu. Er protokollierte nicht nur Jeremias Reden, sondern verfasste vermutlich selbstständig die biographischen Angaben über den Propheten.

JESAJA UND JEREMIA

ÜBERLIEFERUNG

Quellen: Das Jesajabuch ist eine im Laufe von Jahrhunderten entstandene Sammlung prophetischer Sprüche. Tatsächlich gehen Teile des ersten Komplexes dieses Buches in Kapitel 1 bis 39 auf Jesaja selbst zurück. Doch die Wissenschaft ist sich darüber uneins, welche Passagen dies sind. Die Schwierigkeit der Quellenforschung liegt darin, dass Propheten ihrer Natur nach keine Schreiber, sondern Redner sind. Oft waren es andere, die deren Worte protokolliert haben. Dennoch ist dem Jesajabuch keinesfalls eine gewisse Authentizität abzusprechen. Mit seiner ersten großen zusammenhängenden Heilsverheißung durch einen von Gott gesandten Messias oder Erlöser erwies sich Jesaja als religiöses Genie. Er schuf eine Heilsperspektive, auf die sich über Jahrtausende hinweg zwei Weltreligionen, das Judentum und das Christentum, beriefen. Sein Charisma beeindruckte auch seine eigene Zeit tief. Es überrascht kaum, dass seine Worte über Generationen hinweg bewahrt und erweitert wurden. Die Individualität des Jesajabuches kommt in der immer wieder auftauchenden Durchbrechung des auch für andere Prophetenbücher gültigen Schemas »Unheilsweissagungen – Fremdvölkerworte – Heilsversprechen« zum Ausdruck. Man kann dabei sehr gut ablesen, wie sich das Werk entwicklungsgeschichtlich, ausgehend von mehreren Spruchsammlungen, formiert hat. Manche Einzelworte gehen auf den Propheten selbst zurück, andere auf seine unmittelbaren oder entfernteren Schüler, die manchmal die Worte des Meisters mit deutenden oder ergänzenden Glossen versehen haben. Die sogenannte »Apokalypse Jesajas« aus den Kapiteln 24 bis 27 etwa lässt sich wegen ihrer literarischen Gattung und ihres Lehrgehalts nicht vor dem 5. Jahrhundert v. Chr. ansetzen. Der Prophet Jeremia ist zu seinen Lebzeiten gescheitert, gewann aber nach dem Tod immer mehr an Bedeutung. Durch seine Lehre von »einem neuen Bund des Herzens« wurde er der Vater des Judentums in seiner reinsten Ausprägung. Solch nachhaltige Wirkung setzt voraus, dass sein Werk intensiv gelesen und auch bearbeitet wurde. Der Einfluss deuteronomistischer Redakteure scheint in etwas langatmigeren Predigtpassagen deutlich erkennbar.

EMPFEHLUNG

Lesenswert:
Die Bibel, Einheitsübersetzung, mit dem Kommentar der *Neuen Jerusalemer Bibel.* Jesaja, Kapitel 1, Vers 1 – Kapitel 39, Vers 8, außerdem Jeremia, Kapitel 1, Vers 1 – Kapitel 52, Vers 34, Freiburg im Breisgau 2000.

Deutsche Bibelgesellschaft (Hg.): *Die Bibel nach der Übersetzung Martin Luthers,* Jesaja, Kapitel 1, Vers 1 – Kapitel 39, Vers 8, außerdem Jeremia, Kapitel 1, Vers 1 – Kapitel 52, Vers 34, Stuttgart 1999.

Kurt Galling (Hg.): *Die Religion in Geschichte und Gegenwart,* Band 3, Tübingen 1986.

Klaus Koch, Eckart Otto, Jürgen Roloff und Hans Schmoldt (Hg.): *Reclams Bibellexikon,* Seite 239 – 240 und 249 – 251, Stuttgart 2000.

Dr. Georg Herlitz und Bruno Kirschner (Hg.): *Jüdisches Lexikon,* Band 3, Frankfurt am Main 1987.

Sehenswert:
Fra Bartolomeo: *Jesaia,* 1516, Öl auf Holz, 169 x 108 cm, Galleria dell' Accademia, Florenz.

AUF DEN PUNKT GEBRACHT

Die vorexilischen Propheten Jesaja und Jeremia bereiteten durch ihre Lehren den Boden für die theologische Ausprägung des Judentums in der babylonischen Gefangenschaft.

Deuterojesaja

Jesaja 40, 1–55, 13

Deuterojesaja ist keineswegs der Name eines Außerirdischen, auch wenn sein Klang ein wenig futuristisch anmutet. Mit der Zukunft steht der Name gleichwohl in enger Verbindung, und zwar mit der Zukunft der jüdischen Religion nach dem Exil, aus der sich drei Weltreligionen entwickeln sollten. Deuterojesaja bedeutet einfach »zweiter Jesaja«. Dies ist der vielleicht etwas einfallslose Name der Wissenschaft für den Autor der Kapitel 40 bis 55 des Jesajabuches, denn diese stammen offensichtlich nicht aus der gleichen Feder wie der erste Teil. Sie wurden von einem Propheten verfasst, der in der Spätzeit des Exils (vermutlich von 546 bis 539 v. Chr.) in Babylon wirkte und den Perserkönig Kyros namentlich als Befreier nennt. Deuterojesajas Werk bezieht sich ausdrücklich auf diese Zeit und nicht auf die vorexilische Königszeit im achten Jahrhundert v. Chr., in welcher der tatsächliche Jesaja lebte, den man folgerichtig Protojesaja nennen könnte. Aufgrund vergleichbarer theologischer Tendenzen haben spätere Redakteure die Schriften des Deuterojesaja dem Jesajabuch angefügt. Er prägte die jüdische Religion mit seiner Predigt noch stärker als Protojesaja. Bei ihm ist der Monotheismus erstmals systematisch ausformuliert und auf ein durchdachtes theoretisches Fundament gegründet.

Das Werk Deuterojesajas wird auch das Trostbuch Israels genannt. Anders als Protojesaja, der vorzugsweise mit Drohungen und Beschwörungen beeindruckt, verkündet Deuterojesaja Worte der Ermunterung und des Trostes. »Tröstet, tröstet mein Volk, spricht euer Gott. Redet Jerusalem zu Herzen und verkündet der Stadt, dass ihr Frondienst zu Ende geht, dass ihre Schuld beglichen ist«, so beginnen die Schriften Deuterojesajas.

■ Eine Menora: Die Israeliten stellten den siebenarmigen Leuchter zunächst im Heiligtum in der Wüste auf. Später befand er sich unter den heiligen Gefäßen im Tempel von Jerusalem.

Er selbst glaubte unerschütterlich an die Verheißungen, als deren Sprachrohr er sich fühlte. Das Wort Jahwes würde sich stets erfüllen. Wie sich die Unheilsweissagungen der vorexilischen Propheten bewahrheitet hatten, so würde auch die Prophezeiung des Heils Wirklichkeit werden. Deuterojesaja obliegt die schwere Aufgabe, die Verzweiflung und die Hoffnungslosigkeit im damals schon rund fünfzig Jahre andauernden Exil zu bekämpfen. Er versuchte, die Niedergeschlagenen durch die Verheißung unmittelbar bevorstehender göttlicher Hilfe aufzurichten. Den Verbannten beschwört er die baldige Freude der Heimkehr,

■ Tafel zum 1. Gebot: Ich bin der Herr, dein Gott. Du sollst keine anderen Götter haben neben mir. Szene aus der »Zehn-Gebote-Tafel« von Lucas Cranach d. Ä. (1472–1553). Wittenberg, Lutherhalle

durch eine in blühendes Fruchtland verwandelte Wüste würden sie zurückgeführt. Wie seine Vorgänger kennzeichnet er die erlittenen Katastrophen als göttliches Strafgericht. Und die nun bevorstehende Besserung begreift er nicht als Verdienst der Israeliten. Vielmehr wird Gott sie aus freien Stücken, aus seiner Huld gewähren, wie dies auch schon in der Vorzeit der Erzväter geschah. Jahwe erweise seinem Volk Gnade, um die Einzigartigkeit seiner Gottheit vor aller Welt zu offenbaren. In dieser Argumentation klingen bereits theologische Interpretationen an, die Judentum und Christentum bis heute beschäftigen. Doch der Monotheismus des Propheten ist zunächst überwiegend auf das praktische Inte-

KYROS
Der altpersische König Kyros der Große regierte von 558 bis 529 v. Chr. Er begründete das persische Weltreich, indem er 539 v. Chr. die damalige Führungsmacht Babylonien und auch Syrien-Palästina unterwarf. Mit dem 538 v. Chr. erlassenen so genannten Kyros-Edikt ermöglichte er den deportierten Israeliten die Rückkehr in die Heimat und den Wiederaufbau des Tempels.

resse gerichtet, die Glaubenszuversicht der Exilierten zu stärken. Im Zentrum der Erwartungen Deuterojesajas steht nicht nur die Rückkehr der Verbannten selbst, sondern auch die Rückkehr Jahwes zum Berg Zion, dem heiligen Tempelbezirk in Jerusalem. Die Notwendigkeit der Wiederherstellung des Tempels wird zum programmatischen Schwerpunkt der prophetischen Botschaft. Deuterojesaja weissagt, dass das heimgekehrte Volk außerordentlich fruchtbar sein werde: »Doch Zion sagt: Der Herr hat mich verlassen, Gott hat mich vergessen. Kann denn eine Frau ihr Kindlein vergessen, eine Mutter ihren leiblichen Sohn? Und selbst wenn sie ihn vergessen würde: Ich vergesse dich nicht. Sieh her: Ich habe dich eingezeichnet in meine Hände, deine Mauern habe ich immer vor Augen. Deine Erbauer eilen herbei, und alle, die dich zerstört oder verwüstet haben, ziehen davon. Blick auf und schau umher: Alle versammeln sich und kommen zu dir. So wahr ich lebe – Spruch des Herrn: Du sollst sie alle wie einen Schmuck anlegen, du sollst dich mit ihnen schmücken wie eine Braut. Denn dein ödes Land wird jetzt zu eng für seine Bewohner.« Das göttliche Werkzeug zur Verwirklichung dieses Heilsplanes ist für Deu-

■ *Kyros der Große besiegt die Lyder bei Sardes*, 546 v.Chr. kolorierte Lithographie, 1832, von R. Weibezahl. Aus der Bildergalerie zu »Rottecks allgemeiner Weltgeschichte«, Meißen, 1832.

■ *Eroberung der Stadt Babylon durch König Kyros den Großen.* Kupferstich von Matthäus Merian d. Ä. (1593–1650). »Historische Chronica«, Johann Ludwig Gottfried, Frankfurt, 1630.

terojesaja der Perserkönig Kyros. Er soll den »Kerkermeister« Babel stürzen. In Jesaja, Kapitel 45, Vers 1, verleiht Deuterojesaja Kyros sogar den Titel eines Gesalbten des Herrn, des Messias. Kyros übernahm nach seinem Verständnis also die politischen Aufgaben des davidischen Königtums.

Die Israeliten selbst spielen in Deuterojesajas Heilsentwurf eine eher passive Rolle. Sie werden als Knechte und ausführende Handlanger des göttlichen Planes gesehen. Diese Position nehmen die Israeliten aber nur gegenüber Gott ein. Vor den Völkern der Welt genießen sie eine Vorrangstellung. Sie sind das auserwählte Volk, die einzigen »Zeugen Jahwes«, an deren Beispiel er seine Allmacht erweist. So können sie zum Licht der Heiden werden und alle Welt von der Einzigartigkeit ihres Gottes überzeugen. Für den Propheten haben die Israeliten durch ihr Schicksal und ihr Leiden auch die Heiden vor Gott reingewaschen. Israel ist, so verkündet Deuterojesaja, ein von Gott ausgesuchtes Schuldopfer für die Sünden der Heidenwelt, welche diese aus Unkenntnis Jahwes begangen haben. Mit diesem Konzept wird der Prophet ein Wegbereiter nicht nur des jüdischen, sondern auch des christlichen Glaubens. Insbesondere die Idee vom Loskaufsopfer Jesu Christi ist aus seinem Geiste formuliert.

■ Außenansicht der auf dem Berg Zion gelegenen Dormitiokirche, die 1889–1906 von H. Renard erbaut wurde.

TRITOJESAJA

Die Wissenschaft hat im Jesajabuch noch das Werk eines dritten Propheten entdeckt, eines Tritojesaja. Dieser bleibt ebenfalls wie Deuterojesaja unbekannt, ihm werden die Kapitel 56 bis 66 zugeordnet. In Stil und Denkweise ist er Deuterojesaja nahe verwandt, schreibt allerdings aus einem anderen Blickwinkel heraus. Die Rückkehr der Exilierten nach Jerusalem war bereits vollzogen, und eine gewisse Enttäuschung machte sich breit, die aus den Schwierigkeiten des Aufbaus sowie der Armut der Heimkehrer resultierte. Das Werk stammt vermutlich aus dem fünften Jahrhundert v. Chr.

Doch die wichtigste und folgenreichste Lehre Deuterojesajas, die alle »abrahamitischen« Religionen, also Judentum, Christentum und Islam geprägt hat, ist sein konsequenter Monotheismus. Vor ihm war der jüdische Monotheismus nur auf das Volk Israel selbst bezogen. Für die Israeliten gab es zwar nur den einen Gott Jahwe, doch das schloss keineswegs aus, dass andere Völker andere Götter haben konnten. Nun aber gilt Jahwe als einzig wahrer Gott der ganzen Welt. Die Nichtigkeit aller anderen Götter erweist sich in ihrer Ohnmacht. Jahwe allein ist es, der handelt. Diese neue Theologie wird von Deuterojesaja in einer leidenschaftlichen Sprache von prägnanter Kürze vorgetragen. Die Nähe des Heils verlangt dringend die Entscheidung: »So spricht der Herr, Israels König, sein Erlöser, der Herr der Heere: Ich bin der Erste, ich bin der Letzte, außer mir gibt es keinen Gott. Wer ist mir gleich? Er soll sich melden, er tue es mir kund und beweise es mir. Wer hat von Anfang an die Zukunft verkündet? Sie sollen uns sagen, was alles noch kommt. Erschreckt nicht, und fürchtet euch nicht! Habe ich es euch nicht schon längst zu Gehör gebracht und verkündet? Ihr seid meine Zeugen: Gibt es einen Gott außer mir? Es gibt keinen Fels außer mir, ich kenne keinen.« Mit diesen Worten aus Jesaja, Kapitel 44, Vers 6 bis 8, ist der Anspruch auf einen universalen Monotheismus erstmals formuliert. Aus ihm werden sich in späteren Jahrhunderten Judentum, Christentum und Islam entwickeln: Es gibt im ganzen Universum nur einen wahren Gott.

DEUTEROJESAJA

ÜBERLIEFERUNG

Quellen: Alles spricht dafür, dass Deuterojesajas Werk in den Kapiteln 40 bis 55 des Jesajabuches die Predigten eines Propheten zusammenfasst, der zweihundert Jahre nach Jesaja wirkte. Jesaja selbst ist an keiner einzigen Stelle erwähnt, und der geschichtliche Rahmen des Inhalts ist die Spätzeit des Exils. Das Volk befindet sich in babylonischer Gefangenschaft, und Persien ist unter seinem König Kyros bereits als aufsteigende Großmacht identifiziert. Selbst wenn man in sehr traditionellem Verständnis Jesaja so weitreichende prophetische Fähigkeiten zuspräche, dass er zweihundert Jahre vorweg in die Zukunft sehen konnte, würde seine Verfasserschaft dennoch keinen Sinn ergeben, denn alle biblischen Propheten wenden sich stets in ihrem Wirken an die Zeitgenossen. Ihrer Zukunftsschau fehlt nie der klare Gegenwartsbezug. Dieser wäre bei Deuterojesaja nicht vorhanden, wenn man Jesaja als Urheber angeben wollte. Die moderne Bibelwissenschaft erkannte dies frühzeitig und vermutete hinter den Kapiteln 40 bis 66 des Jesajabuches mehrere unbekannte Propheten aus der Zeit des Exils und danach. Bereits 1892 wurden in einem Jesajakommentar die Kapitel 40 bis 55 als klar abzugrenzende Einheit einem anonymen Deuterojesaja zugeschrieben. Seitdem hat sich die Ansicht von der Selbstständigkeit und Geschlossenheit dieser Abschnitte allgemein durchgesetzt. Der unbekannte Prophet hat wohl selbst zu den Exilierten gehört, die in babylonischer Gefangenschaft lebten. Neben seinen schriftlichen Arbeiten wirkte er vermutlich auch an den Gottesdiensten seiner Gemeinde im Exil mit, in denen Klagegesänge über die Zerstörung des Heiligtums in Jerusalem und Gebete um die Wiederherstellung des Tempels vorgetragen wurden. Das Werk des Deuterojesaja ist vermutlich erst einige Zeit nach dem Exil an die ursprüngliche Jesajarolle angefügt worden. Inhaltlich erschien es den Redakteuren, die dieses Werk bearbeiteten, offensichtlich wichtig, in einer geschlossenen literarischen Form das Schicksal des Volkes weiterzuverfolgen, über das Protojesaja bereits das göttliche Strafgericht verkündet hatte. Dass der zweite Autor dieses Werkes, Deuterojesaja, dabei anonym blieb, mag an seiner Eingebundenheit in die kultischen Aktivitäten der Zeitgenossen gelegen haben.

EMPFEHLUNG

Lesenswert:

Die Bibel, Einheitsübersetzung, mit dem Kommentar der *Neuen Jerusalemer Bibel.* Jesaja, Kapitel 40, Vers 1 – Kapitel 55, Vers 13, Freiburg im Breisgau 2000.

Deutsche Bibelgesellschaft (Hg.): *Die Bibel nach der Übersetzung Martin Luthers*, Jesaja, Kapitel 40, Vers 1 – Kapitel 55, Vers 13, Stuttgart 1999.

Kurt Galling (Hg.): *Die Religion in Geschichte und Gegenwart*, Band 3, Tübingen 1986.

Klaus Koch, Eckart Otto, Jürgen Roloff und Hans Schmoldt (Hg.): *Reclams Bibellexikon*, Seite 249 – 251, Stuttgart 2000.

Dr. Georg Herlitz und Bruno Kirschner (Hg.): *Jüdisches Lexikon*, Band 3, Frankfurt am Main 1987.

AUF DEN PUNKT GEBRACHT

Durch seinen universalen Monotheismus und seine fundierte Theologie wurde Deuterojesaja zur wichtigsten Quelle der jüdischen Religion seit Moses.

Der blinde Tobit

Tobit 1, 1–14, 15

■ *Darstellungen aus dem Leben des jungen Tobit.* Das so genannte Cassone-Bild. Florentinisch, um 1500. Berlin, Bodemuseum

Das Buch Tobit, das um 200 v. Chr. verfasst wurde, gibt einen guten Einblick in die Maximen des jüdischen Glaubens kurz vor der Entstehung des Christentums. Es ermahnt seine Leser zur Frömmigkeit, zum Gebet, zur Achtung vor den Toten und zum Almosengeben. Daneben offenbart es einen ausgeprägten Familiensinn, sein Stoff ist eine Familiengeschichte. Das Buch Tobit gehört zur Gattung der biblischen Weisheitsliteratur. Seine Lehren vermittelt es nicht durch einen eintönigen Imperativ, sondern durch eine kunstvolle, novellenartige Erzählung. An deren Ende steht das Gebot, Gott zu preisen und seine Taten den Menschen zu verkünden.

Tobit stammte aus dem Nordreich Israel. Zu Beginn der Erzählung wird er als Angehöriger des Stammes Naftali ausgewiesen. Gemeinsam mit vielen Stammesgenossen wurde er nach der Eroberung seiner Heimat durch die Assyrer 725 v. Chr. in deren Hauptstadt Ninive weggeführt. Unter dem assyrischen König Salamanassar V. gelangte Tobit dort zu Reichtum und Ansehen und stieg zum Einkäufer am Hof auf. Im Gegensatz zu vielen anderen Verschleppten hielt er sich streng an die Vorschriften seiner Religion und aß nie von den Speisen der Heiden. Auf einer seiner geschäftlichen Reisen kam er in die medische Stadt Rages, dreizehn Kilometer südöstlich des heutigen Teheran. Dort vertraute er einem gewissen Gabael zehn Talente Silber zur Aufbewahrung an. Ein Talent Silber entsprach damals einem Gewicht von vierundvierzig Kilogramm. Als Sanherib König von Medien wurde, fiel das Land ins Chaos. Zahlreiche Unruhen erschütterten die politische Ordnung. Für Tobit wurde es zu gefährlich, nach Medien zu reisen. In Ninive übte er weiterhin Barmherzigkeit. Er gab den Hungernden Brot und den Nackten Kleidung. Und er begrub heimlich die Toten seines Volkes, die von den Assyrern einfach hinter die Stadtmauer geworfen worden waren. Tobit bestattete trotz Verbot auch jene Israeliten, die auf Geheiß Sanheribs hingerichtet worden waren. Eines Tages wurde er von einem Einwohner Ninives denunziert und musste fliehen. Die Assyrer fahndeten nun nach ihm, sein Leben war bedroht. Mit der überstürzten Flucht verlor er seine gesamte Habe, nur seine Frau Hanna und sein Sohn Tobias blieben ihm noch.

Unter der Herrschaft des späteren assyrischen Königs Asarhaddon durfte Tobit dann zurückkehren. Sein Neffe Achikar war Bevollmächtigter für die Verwaltung und Siegelbewahrer des neuen Königs geworden. Er legte ein gutes Wort für Tobit ein und ermöglichte ihm die Heimkehr. Zurück in Ninive, begrub Tobit abermals einen toten Israeliten. Anschließend ging er nicht nach Hause, sondern legte sich zum Schlafen an der Hofmauer nieder. Damit befolgte er eine weitere Vorschrift seines Glaubens, denn er war durch den Kontakt mit dem Toten unrein geworden. Als Tobit da lag, ließen die Sperlinge, die oben in der Mauer nisteten, ihre warmen Exkremente in seine offenen Augen fallen, und er erblindete. Kein Arzt konnte ihm helfen. Als ihn auch noch seine Frau Hanna verspottete, betete Tobit zu Gott, er möge seinem Leben ein Ende bereiten.

Zur gleichen Zeit hatte in der medischen Hauptstadt Ekbatana, dem heutigen Hamadan, Sarah große Sorgen. Sie war die Tochter von Tobits Vetter Raguel. Die junge Frau war schon mit sieben Männern verheiratet gewesen, doch alle waren in der Hochzeitsnacht gestorben. Der böse Dämon Asmodi hatte die Männer im Brautgemach getötet, noch bevor sie mit ihr schlafen konnten. Verzweifelt flehte Sarah zum Herrn, er solle ihr entweder helfen oder sie sterben lassen. Gott erhörte sowohl das Gebet Tobits

ACHIKAR

Die Erwähnung Achikars als Neffe Tobits verbindet die vorliegende Erzählung mit dem »Buch des Achikar«, einem altorientalischen Werk der außerbiblischen Weisheitsliteratur. Achikar war Kanzler der assyrischen Könige Sanherib und Asarhaddon und verfasste zwei Reihen von Weisheitssprüchen.

■ Tobit verbrennt auf Geheiß des Engels die Fischinnereien, damit der Dämon entflieht. *Die Hochzeitsnacht des Tobit mit Sarah.* Gemälde von Eustache Le Sueur (1616–1655), Paris, Louvre

■ *Tobias heilt seinen blinden Vater* (Tobit 11, 1–17). Gemälde von Bernardo Strozzi (1581–1644). Venedig, San Zaccaria

als auch das Flehen Sarahs. Er sandte seinen Engel Rafael. Der Engel reiste inkognito und stellte sich Tobit und seinem erwachsenen Sohn Tobias als Asarja vor. Dieser Asarja kam zur rechten Zeit, denn Tobit wollte Tobias zu Gabael nach Medien schicken. Er sollte die dort deponierten zehn Talente Silber zurückholen und dabei in Gesellschaft eines vertrauenswürdigen Begleiters reisen. Also machten sich die beiden auf. Im Fluss Tigris fingen sie einen großen Fisch. Nach dem Mahl riet Asarja Tobias, das Herz, die Leber und die Galle des Fisches aufzubewahren.

Auf dem Weg nach Rages kamen die beiden Reisenden bei Raguel in Ekbatana vorbei. Dieser freute sich sehr, den Sohn seines Vetters zu Gast zu haben. Noch größer wurde seine Freude, als Tobias um die Hand Sarahs anhielt. Raguel verheiratete das junge Paar in aller Form und führte sie ins Brautgemach, nicht ohne Tobias zuvor vom Schicksal der ersten sieben Freier erzählt zu haben. Kaum war Tobias mit seiner jungen Frau allein, verbrannte er das Herz und die Leber des Fisches. Von dem aufsteigenden Rauch wurde der Dämon Asmodi vertrieben und floh ins hinterste Ägypten, wo ihn der Engel Rafael fesselte. Raguel konnte sein Glück kaum fassen. Er hatte bereits frühmorgens ein Grab für Tobias ausgehoben, weil er befürchtete, dass auch dieser Schwiegersohn die Hochzeitnacht nicht überlebt hatte.

Das glückliche Paar reiste nach Ninive zu Tobit. Die zehn Talente Silber hatte Asarja derweil aus Rages geholt. In der Heimat rieb Tobias die blinden Augen des Vaters mit der Galle des Fisches ein. Sofort konnte Tobit wieder sehen. Jetzt gab sich Asarja als der Engel Rafael zu erkennen. Er befahl ihnen, Gott für seine an ihnen vollbrachten Wunder öffentlich zu preisen.

RAFAEL

Im *Tobiasbuch* wird Rafael als einer der sieben heiligen Engel bezeichnet. In Wirklichkeit kennt die kanonische Bibel aber nur drei Engel mit Namen: Gabriel, Michael und Rafael. Nur in den Apokryphen findet sich eine Liste mit sieben Engelnamen. Die Offenbarung des Johannes, das letzte Buch des Neuen Testaments, bezieht sich vermutlich auf Tobias, wenn sie von sieben Engeln spricht.

DER BLINDE TOBIT

ÜBERLIEFERUNG

Quellen: Das Tobitbuch mit seinen vierzehn Kapiteln ist ein typischer Vertreter der jüdischen Weisheitsliteratur. Es wurde vermutlich um 200 v. Chr. von einem Juden in der östlichen Diaspora verfasst. Der Einfluss der persischen Kultur ist unverkennbar. Bei Asmodi handelt es sich um den Namen eines altpersischen Dämonen. Gleichfalls geht auch das Eingreifen des Engels Rafael auf persische Motive zurück, ebenso die Achikar-Episode. Das Buch Tobit stammt vermutlich von einem verlorengegangenen semitischen Original und wurde ursprünglich in aramäischer oder hebräischer Sprache verfasst. Es gehört zu den so genannten apokryphen Büchern, die in der hebräischen Bibel nicht enthalten sind. Seine Zugehörigkeit zum Bibelkanon war umstritten. Man bezeichnet das Buch Tobit auch als deuterokanonisch, weil es von der katholischen Kirche erst nach einem gewissen Schwanken seit der römischen Synode im Jahre 382 anerkannt wurde. Mit der Geschichte und chronologischen Angaben geht das Buch Tobit sehr freizügig um. So wird berichtet, dass Tobit die Teilung des Zwölfstämmereiches unter Rehabeam und Jerobeam in ein Südreich Juda und ein Nordreich Israel 930 v. Chr. noch erlebt habe. Dann soll er aber mit dem Stamm Naftali 725. v. Chr. in assyrische Gefangenschaft weggeführt worden sein. Und Tobits Sohn Tobias soll, so heißt es im Schlusskapitel des Buches, noch die Zerstörung der assyrischen Hauptstadt Ninive 612 v. Chr. erlebt haben. Außerdem ist das Buch Tobit in der Aufzählung der assyrischen Könige nicht ganz vollständig. Nach dem Tod Salmanassars V. soll, so heißt es in Tobit, Kapitel 1, Vers 15, unmittelbar Sanherib gefolgt sein. Doch in Wirklichkeit lag zwischen diesen beiden Königen die Regierungszeit Sargons. Auch die geografischen Angaben genügen nicht ganz den Forderungen der Realität. In der Erzählung beträgt die Entfernung zwischen Rages und Ekbatana nur zwei Tagereisen. In Wirklichkeit sind beide Städte 300 Kilometer voneinander entfernt, und Ekbatana lag 2000 Meter hoch, also viel höher als Rages. Doch es geht dem Autor der Geschichte weniger um Genauigkeit als vielmehr um die effektive Vermittlung einer moralisch-religiösen Idee, die er am besten durch die Einbettung in einen attraktiven Erzählzusammenhang zu erreichten glaubte.

EMPFEHLUNG

Lesenswert:

Die Bibel, Einheitsübersetzung, mit dem Kommentar der *Neuen Jerusalemer Bibel*. Tobit, Kapitel 1, Vers 1 – Kapitel 14, Vers 15, Freiburg im Breisgau 2000.

Kurt Galling (Hg.): *Die Religion in Geschichte und Gegenwart*, Band 6, Tübingen 1986.

Klaus Koch, Eckart Otto, Jürgen Roloff und Hans Schmoldt (Hg.): *Reclams Bibellexikon*, Seite 513 – 514, Stuttgart 2000.

Dr. Georg Herlitz und Bruno Kirschner (Hg.): *Jüdisches Lexikon*, Band 4, 2, Frankfurt am Main 1987.

Sehenswert:

Christofano Allori: *Der Erzengel Raphael und Tobias*, um 1621, Öl auf Kupfer, 45 x 36 cm, Galleria Palatina, Palazzo Pitti, Florenz.

Claude Lorrain: *Landschaft mit Tobias und dem Engel*, 1663, Öl auf Leinwand, 116 x 153,5 cm, Staatliche Eremitage, St. Petersburg.

AUF DEN PUNKT GEBRACHT

Das Buch Tobit reichert eine typische Erzählung der altorientalischen Weisheitsliteratur mit spezifisch jüdischen Elementen wie etwa den Reinheitsgesetzen oder den Vorschriften zur Bestattung der Toten an.

Daniel in der Löwengrube

Daniel 1, 1–12, 13

Im Bibelbuch Daniel ist mehr vom Geist des Neuen Testamentes vorweggenommen als in den meisten anderen alttestamentarischen Werken. In seinen apokalyptischen Visionen zeigt es einige Verwandtschaft mit der Offenbarung des Johannes. Wie dort, eben in der »Apokalypse«, wird die Zerstörung der menschlichen Weltordnung mit einer nachfolgenden Aufrichtung des Gottesreiches prophezeit. Das Buch Daniel entwickelt auch als erster biblischer Text den Gedanken vom Wirken eines göttlichen Plans in der Weltgeschichte. Eingebunden sind diese Ideen in phantasievolle Erzählungen über den Judäer Daniel. Im glaubensfeindlichen Umfeld des Exils bleibt er seiner angestammten Religion treu. Er nimmt die schwersten Prüfungen geduldig auf sich und geht gestärkt und siegreich aus ihnen hervor. Durch sein Beispiel erkennen sogar die Heiden die universale Allmacht des Gottes Israels. Das Danielbuch wurde zur Zeit der Makkabäeraufstände verfasst. Der Autor wollte damit die Moral des Volkes in einer schweren Kriegszeit heben.

■ Daniel in der Löwengrube. Detail am Kirchenportal der Kirche Sainte-Trophime in Arles, 11. bis 12. Jahrhundert.

Der junge Daniel wurde, so heißt es im Danielbuch, von König Nebukadnezar mit der ersten Deportationswelle aus Jerusalem nach Babylon verschleppt. Er war von hoher Geburt und wurde im Exil mit drei Gefährten am königlichen Hof erzogen. Die drei Freunde erhielten dort die babylonischen Namen Schadrach, Meschach und Abednego. Bald weigerten sich alle vier Gefährten, die Speisen und den Wein von der königlichen Tafel zu verzehren, da dies gegen die Speise- und Reinheitsgebote ihres Glaubens verstieß. Der König hatte diese Ernährung für sie angeordnet, weil er meinte, dass sie sich dadurch besser entwickeln würden. Daniel machte dem königlichen Ober-

kämmerer den Vorschlag, sie versuchsweise für zehn Tage mit pflanzlicher Kost und Wasser zu ernähren. Der Angesprochene willigte ein, und tatsächlich sahen die vier jungen Leute nach den zehn Tagen gesünder aus als alle anderen Zöglinge am Hof. So durften sie weiter nach ihren Vorstellungen speisen und entwickelten sich auch in geistiger Hinsicht vorbildlich. Nebukadnezar war von Daniels Klugheit begeistert. Er stellte ihn und seine Gefährten als Ratgeber, Wahrsager und Zeichendeuter in den königlichen Dienst.
Für Daniel kam es bald zur ersten Prüfung. Nebukadnezar hatte einen Traum, der ihn sehr ängstigte. Er verlangte von seinen babylonischen Magiern eine zuverlässige Deutung. Doch um sicherzugehen, dass sie wirklich unter höherer Erleuchtung standen und ihm nichts vorflunkerten, erzählte er ihnen seinen Traum

■ Die Geschichte von Daniel in der Löwengrube dient dem manieristischen Maler Monsu Desiderio (1593–1644) als Vorwand für eine großartige Architekturphantasie: Madrid, Sammlung Thyssen-Bornemisza

nicht. Er forderte sie stattdessen auf, zunächst dessen Inhalt wiederzugeben und ihn erst danach zu deuten. Weil diese Aufgabe niemand lösen konnte, erließ der enttäuschte König voller Wut den Befehl, alle Wahrsager in seinem Reich zu töten.

Dieses Urteil betraf auch Daniel und seine drei Freunde, obgleich sie noch gar nicht um eine Deutung gebeten worden waren. Daher ließ sich Daniel beim König anmelden, erzählte den Traum korrekt nach und deutete ihn mit göttlichem Beistand. Er erklärte Nebukadnezar, dass dieser im Traum ein gewaltiges Standbild gesehen habe. Der Kopf sei aus Gold gewesen, Brust und Arme aus Silber, der Körper und die Hüften aus Bronze, die Beine aus Eisen und die Füße zum Teil aus Eisen, zum Teil aus Ton. Dann habe sich ein Stein aus einem Berg gelöst und habe das Standbild vollständig zermalmt. Der Stein selbst aber sei zu einem großen Berg geworden und habe die ganze Erde erfüllt.

Nun folgte die Deutung. Die Teile der Statuen, so erläuterte Daniel, seien unterschiedliche Weltreiche. Nebukadnezar selbst sei das Haupt aus Gold. Nach ihm würden geringere Reiche folgen, vergleichbar mit den Qualitäten von Silber, Bronze und Eisen. Dass die Füße des Standbildes aus Eisen vermischt mit Ton bestünden, bedeute, dass das letzte Reich brüchig sein würde. Gott selbst werde dieses Reich zerstören und eine neue, göttliche Herr-

■ *Die drei Jünglinge im Feuerofen* und *Daniel in der Löwengrube*. Fassadenrelief der Kreuzkirche auf Achthamar, einer Insel im Wan-See, Armenien, als Pfalzkirche 915–921 unter König Gagik I. Artsruni erbaut.

■ *Daniel in der Löwengrube.* Buchmalerei, Westfalen um 1360, aus dem »Heilsspiegel – Speculum humanae salvationis«. Darmstadt, Hessische Landesbibliothek

schaft aufrichten, die für alle Ewigkeit Bestand haben würde. Nebukadnezar war von dieser Deutung tief beeindruckt, fiel vor Daniel nieder und verlieh ihm und seinen Gefährten einen hohen Rang in der babylonischen Hierarchie.

Einige Zeit später ließ der König ein goldenes Standbild errichten und befahl, dass sich alle hohen Beamten davor verneigen und es anbeten sollten. Als sich Schadrach, Meschach und Abednego aus Treue zu ihrem Gott weigerten, ließ Nebukadnezar sie in einen glühenden Feuerofen werfen. Der Ofen wurde siebenmal so stark geheizt wie gewöhnlich. Sogar die Schergen, die nur an den Rand des Ofens traten, um die drei Gefährten hineinzuwerfen, verbrannten sofort. Doch innerhalb des Ofens gesellte sich der Engel des Herrn zu den drei Freunden und sorgte dafür, dass sie unversehrt blieben. Da ließ Nebukadnezar die drei Männer aus dem Ofen holen und ordnete an, dass ihr Gott in seinem Reich hoch zu achten sei.

Dann hatte Nebukadnezar erneut einen Traum. Er sah einen mächtigen Baum, dessen Spitze bis an den Himmel reichte. Ein Engel kam herab und fällte den Baum. Doch sein Wurzelstock blieb stehen. Wieder konnte Daniel den Traum deuten. Der König selbst sei der Baum, so seine Interpretation. Dass er umgehauen würde, bedeute, dass man Nebukadnezar aus der Gesellschaft der Menschen verstoßen werde. Er müsse sich dann von Gras ernähren und bei den wilden Tieren leben. Aber seine Königsherrschaft bliebe ihm erhalten, denn die Wurzel des Baumes sei ja noch da gewesen. Nebukadnezar müsse nur die Allmacht Gottes anerkennen.

Nach einem Jahr geschah alles, was Daniel prophezeit hatte. Nebukadnezar wurde wahnsinnig und begann, auf dem freien Feld zu leben. Nach Ablauf

ENDZEIT-SEKTEN

Für christliche Endzeit-Sekten der Gegenwart wie die Zeugen Jehovas oder die Adventisten hat das Danielbuch einen besonderen Stellenwert. Sie deuten es auf die heutige Zeit um und versuchen, daraus den Untergang der bestehenden Weltordnung sowie die Aufrichtung des Gottesreiches in unseren Tagen herauszulesen. So interpretieren sie beispielsweise die Weltreiche, die das Standbild im Traum Nebukadnezars symbolisierte, im Kontext politischer Entwicklungen des zwanzigsten Jahrhunderts und behaupten die Nähe des göttlichen Weltgerichts.

von weiteren sieben Jahren kehrte sein Verstand zurück, und er pries Gott, den Höchsten. Es gelang ihm, seinen Thron wiederzuerlangen.

Nebukadnezars Nachfolger auf dem babylonischen Thron war Belsazar. Dieser feierte eines Nachts ein großes Gelage mit tausend Gästen. Im Weinrausch befahl er, die goldenen und silbernen Gefäße herbeizuholen, die aus dem Tempel in Jerusalem geraubt waren. Der König trank mit seinen Gästen daraus. Während sie die Becher leerten, erschien aus dem Nichts eine Geisterhand an der Wand und schrieb geheimnisvolle Worte, die niemand lesen konnte. In panischem Schrecken ließ Belsazar nach Daniel rufen. Der Prophet entzifferte die Schrift sofort: »Mene mene tekel u-parsin.« Dies bedeutet, erklärte er, dass Belsazar sein Reich verlieren werde. Noch in derselben Nacht überfielen in einem Handstreich feindliche Truppen Babylon, eroberten es und töteten Belsazar.

Daniel aber wurde von dem Meder Darius, der nun über das Reich herrschte, zu einem der höchsten Verwaltungsbeamten ernannt. Dies neideten ihm andere Höflinge. Daher überredeten sie Darius, ein tückisches Gesetz zu erlassen. Niemand sollte in den nächsten dreißig Tagen einen anderen als den König anbeten. Wer gegen die Vorschrift verstoße, solle in eine Löwengrube geworfen werden. Da die Höflinge wussten, dass Daniel stets zu seinem Gott betete, belauerten sie ihn dabei und verrieten ihn beim König. Dieser war nun gezwungen, Daniel in die Löwengrube zu werfen. Doch die Löwen verschonten den Propheten. Heil ließ ihn der König wieder aus der Grube holen. Er befahl stattdessen, die verschlagenen Höflinge hineinzuwerfen, die auch sofort von den Tieren gefressen wurden. Darius ließ verkünden, dass man in seinem ganzen Reich den Gott Daniels fürchten solle.

■ *Daniel in dem Löwengraben und Habakuk.* Holzschnitt von Julius Schnorr von Carolsfeld (1794–1874), mit späterer Kolorierung. Aus der »Bibel in Bildern«, Leipzig, um 1860.

MENETEKEL

Noch heute ist umgangssprachlich mit Menetekel ein Unheilszeichen gemeint. In Wirklichkeit findet man in den geheimnisvollen Worten »Mene mene tekel u-parsin« drei altorientalische Münz- oder Gewichtsbezeichnungen wieder: Mine, Schekel und Halbmine. Hieraus ergibt sich das von Daniel geäußerte Wortspiel, dass Belsazars Tage gezählt seien und sein Gewicht für zu leicht befunden wurde.

DANIEL IN DER LÖWENGRUBE

ÜBERLIEFERUNG

Quellen: Das Bibelbuch Daniel wurde um 165 v. Chr. verfasst und ist damit eines der spätesten Bücher des Alten Testaments. Die ältesten Kapitel, 2 bis 6, fassen Legenden aus dem 3. Jahrhundert v. Chr. zusammen. Ob es einen historischen Daniel (der Name bedeutet »Gott ist mein Richter«) in babylonischer Gefangenschaft gegeben hat, ist nicht auszuschließen, aber auch nicht nachzuweisen. Das Buch ist zum Teil in aramäischer und zum Teil in hebräischer Sprache abgefasst. Daniel selbst erscheint als Autor des Buches ausgeschlossen. Der Verfasser der Erzählungen kannte sich offensichtlich wesentlich besser in der Zeit der Makkabäeraufstände aus als in der Epoche des babylonischen Exils. Eine Reihe von historischen Angaben im Danielbuch sind unrichtig. So fand etwa die erste Verschleppung ins Exil nicht im dritten Jahr des judäischen Königs Jojakin statt, sondern wesentlich später. Auch folgte Belsazar nicht Nebukadnezar auf dem Thron. Belsazar war der Sohn des späteren babylonischen Herrschers Nabonid und wurde selbst nie König. Ein Meder Darius schließlich ist den Historikern unbekannt. Auf den letzten babylonischen König folgte der Perser Kyros, der die Meder schon zuvor besiegt hatte. Richtig gezeichnet ist dagegen im Gleichnis vom goldenen Standbild die Reihenfolge der antiken Weltmächte im 2. Jahrhundert vor der Zeitenwende. Nach den Babyloniern, Medern und Persern folgte schließlich das griechische Weltreich Alexanders, das damals in Diadochenkämpfen zerbrach. Daher waren die eisernen Füße des Standbildes mit Ton gemischt. Bei diesem Traum handelte es sich also aus Sicht des Verfassers um keine Vorausdeutung, sondern um eine symbolische Geschichtsdarstellung. Nur der Hinweis auf das kommende Gottesreich wagt einen echten prophetischen Versuch. Im übrigen entstammt dieses Traumbild mythischem Überlieferungsgut. Hier sind unter anderem die Vorstellungen von den vier Weltreichen aus Hesiods *Werken und Tagen* verarbeitet.

Literatur: Der deutsche Dichter Heinrich Heine (1797 – 1856), selbst jüdischer Abstammung, ließ sich noch nach fast 2000 Jahren vom Danielbuch inspirieren. Er schrieb unter dem Titel *Belsazar* eine Ballade von dramatischer Wucht, die hier in Auszügen wiedergegeben wird:

»Die Mitternacht zog näher schon;
In stummer Ruh lag Babylon.

Nur oben in des Königs Schloß,
da flackert's, da lärmt des Königs Troß.

Dort oben in dem Königssaal
Belsazar hielt sein Königsmahl

…

Und sieh! und sieh! an weißer Wand
Da kam's hervor wie Menschenhand;

Und schrieb, und schrieb an weißer Wand
Buchstaben von Feuer, und schrieb und schwand«

EMPFEHLUNG

Lesenswert:
Die Bibel, Einheitsübersetzung, mit dem Kommentar der *Neuen Jerusalemer Bibel.* Daniel, Kapitel 1, Vers 1 – Kapitel 12, Vers 13, Freiburg im Breisgau 2000.

Deutsche Bibelgesellschaft (Hg.): *Die Bibel nach der Übersetzung Martin Luthers*, Daniel, Kapitel 1, Vers 1 – Kapitel 12, Vers 13, Stuttgart 1999.

Kurt Galling (Hg.): *Die Religion in Geschichte und Gegenwart*, Band 2, Tübingen 1986.

Klaus Koch, Eckart Otto, Jürgen Roloff und Hans Schmoldt (Hg.): *Reclams Bibellexikon*, Seite 102 – 103, Stuttgart 2000.

Dr. Georg Herlitz und Bruno Kirschner (Hg.): *Jüdisches Lexikon*, Band 2, Frankfurt am Main 1987.

Heinrich Heine: *Belsazar (Ballade)*, in *Gesammelte Gedichte und Verse*, Seite 79 – 80, Zürich 1994.

Hörenswert:
Paul Engel: *Daniel*, Oper, Uraufführung: München 1994.

AUF DEN PUNKT GEBRACHT

Das Danielbuch begründet die jüdische und christliche Apokalyptik, ein Prophetentum, das vor dem nahen Weltuntergang warnt.

Susanna im Bade

Daniel 13, 1–64

PSYCHOLOGIE
Der psychologische Hintergrund der Susanna-Erzählung ist lebensnah geschildert. Die beiden Ältesten sahen die schöne Frau Tag für Tag auf Jojakims Anwesen. So wuchs ihre Begierde stetig an, und es erscheint glaubhaft, dass sie schließlich das geschilderte Ausmaß annahm. Durch die tägliche Konfrontation mit dem Objekt ihrer Begierde konnten die beiden Richter bald an nichts anderes mehr denken.

Die Bibel enthält alle möglichen Gattungen von Geschichten, sogar Justizkrimis. Durch psychologische Raffinesse zeichnet sich die Erzählung von Susanna im Bade aus, die sich in den Zusätzen zum Danielbuch findet. Sie enthält alle notwendigen Zutaten für eine spannende Kriminalgeschichte: falsche Zeugen und korrupte Richter in Personalunion, Erpressung, eine tödliche Bedrohung sowie eine gute Portion Erotik. Am Ende des Berichts hat der junge Daniel Scharfsinn und Weisheit bewiesen und sich dadurch für seine künftige Karriere am babylonischen Hof, aber auch als Prophet bestens empfohlen. Und dabei kommt er ganz ohne Wundertaten aus.

Die Geschichte spielt im Exil in Babylon. Der reiche Jude Jojakim besaß dort einen großen Garten und ein prächtiges Haus, in dem er mit seiner schönen und zugleich gottesfürchtigen Frau Susanna lebte. Weil Jojakim sehr angesehen war und sein Heim genug Raum bot, trafen sich die Juden bei ihm zu ihren Zusammenkünften. Zu seinen regelmäßigen Gästen gehörten auch zwei Älteste, die als Richter der Gemeinde amteten und sich durch besondere Bosheit auszeichneten.

Wenn sich die Versammlung verlaufen hatte, pflegte Susanna im Garten zu lustwandeln. Dies bemerkten die beiden Richter und entbrannten in Begierde zu der schönen Frau. Schon bald konnten sie an nichts anderes mehr denken. Doch ihr Liebesbegehren hielten sie voreinander und vor der Welt verborgen, denn sie schämten sich dafür. So lauerte jeder für sich Tag für Tag nur darauf, Susanna näher zu kommen. Einmal trennten sie sich vor Jojakims Garten und gaben vor, nach Hause zu gehen. Doch nach kurzer Wartefrist kehren beide wieder zurück. Als sie sich an ihrem Ausgangspunkt begegneten, wurde die Erklärungsnot zu groß, und sie gestanden schließlich einander ihre Leidenschaft für Susanna. Ein Wort gab das andere, und bald machten sie einander gegenseitig Mut. Die beiden Schwerenöter schlossen einen Pakt, um mit vereinten Kräften ihr schmutziges Ziel zu erreichen. Sie warteten nur auf eine günstige Gelegenheit, um Susanna allein zu überraschen.

■ *Susanna und die beiden Alten.* Wandmalerei, 14. Jahrhundert, im Spilimbergo Dom in Friaul, Italien.

▪ *Susanna und die beiden Alten.* Gemälde, 1557, von Tintoretto (1518–1594). Wien, Kunsthistorisches Museum

Die Möglichkeit dazu ergab sich schon bald. An einem besonders heißen Tag verlangte es Susanna nach einem kühlen Bad. Sie kam in den Garten, nur von zwei jungen Dienerinnen begleitet, die ihr alles bequem richteten. Nun entkleidete sie sich, glitt in das Wasser und schickte die Mädchen los, noch Öl und Salben zu holen sowie das Gartentor zu verriegeln, damit sie ungestört sei. Die beiden Alten hatten all dies mit wachsender Begierde im Gebüsch versteckt beobachtet. Sobald die Badende alleine war, traten sie aus ihrem Versteck und brachten ihr schamloses Ansinnen vor: »Niemand sieht uns; wir brennen vor Verlangen nach dir: Sei uns zu Willen.«

Für den Fall, dass sie sich weigerte, drohten sie ihr mit Erpressung. Sie würden zu zweit bezeugen, dass ein junger Mann bei ihr gewesen sei. Deshalb, so würden sie behaupten, habe sie auch ihre Dienerinnen weggeschickt. Dies war eine schwerwiegende Anschuldigung, denn nach israelitischem Gesetz stand auf Ehebruch die Todesstrafe. Susanna sah sich in einer verzweifelten Lage. Was immer sie tat, würde sich gegen sie richten. Doch schien es ihr das Allerschlimmste, gegen den Herrn zu sündigen. Also schrie sie, so laut sie konnte. Da schrien auch die beiden Alten und öffneten das Gartentor. Die Diener des Hauses hörten den Lärm und eilten herbei. Als sie die Anschuldigungen der Männer vernahmen,

■ *Die Jurisprudenz. Daniel und Susanna* (Zusätze zu Daniel 13, 62). Fresko, 1883–1888, von Gustav Adolph Spangenberg (1828–1891), im Treppenhaus des Hauptgebäudes der Universität in Halle.

schämten sie sich sehr. So etwas hatte noch nie jemand über ihre Herrin geredet.

Am nächsten Morgen kam das Volk zusammen bei Jojakim, und die beiden Ältesten forderten, dass über Susanna Gericht gehalten werde. Die schöne Hausherrin erschien verschleiert in Begleitung ihrer Verwandten. Die beiden Bösewichte wollten sich noch ein letztes Mal an ihrem Anblick weiden und befahlen, ihr den Schleier abzunehmen. Dann erhoben sie sich, traten zu der jungen Frau und legten ihr die Hände auf das Haupt. Dies war das Zeichen, dass sie sie zur Steinigung verurteilen wollten.

Sie bezeugten nun öffentlich, mit eigenen Augen gesehen zu haben, wie im Garten ein junger Mann bei ihr gelegen habe. Als sie den Frevel von weitem beobachteten, seien sie herbeigelaufen und hätten mit dem Jüngling gerungen, um ihn festzuhalten. Er sei jedoch für sie zu kräftig gewesen und durch das Tor entschlüpft. Seinen Namen habe ihnen Susanna nicht gestehen wollen. Dies alles, so erklärten sie, könnten sie beide beschwören. Die Gemeinde glaubte ihren Behauptungen und verurteilte Susanna zum Tode.

Susanna aber flehte laut zu Gott um Hilfe. Der Herr erhörte sie und erweckte den heiligen Geist eines jungen Mannes, des ebenfalls anwesenden Daniel. Er stand auf und rief: »Ich bin am Blut dieser Frau unschuldig.« Erstaunt fragten ihn die anderen Anwesenden, was das zu bedeuten habe. Daniel schalt sie der Torheit und des Verstoßes gegen die gesetzlichen Formen eines Prozesses. Und er forderte die Wiederaufnahme des Verfahrens unter regulären Bedingungen. Seine Kühnheit beeindruckte die Versammelten. Sie gehorchten ihm und überließen ihm sogar die Führung der Verhandlung. Er ließ die beiden Alten trennen, um sie einzeln zu verhören. Nachdem man den einen weggeführt hatte, fragte Daniel den anderen vor der Gemeinde, unter welchem Baum des Gartens er das Paar entdeckt habe. Dieser antwortete: unter einer Zeder. Als er dem zweiten in Abwesenheit des ersten die gleiche Frage stellte, sagte dieser: unter einer Eiche.

Dies öffnete allen die Augen, sie erkannten, dass Susanna verleumdet worden war. Die beiden Richter traf nach dem mosaischen Gesetz jene Strafe, die sie ihrem Opfer zugedacht hatten. Sie wurden gesteinigt. Daniel aber genoss von diesem Tage an ein hohes Ansehen im Volk.

ZEDER UND EICHE

Bei der widersprüchlichen Aussage der beiden Verleumder über Zeder und Eiche handelt es sich um ein Wortspiel. Das griechische Wort für Zeder (schinos) klingt ähnlich wie das Verb zerspalten (schisei), das Wort für Eiche (prinos) ähnlich wie entzweihauen (kataprise). Daniel drohte dem einen Übeltäter an, dass der Engel Gottes ihn zerspalten, dem anderen, dass er ihn entzweihauen werde.

SUSANNA IM BADE

ÜBERLIEFERUNG

Quellen: Die Geschichte von Susanna im Bade gehört zu den alttestamentarischen Apokryphen. Es handelt sich um einen Zusatz zum Danielbuch, der erst später in griechischer Sprache hinzugefügt wurde. Er findet sich erstmals in der griechischen Bibelübersetzung Septuaginta. Dennoch vermuten Wissenschaftler, dass die Erzählung auf ein hebräisches, semitisches oder aramäisches Original zurückgeht. Vermutlich lagen ihr außerjüdische Märchenmotive von der unschuldig verleumdeten Frau und der Rettung in letzter Minute durch göttliches Eingreifen mittels eines scharfsinnigen Kindes zugrunde. Auch die spätere neutestamentarische Literatur steht mit ihren Berichten über die Weisheit des Jesusknaben in dieser Tradition. Diesen Stoff bettet das Danielbuch in einen jüdischen Kontext ein und stellt die Erzählung vor einen pseudohistorischen Hintergrund. Die Begebenheit dient als eindrucksvolles Zeugnis von Daniels Prophetengabe. Die Geschichte wurde erst später eingefügt, als die Erzählungen in den ersten sechs Kapiteln des Danielbuches bereits mit den Visionen in den Kapiteln 7 bis 12 verbunden waren. In einigen Bibelübersetzungen findet sich die Susanna-Geschichte im Anhang an das Danielbuch, in anderen wird sie dem Danielbuch vorangestellt. Streng chronologisch gesehen ist wohl letzteres richtig, da Daniel in dieser Erzählung noch sehr jung ist und erst am Anfang seiner Laufbahn steht. In syrischen Bibeln findet sich die Episode als »Buch vom kleinen Daniel« und wird hier gern mit Judith, Ruth und Esther zum »Buch der Frauen« zusammengestellt.

Literatur: Tertullian erwähnt Susanna erstmals in der christlichen Literatur. Als Beispiel für Gottesfurcht und Tugend nennt sie Cyprian von Karthago. Und die Kirchenväter Ambrosius, Augustinus und Athanasios loben sie im 4. Jahrhundert als Vorbild der Keuschheit und vergleichen ihre Verhandlung mit dem Prozess Jesu. Ihr *Geschick* legen sie als Beweis für die Allwissenheit Gottes und das Wirken des Heiligen Geistes aus.

Bildende Kunst: Susanna im Bade war bei den alten Meistern wie Reni und van Dyck aufgrund der knisternden Spannung der Geschichte sowie der erotischen Komponenten ein besonders beliebtes Motiv. Rembrandt malte es gleich zweimal, Rubens sogar viermal. Auch moderne Künstler wie Böcklin, Stuck, Corinth und Kokoschka nahmen sich des Themas gerne an. Insgesamt kennt man rund 50 bedeutende Werke mit diesem Motiv. Susannadarstellungen tauchen schon seit dem 4. Jahrhundert auf, so etwa in römischen Katakomben, auf Goldgläsern oder der Glasschale Podgorica (Herzegowina). In der Prätextatuskatakombe in Rom findet sich eine Darstellung durch eine Tierallegorie.

EMPFEHLUNG

Lesenswert:
Die Bibel, Einheitsübersetzung, mit dem Kommentar der *Neuen Jerusalemer Bibel.* Daniel, Kapitel 13, Vers 1-64, Freiburg im Breisgau 2000.

Kurt Galling (Hg.): *Die Religion in Geschichte und Gegenwart*, Band 6, Tübingen 1986.

Sehenswert:
Albrecht Altdorfer: *Susanna im Bade und Steinigung der Alten*, 1526, Öl auf Holz, 74,8 x 61,2 cm, Alte Pinakothek, München.

Domenichino: *Susanna und die Alten*, 1603, Öl auf Holz, 56,8 x 86,1 cm, Galleria Doria Pamphilj, Rom.

Giovanni Francesco Barbieri, genannt Guercino: *Susanna und die Alten*, 1617, Öl auf Leinwand, 175 x 207 cm, Prado, Madrid.

Gerard (Gerrit) van Honthorst: *Die vor den Alten flüchtende Susanna*, 1655, Öl auf Leinwand, 157 x 213 cm, Galleria Borghese, Rom.

Rembrandt Harmensz. van Rijn: *Susanna und die beiden Alten*, 1647, Öl auf Holz, 76,6 x 92,8 cm, Gemäldegalerie, Staatliche Museen Preußischer Kulturbesitz, Berlin.

AUF DEN PUNKT GEBRACHT

Die phantasievolle Erzählung von Susanna im Bade regte über zwei Jahrtausende hinweg die Produktivität zahlreicher Künstler an.

Esther rettet die Juden

Esther 1, 1–10, 3

Zumindest Teile des Buches Esther wurden nach wissenschaftlichem Urteil in den bewegten Zeiten der Makkabäeraufstände verfasst. Daraus erklärt sich die Rigorosität, mit der in der Erzählung gegen die Feinde der Juden vorgegangen wird. Dramaturgisch ist das Estherbuch im Vergleich zu anderen biblischen Geschichten recht modern aufgebaut. Nach der ausführlichen Einleitung werden die folgenden Geschehnisse straffer beschrieben und von wohlvorbereiteten Zwischenepisoden ergänzt. Es ist die volkstümlichste Geschichte des Alten Testamentes, die schon in ihrer Entstehungszeit großen Anklang fand und sogar als Stiftungsgrund eines jüdischen Festes gilt.

■ *Esther vor Ahasver*. Gemälde, um 1600, von Gregorio Pagani (1558–1605). Wien, Kunsthistorisches Museum

Am Hof des persischen Großkönigs Ahasver in Susa östlich von Babel, dem heutigen Schusch im südlichen Iran, lebte um 480 v. Chr. der Jude Mordechai. Er gehörte einer Gemeinde seines Volkes im Lande an, die durch die Wirren der Weltgeschichte dorthin verstreut worden war. Die junge Esther, ein Mädchen von schöner Gestalt und großer Anmut, war seine Pflegetochter.

Eines Tages gab Ahasver ein großes Fest. In einer Weinlaune ließ er nach seiner Frau, der Königin Vasti, rufen. Sie sollte mit dem königlichen Diadem geschmückt erscheinen, denn er wollte ihre Schönheit den Völkern und Fürsten zeigen. Aber Vasti hatte keine Lust zu kommen. Da verstieß sie der König voller Zorn von seinem Angesicht. Er verbot ihr ausdrücklich, ihm nochmals unter die Augen zu treten.

Nach einiger Zeit fühlte sich der König einsam. Da ließen seine

Diener die schönsten jungen Mädchen aus allen Provinzen des Reiches zusammenholen. Aus ihnen sollte er sich seine neue Gemahlin erwählen. Bevor sie zum König geführt wurden, unterzog man sie einer aufwändigen, monatelangen Schönheitspflege mit Myrrhenöl und Balsam. Unter den Jungfrauen war auch Esther, die auf Weisung ihres Pflegevaters niemandem etwas von ihrer jüdischen Abstammung verraten hatte. Als die Reihe an ihr war, bei Ahasver zu übernachten, errang sie seine Zuneigung in so hohem Maße, dass er mit keiner andern mehr zusammen sein wollte. Er setzte ihr das königliche Diadem auf und machte sie zu seiner Frau. Danach veranstaltete er ihr zu Ehren ein großes Festmahl.
Ihr Vormund Mordechai hatte durch Zufall erfahren, dass zwei unzufriedene königliche Kämmerer Ahasver töten wollten. Umgehend ließ er den König durch seine Pflegetochter Esther warnen. Der Anschlag wurde vereitelt. Die Übeltäter hängte man zur Strafe auf. Ahasver befahl, dass das Ereignis in seiner persönlichen Tageschronik, dem Buch der Denkwürdigkeiten, festgehalten werden sollte. Nach diesen Geschehnissen erhob der König den Agagiter Haman in einen höheren Rang als alle anderen Fürsten. Von da an musste jeder, der Haman am Tor des Palastes begegnete, vor ihm niederfallen und ihm huldigen. Mordechai aber weigerte sich. Darüber wurde Haman so zornig, dass er beschloss, den Aufsässigen samt allen Juden im Land zu vernichten. So begab er sich zum König, um sie anzuklagen. Er behauptete, dass im persischen Reich ein Volk lebe, das sich von den anderen Völkern absondere. Seine Gesetze seien anders als die der anderen, und sie befolgten die Vorschriften des Königs nicht. Daher empfahl Haman, das Volk auszurotten. Dann könne man auch das Silber dieser Menschen den königlichen Schatzkammern zuführen. Ohne lange nachzufragen, welches Volk das sei, gab Ahasver seine Einwilligung. Er überreichte Haman seinen Siegelring und erteilte damit alle Vollmachten. Der Fürst solle die Angelegenheit nach seinem Gutdünken erledigen. Das Silber könne er behalten, wenn er wolle. Dieser Teil der biblischen Erzählung ist der erste schriftliche Bericht der Geschichte über ein Judenpogrom.

■ *Die Verstoßung der Königin Vasti.* Deckengemälde, um 1555, von Paolo Veronese (1528–1588). Venedig, San Sebastiano

■ Esther wird von Ahasver gekrönt. Szene aus dem italienisch-amerikanischen Historienfilm *Das Schwert von Persien* aus dem Jahre 1960 unter der Regie von Raoul Walsh, mit Joan Collins als Esther und Richard Egan als Ahasver.

Haman ließ das Pur, das ist das Los, werfen, um die günstigste Zeit für sein Vorhaben zu bestimmen. Als Ergebnis wurde der dreizehnte Tag des zwölften Monats, des Monats Adar, zur Vernichtung der Juden festgelegt. Durch Eilboten wurde ein Erlass in alle Provinzen geschickt.

Als Mordechai davon erfuhr, war er entsetzt. Er ließ Esther eine Abschrift des Erlasses überbringen und bat sie um Hilfe. Sie solle zum König gehen und ihn um Gnade für ihr Volk anflehen. Esther aber hatte große Angst. Nach dem persischen Gesetz durfte sich niemand zum König begeben, ohne gerufen worden zu sein. Wer gegen diese Regel verstieß, wurde getötet. Nur wenn der König ihm sein goldenes Zepter entgegenstreckte, blieb er am Leben. Doch Mordechai beharrte auf seiner Bitte: »Wer weiß, ob du nicht gerade dafür in dieser Zeit Königin geworden bist.«

So fastete und betete Esther ebenso wie Mordechai und alle Juden in Susa drei Tage. Verzweifelt flehte sie zum Herrn: »Befrei mich aus der Hand der Bösen! Befrei mich von meinen Ängsten!«

Dann fasste sie sich ein Herz und ging zum König. Und sie hatte Glück: Ahasver streckte ihr sein Zepter entgegen. Nach anfänglichem Zorn war der König durch ihren Anblick milde gestimmt und versprach ihr, jeden Wunsch bis zur Hälfte des Königreichs zu erfüllen. Zunächst bat Esther ihn nur darum, gemeinsam mit Haman zu einem Festmahl zu kommen. Auch am Tag dieses Festmahls äußerte sie ihren Wunsch noch nicht. Sie bat stattdessen Ahasver für den nächsten Tag mit Haman zu einem weiteren Fest.

Haman ging gut gelaunt nach Hause, weil er sich durch diese exklusive Einladung alleine mit dem König hoch geehrt fühlte. Unterwegs ärgerte er sich über Mordechai, der ihm am Tor begegnete und ihm wieder nicht huldigte.

DER AGAGITER

Haman wird in der Bibel als Agagiter bezeichnet. Ein altes Land Agag ist aber den Historikern unbekannt. Agag war gemäß 1. Samuel der König der Amalekiter, der von Saul besiegt wurde. Und da Mordechai ebenso wie Saul aus dem Stamm Benjamin kam, liegt der Gedanke nahe, dass mit dieser Bezeichnung das feindselige Verhältnis zwischen Mordechai und Haman von vornherein charakterisiert werden sollte.

Daher ließ er einen Galgen aufstellen, an dem er ihn am nächsten Tag nach dem Fest aufhängen lassen wollte. Bis zur allgemeinen Judenvernichtung wollte er damit nicht mehr warten.
Noch am gleichen Abend ließ sich der König aus seinem Gedenkbuch vorlesen. Da fiel ihm ein, dass er Mordechai für seine Warnung vor dem Anschlag der beiden Kämmerer noch nicht belohnt hatte. So ließ er Haman holen und fragte ihn, was mit einem Mann geschehen solle, den der König besonders ehren wolle. Haman glaubte, er sei selbst gemeint. Daher empfahl er, den Mann in königliche Gewänder zu kleiden und auf ein edles Pferd zu setzen. Verdutzt musste er zur Kenntnis nehmen, dass Ahasver ihm befahl, nun so mit Mordechai zu verfahren.
Beim zweiten Festmahl berichtete Esther dem König in Hamans

■ *Das Gastmahl der Esther.* Gemälde von Frans Francken d. J. (1581–1642). Prag, Nationalgalerie

■ *Haman am Galgen* (Esther 9, 20). Buchmalerei aus einer spanischen Bibel, um 1400–1425. Madrid, Escorial

Gegenwart, dass ein böser Mann ihr Volk ausrotten wollte. Bestürzt fragte Ahasver, wer dieser Mensch sei. Und Esther antwortete: »Dieser gefährliche Feind ist der verbrecherische Haman hier.« Der König geriet in große Wut und ließ Haman an dem Galgen aufhängen, den dieser für Mordechai bestimmt hatte. Mordechai aber erhielt den königlichen Siegelring des Haman und Esther Hamans Haus zum Geschenk. Dann wurde auf Esthers Betreiben ein neuer Erlass in alle Provinzen geschickt, der die Anordnungen Hamans widerrief. Nicht das Volk der Königin sollte ausgerottet werden. Stattdessen durften sich im ganzen Land die Juden zusammenschließen, um ihre Feinde zu erschlagen.

Dieser Erlass wurde nun tatsächlich am dreizehnten Tag des zwölften Monats in die Tat umgesetzt. Die Juden töteten 75 000 ihrer Gegner im ganzen Reich des persischen Großkönigs, auch die zehn Söhne Hamans. Die Abrechnung dauerte bis zum nächsten Tag, dem vierzehnten des Monats.

Aus diesem Anlass entstand das jüdische Purimfest, das Fest der Lose. Mordechai verfasste darüber gemeinsam mit Esther einen weiteren Erlass und sandte ihn in alle Provinzen des Reiches. Das Fest wird in jedem Jahr am 14. und 15. Adar zum Gedenken an die Rettung der Juden gefeiert und ist durch den Brauch gekennzeichnet, sich gegenseitig zu beschenken.

DAS PURIMFEST

Noch heute feiern die Juden in aller Welt das Purimfest mit Geschenken und Festmählern am 14. und 15. Adar. Diese Tage liegen nach unserem Kalender im Februar oder März. Der Name wird vom akkadischen Wort »pur« für »Los« hergeleitet. Den Ursprung dieses Festes auf die Rettung der Juden durch Esther zurückzuführen, erscheint historisch sehr zweifelhaft. In Wirklichkeit dürfte das Purimfest auf die Übernahme eines persischen Frühlingsfestes zurückgehen. Erst nachträglich wurde die Entstehung des Festes in die Esther-Erzählung eingebaut.

ESTHER RETTET DIE JUDEN

ÜBERLIEFERUNG

Quellen: Der Verfasser des Buches Esther ist unbekannt. Man nimmt an, dass der Autor zumindest einige Zeit in Persien gelebt hat, da er die dortigen Verhältnisse zutreffend und historisch richtig beschreiben konnte. Auch die Charakterisierung des Königs Ahasver deckt sich mit den Angaben des antiken Geschichtsschreibers Herodot. Dennoch ist es möglich, dass das Buch später in Palästina niedergeschrieben wurde. Für eine Zuordnung zu den Makkabäerkreisen spricht die Konzeption des Buches. Die Erzählung sollte zeigen, dass auch ohne göttliche Wunder Religionsverfolgungen in einen Sieg des Judentums umschlagen können. Das Thema der Verfolgungen wird vor der Makkabäerzeit im überlieferten Schrifttum in dieser Form nicht behandelt. Die Einheitlichkeit der Erzählung, die sich aus der dramaturgisch schlüssig komponierten Szenenfolge ergibt, spricht für einen einzelnen Autor. Das Estherbuch wurde erst spät in den Bibelkanon aufgenommen. Der Grund dafür liegt im Fehlen theologischer Reflexion. Stattdessen stehen ethnische Selbstversicherungen im Vordergrund. Die jüdischen Protagonisten werden als unbeugsame, kluge Menschen geschildert, Haman dagegen eitel, dumm und grausam, als typischer Bösewicht und Judenfeind. Militant ist die Abwehr der Vernichtungsdrohung: Haman selbst und 75 000 Feinde der Juden werden erbarmungslos getötet. Spätestens hier werden die Ungereimtheiten des Estherbuches offensichtlich. Es erscheint wenig glaubwürdig, dass ein König zulässt, dass man 75 000 seiner eigenen Untertanen hinschlachtet. Auch dass Ahasver eine Frau geheiratet haben soll, deren Herkunft er nicht einmal kannte, wirkt zweifelhaft. Den Historikern ist eine Königin Esther, die mit Ahasver verheiratet gewesen sein soll, ebenso wenig bekannt wie eine Königin Vasti. Vermutlich gehen die Namen Esther und Mordechai auf die Namen der babylonischen Götter Ischtar und Marduk zurück. Die Geschichtlichkeit der Person Esthers wird von Historikern bestritten. Laut Estherbuch trug die junge Frau auch den jüdischen Namen Hadassa, der »Myrthe« bedeutet. Zweifelhaft sind darüber hinaus die Angaben über Mordechai zu Beginn der Erzählung. Dort wird behauptet, dass er zu den Verschleppten gehörte, die Nebukadnezar aus Jerusalem fortgeführt habe. Diese beiden Deportationswellen ereigneten sich 597 und 587 v. Chr. Demnach müsste Mordechai im Jahre 480 v. Chr., in dem die Esther-Erzählung spielt, schon an die 150 Jahre alt gewesen sein.

EMPFEHLUNG

Lesenswert:

Die Bibel, Einheitsübersetzung, mit dem Kommentar der *Neuen Jerusalemer Bibel*. Esther, Kapitel 1, Vers 1 – Kapitel 10, Vers 3, Freiburg im Breisgau 2000.

Deutsche Bibelgesellschaft (Hg.): *Die Bibel nach der Übersetzung Martin Luthers*, Esther, Kapitel 1, Vers 1 – Kapitel 10, Vers 3, Stuttgart 1999.

Kurt Galling (Hg.): *Die Religion in Geschichte und Gegenwart*, Band 2, Tübingen 1986.

Klaus Koch, Eckart Otto, Jürgen Roloff und Hans Schmoldt (Hg.): *Reclams Bibellexikon*, Seite 135 – 136, Stuttgart 2000.

Dr. Georg Herlitz und Bruno Kirschner (Hg.): *Jüdisches Lexikon*, Band 2, Frankfurt am Main 1987.

AUF DEN PUNKT GEBRACHT

Das volkstümliche Estherbuch erfreut sich seit seinem Erscheinen großer Beliebtheit und wird noch heute anlässlich des Purimfestes vorgelesen.

Esra und die Rückkehr aus dem Exil

Esra 1, 1–10, 44 und Nehemia 1, 1–13, 31

Die heiß ersehnte Rückkehr der Juden aus dem babylonischen Exil vollzog sich längst nicht so triumphal wie erhofft. Es war kein glanzvoller gemeinsamer Aufbruch, sondern eine Rückwanderung in Schüben über mehrere Jahrzehnte hinweg. Dennoch stand am Ende der Aktion ein religiöses Ereignis von welthistorischem Rang: die Geburt des Judentums als schriftlich fixierter Gesetzesreligion. Initiator dieses entscheidenden Schrittes war der jüdische Schreiber Esra.

Alles begann mit dem Erlass des persischen Großkönigs Kyros im Jahre 538 v. Chr. Dieser hatte ein Jahr zuvor die Großmacht Babylon besiegt und sein persisches Reich an deren Stelle gesetzt. Damit übernahmen die Perser auch die Herrschaft über die von Babylon unterworfenen Völker und deren Gebiete. Im »Kyros-Edikt« gestattete er den Juden, in ihre Heimat zurückzukehren und den Tempel in Jerusalem wiederaufzubauen. Hinter dieser in der Geschichte relativ selten anzutreffenden Großzügigkeit gegenüber einem unterlegenen Volk steckte viel politische Berechnung. Für Kyros war es vorteilhaft, eine zuverlässige und ihm zu Dank verpflichtete Bevölkerung im Grenzland anzusiedeln, die zudem dort noch die Außenposten sichern konnte. Noch war Ägypten als rivalisierende Großmacht nicht ungefährlich.

Die Heimkehr begann nur zögerlich. Unter ihrem Anführer Serubabel, dem Enkel des exilierten judäischen Königs Jojachin, kehrten die ersten Juden 537 v. Chr. nach Palästina zurück. Die Trümmerlandschaft, die sie vorfanden, wirkte wenig ermutigend. Der geplante Tempelneubau, der ein wichtiges Symbol der kultischen Identität der zurückgekehrten Juden werden sollte, zog sich schier endlos hin. Der Prophet Haggai führt als Grund dieser Verzögerungen die Nachlässigkeit der Juden an. Im Buch Esra werden hingegen erhebliche politische Schwierigkeiten im Land genannt. Die von den Assyrern in Palästina eingebürgerten Samariter, so heißt es dort, hätten die Juden sowohl bei Kyros als auch bei den folgenden persischen Herrschern verleumdet. Man machte ihnen den Vorwurf, ihr Land zu befestigen, um

■ *Esra im Gebet* (Esra 9, 5). Holzstich nach einer Zeichnung von Gustave Doré (1832–1883), mit späterer Kolorierung. Aus der Folge der 230 »Bilder zur Bibel«, 1865.

eine Rebellion vorzubereiten. Unter dem persischen Großkönig Darius I. wurde Serubabel um 520 v. Chr. als Statthalter von Judäa eingesetzt. Zur gleichen Zeit genehmigte Darius endgültig die Wiedererrichtung des Tempels. Im Jahre 515 v. Chr. wurde der Neubau nach dem Muster des alten salomonischen Vorbilds endlich vollendet. Die neue Kultstätte wurde unter dem Jubel der Volksmassen feierlich eingeweiht. Mehr als ein halbes Jahrhundert später, im Jahre 458 v. Chr., wurde der jüdische Schreiber Esra vom persischen König Ahasver aus dem Exil ins Mutterland entsandt. Er hatte eine klar definierte Aufgabe. Esra sollte den Kult um den neuerbauten Tempel regeln und das jüdische Gottesgesetz als in Palästina verbindliches Provinzgesetz einführen. Er reiste nicht allein. In seiner Begleitung war eine stattliche Anzahl von Anhängern, die bis dahin immer noch im Exil gelebt hatten. Es handelte sich mittlerweile um die Urenkel oder noch spätere Generationsfolgen der ursprünglich exilierten Juden. Ihr Tross wird als ähnlich imposant geschildert wie der Auszug aus Ägypten unter Moses.

DER SCHREIBER

Esra wird im nach ihm benannten Bibelbuch als Schreiber bezeichnet. Eine andere Übersetzungsmöglichkeit ist »kundiger Schriftgelehrter«. An den altorientalischen Königshöfen stand die Kunst der Schreiber in hoher Gunst. Esras Position entsprach der eines hohen Beamten. In Jerusalem trug Esra das Gesetz in öffentlicher Lesung vor, übersetzte und legte es aus. Damit wurde er zum Prototyp der späteren jüdischen Schriftgelehrten.

■ *Die Rückkehr aus der babylonischen Gefangenschaft* (Esra 1, 5). Holzschnitt von Julius Schnorr von Carolsfeld (1794–1874), mit späterer Kolorierung. Aus der Leipziger »Bibel in Bildern«, Blatt 125.

■ *Die Gründung des neuen Tempels in Jerusalem* (Esra 3, 10). Holzschnitt von Julius Schnorr von Carolsfeld (1794–1874), mit späterer Kolorierung. Aus der »Bibel in Bildern«, Leipzig, um 1860.

Beeindruckend waren auch die Ergebnisse, die Esra in seiner nur ein Jahr dauernden Anwesenheit in Jerusalem erzielte. Er fand hier ein wesentlich geordneteres Gemeinwesen vor als Serubabel mit den ersten Heimkehrern. Der Jude Nehemia, der zuvor als Mundschenk des persischen Königs amtiert hatte, hatte sich gegen die Widerstände, Intrigen und Anfeindungen der Samariter durchgesetzt und die Mauern Jerusalems wiederhergestellt. Er fungierte dort als Ahasvers Statthalter.
In Jerusalem fand Esra einen Missstand vor, den er sofort beseitigte. Er erfuhr, dass sich die schon vor ihm zurückgekehrten Juden mit den ortsansässigen Fremdvölkern vermischt hatten. Diese Praxis war vom mosaischen Gesetz eindeutig verboten. Nach der Bekundung seiner Empörung durch öffentliches Zerreißen der Kleider traf Esra eine harte Entscheidung. Er bestimmte kurzerhand, dass Mischehen verboten seien. Außerdem befahl er den Juden, alle fremdländischen Frauen einschließlich der mit ihnen gezeugten Kinder zu verstoßen. So wollte er die Reinheit des Gottesvolkes wiederhergestellt wissen. Das Volk gehorchte diesen Anweisungen relativ widerstandslos.
In den folgenden Monaten nahm Esra die Aufgaben eines Hohepriesters wahr. Der von ihm praktizierte, maßstabsetzende Ritus gipfelte im jüdischen Neujahrsfest, dem Laubhüttenfest.
Aus dem Exil brachte Esra den Kernbestand der Bibel, den Pentateuch, die fünf Bücher Mose, mit. Diese waren im Exil gesammelt und redaktionell bearbeitet worden. Esra verlas das Gesetz feierlich vor der ganzen Gemeinde, die sich in einem südöstlichen Außenbezirk des Tempels zusammengefunden hatte. Mit der hoheitlichen Vollmacht des persischen Königs wurden die mosaischen Vorschriften zum religiösen wie auch zum staatlich bindenden Provinzgesetz aller Israeliten erklärt. Mit Esra beginnt die Herausbildung des biblischen Kanons und die Entwicklung des Judentums zur Gesetzesreligion. Die Grundthemen der von Esra geprägten Religion sind die Definition der Juden als auserwähltes Volk, des Tempels als zentrale Kultstätte und des Gesetzes als allgemein bindendes Regelwerk.

ESRA UND NEHEMIA

Esra war vermutlich 458 v. Chr. in Jerusalem, Nehemia amtete dort von 445 bis 433 v. Chr. Die beiden haben sich nie getroffen. Dennoch heißt es im Nehemiabuch, dass Esra in Nehemias Gegenwart in Jerusalem aus dem Gesetz vorlas. Es handelt sich hier um einen Versuch, die religiöse und die politische Leitfigur jener Zeit in einer Erzählung als einander verbunden zu zeigen.

ESRA UND DIE RÜCKKEHR AUS DEM EXIL

ÜBERLIEFERUNG

Quellen: Die Erzählungen um die Begebenheiten bei der Rückkehr der Juden aus dem babylonischen Exil finden sich in den beiden aufeinanderfolgenden Bibelbüchern Esra und Nehemia. In der hebräischen Bibel und in der griechischen Übersetzung Septuaginta bilden diese beiden Bücher nur ein einziges Buch Esra. Darüber hinaus gibt es noch mehrere apokryphe Esrabücher, die nicht zum Bibelkanon gehören. Die Bücher Esra und Nehemia sind Fortsetzung und Abschluss des chronistischen Geschichtswerkes der Bibel, das mit den Büchern 1. Chronik und 2. Chronik beginnt. Die Chronikbücher greifen die Erzählungen des Deuteronomistischen Geschichtswerks auf, lassen dabei aber einige Berichte weg und konzentrieren sich dafür stärker auf kultische Beschreibungen sowie Vorschriften. Der Verfasser des gesamten chronistischen Geschichtswerkes einschließlich des Esra- und Nehemiabuches war ein unbekannter frommer Levit, der um 300 v. Chr. schrieb. Er stützte sich auf alte Urkunden und Geschlechterlisten sowie in einem gewissen, nicht allzu breiten Kernbestand auf von Esra und Nehemia selbst verfasste Denkschriften. Die geschilderten Ereignisse sind relativ schlüssig und nachvollziehbar. Sie liefern eine logische Erklärung der Entwicklung der jüdischen Religion. Die im Esra- und Nehemiabuch behauptete Abfolge des Geschehens sowie seine Datierung lässt allerdings einige Fragen offen. Die einzige historisch verbürgte Epoche ist das Wirken Nehemias in Jerusalem von 445 bis 433 v. Chr. Von Esra dagegen wird nur gesagt, dass er im siebten Jahr des persischen Königs Ahasver nach Jerusalem kam. Es fehlt aber der Hinweis, ob es sich um Ahasver I. oder Ahasver II. handelte. Im Falle des Ersteren amtete Esra 458 v. Chr. am Tempel, im Falle des Letzteren wäre es erst im Jahre 398 v. Chr. Darüber hinaus sind die Erzählungen im Esra- und im Nehemiabuch nicht immer chronologisch geordnet. Teile des Esra-Zyklus finden sich auch im zweiten Teil des Nehemiabuches. Es wird darüber hinaus nicht ganz klar, ob Esra in Jerusalem zuerst gegen die Mischehen vorgegangen ist oder zuerst das Gesetz Mose öffentlich verlesen und staatlich institutionalisiert hat. Wenn auch unbestritten ist, dass Esra die Schlüsselfigur zur offiziellen Einführung des mosaischen Gesetzes im Judentum war, bleibt dennoch offen, wie groß sein Einfluss auf die Gestalt dieses Gesetzes war. Bis heute weiß man nicht, welche Inhalte des Pentateuchs auf Esra zurückgehen und wie groß sein Anteil an der Endredaktion war.

EMPFEHLUNG

Lesenswert:

Die Bibel, Einheitsübersetzung, mit dem Kommentar der *Neuen Jerusalemer Bibel*. Esra, Kapitel 1, Vers 1 – Kapitel 10, Vers 44, außerdem Nehemia, Kapitel 1, Vers 1 – Kapitel 13, Vers 31, Freiburg im Breisgau 2000.

Deutsche Bibelgesellschaft (Hg.): *Die Bibel nach der Übersetzung Martin Luthers*, Esra, Kapitel 1, Vers 1 – Kapitel 10, Vers 44, außerdem Nehemia, Kapitel 1, Vers 1 – Kapitel 13, Vers 31, Stuttgart 1999.

Kurt Galling (Hg.): *Die Religion in Geschichte und Gegenwart*, Band 2 und Band 4, Tübingen 1986.

Klaus Koch, Eckart Otto, Jürgen Roloff und Hans Schmoldt (Hg.): *Reclams Bibellexikon*, Seite 134 – 135 und 361, Stuttgart 2000.

Dr. Georg Herlitz und Bruno Kirschner (Hg.): *Jüdisches Lexikon*, Band 2 und Band 4, 1, Frankfurt am Main 1987.

AUF DEN PUNKT GEBRACHT

Esra institutionalisierte in Jerusalem das im Exil weiterentwickelte theologische Gedankengut seines Volkes. Er verlieh mit Hilfe des persischen Königs dem mosaischen Gesetz praktische Gültigkeit für das israelitische Volk und bewirkte damit die Geburt der offiziellen jüdischen Religion.

Die Leiden Hiobs

Hiob 1, 1–42, 17

Es geht um eine Wette. Die Kontrahenten sind keine namenlosen Spieler. Es sind die beiden höchsten Mächte im Universum: Gott als Prinzip des Guten und sein Gegenspieler Satan als das Prinzip des Bösen. Der Einsatz ist ein hoher Preis: ein Menschenleben, das Leben eines guten und gerechten Menschen. Das ist der Handlungsrahmen des Hiobbuches. Es gehört damit zu den literarisch gelungensten Stücken der an epischer Kraft nicht eben armen Bibel. Die Hiobgeschichte gipfelt in einem der größten religiösen Probleme des Monotheismus überhaupt – der Rechtfertigung Gottes.

Das Werk, das der Gruppe der biblischen Weisheitsliteratur angehört, versucht eine Antwort auf eine der ältesten Fragen der Religionsgeschichte: Warum lässt Gott zu, dass gerechte Menschen leiden?

■ *Der Prophet Hiob*. Gemälde, 1616, von Fra Bartolomeo (1475–1517). Florenz, Galleria dell' Accademia

In der Frühzeit der neuen Gottesidee glaubten die Juden an das Prinzip von Ursache und Wirkung, den so genannten Tat-Ergehen-Zusammenhang. In diesem Sinne war auch das Deuteronomistische Geschichtswerk aufgebaut. Hier war der Untergang der Reiche Israel und Juda als Strafe für deren Gottlosigkeit dargestellt. Doch mit diesem Muster lässt sich auf Dauer der Verlauf individueller Schicksale nicht befriedigend erklären. Zu allen Zeiten, so auch im alten Orient, hatten gute Menschen, sogar unschuldige Kleinkinder, oft entsetzliches Leid zu erdulden. Diese Erkenntnis wird in den späteren Büchern des Alten Testaments zunehmend thematisiert. Der Autor des Hiobbuchs stellte sich die fast unlösbare Aufgabe, die unbestreitbaren Tatsachen einer ungerechten Welt mit der Idee von Gottes Gerechtigkeit zu vereinbaren.

Die Rahmenhandlung der Geschichte spielt im Himmel. Die Gottessöhne kamen zusammen, um vor den Herrn hinzutreten. Hinter diesem Bild steht die Vorstellung einer

■ *Hiobs Rinder und Esel werden vertrieben* (Hiob 1, 13). Buchmalerei, Frankreich, um 1600, aus einem Stundenbuch mit ausführlichem Hiob-Zyklus.

Ratsversammlung himmlischer Wesen, die den Hofstaat Gottes bilden. Unter ihnen war auch Satan. Als der Herr ihn fragte, woher er komme, antwortete dieser: »Die Erde habe ich durchstreift, hin und her.« Sogleich erkundigte sich Gott bei Satan, ob ihm bei dieser Gelegenheit nicht auch Hiob aufgefallen sei. Seinesgleichen, freute sich der Herr, gebe es nicht auf der Erde, so untadelig und rechtschaffen: »Er fürchtet Gott und meidet das Böse.«
Der Satan teilte Gottes Begeisterung für Hiob nicht ganz. »Geschieht es ohne Grund«, fragte er, »dass Hiob Gott fürchtet?« Er wies darauf hin, dass Gott Hiob mit Wohlergehen und Reichtum gesegnet habe. Würde er ihm dies alles nehmen, behauptete Satan, würde Hiob den Herrn gewiss verfluchen. Gott nahm die Herausforderung an und gestattete ihm, Hiobs ganzen Besitz wegzunehmen. Man werde sehen, was geschehe.

HIOBSBOTSCHAFTEN
Die schlechten Nachrichten, die Hiob zu Beginn seiner Geschichte erhalten hat, sind längst sprichwörtlich geworden. Man spricht noch heute ganz allgemein von Hiobsbotschaften, wenn sich unerwartete Unglücksmeldungen Schlag auf Schlag häufen.

■ *Hiobs Kinder werden getötet* (Hiob 1, 20). Buchmalerei, Frankreich, um 1600, aus einem Stundenbuch mit ausführlichem Hiob-Zyklus.

Die Erzählung verlässt nun die himmlischen Sphären und wendet sich Hiob zu. Er war ein reicher Mann im Lande Uz, hatte sieben Söhne und drei Töchter sowie eine große Menge Vieh. Die Bibel beschreibt ihn als echten Nomadenfürsten, der an Ansehen alle Bewohner des Ostens übertraf. Das Land Uz ist historisch nicht bekannt, gemeint ist vermutlich die Gegend von Edom südlich des Toten Meeres. Eines Tages kam ein Bote zu Hiob und meldete ihm, ein Teil seiner Herden sei von räuberischen Nomaden gestohlen. Kaum hatte er die Nachricht vorgetragen, erschienen zwei weitere Boten und berichteten, dass der restliche Teil der Herden ebenfalls geraubt und durch Feuer vom Himmel verzehrt sei. Als nächste Katastrophenmeldung kommt die Mitteilung, soeben seien alle Söhne und Töchter umgekommen. Ein gewaltiger Wind aus der Wüste habe das Haus einstürzen lassen, in dem sie zusammensaßen und aßen.
Zum Zeichen der Trauer zerriss Hiob sein Gewand. Dann fiel er zur Erde nieder und betete: »Der Herr hat gegeben, der Herr hat genommen; gelobt sei der Name des Herrn.« Trotz allen Unglücks kam kein gotteslästerliches Wort über die Lippen des schwer geschlagenen Mannes.
Einige Zeit danach trat Satan im Himmel erneut vor den Herrn. Und wieder lobte Gott Hiobs Frömmigkeit. Obwohl sich sein Schicksal so grausam gewendet hatte, hielt er trotzdem an seiner Rechtschaffenheit fest. Doch Satan gab nicht auf: Wenn man zur Abwechslung einmal an Hiobs Gebein und Fleisch rühren würde, dann sei es aus mit seiner Frömmigkeit. Der Herr erklärte sich auch

■ *Hiob im Elend, von seinem Weibe verspottet.* Graphik, kolorierter Holzschnitt, 16. Jahrhundert. Aus dem »Feldtbuch der Wundarzney« von H. von Gersdorf, Straßburg, 1540.

mit dieser Probe einverstanden und gestattete Satan, Hand an Hiob zu legen. Nur sein Leben musste er ihm lassen.

Satan schlug den Leidgeprüften mit bösartigen Geschwüren vom Scheitel bis zu den Fußsohlen. Hiob setzte sich in einen Aschenhaufen und schabte sich die juckende Haut mit einer Scherbe. Zu allem Überfluss machte ihm noch seine Frau Vorhaltungen wegen seiner Frömmigkeit. »Lästere Gott und stirb«, empfahl sie ihm zynisch. Doch Hiob blieb seiner Gesinnung treu. Drei Freunde besuchten ihn, die von seinem Unglück gehört hatten. Sie wollten Hiob trösten. Als sie ihn sahen, waren sie so sehr über seinen Zustand entsetzt, dass sie sieben Tage und sieben

SATAN

Der Satan, der im Buch Hiob auftaucht, hat einen ganz spezifischen Charakter. Nach der hebräischen Etymologie bedeutet das Wort Satan »Widersacher, Feind« oder auch »Prozessgegner, Ankläger«. Damit ist seine Rolle in der Geschichte ziemlich treffend umrissen. Er steht Gott nicht offen feindlich gegenüber, äußert aber doch in zynischer Form Zweifel an seiner Schöpfung. Sein Menschenbild ist voller Pessimismus. Er erwartet nichts Gutes vom Menschen und will ihm schaden. Er ist hier also der Feind und Prozessgegner des Menschen. Den Ursachen dieser Haltung geht die Geschichte nicht weiter nach.

■ *Hiob und seine Freunde.* Buchmalerei, Frankreich, um 1480, aus dem Peckover-Stundenbuch.

Nächte vor Erschütterung kein Wort sprechen konnten. Doch dann entspann sich eine rege Diskussion. Dieser Hauptteil der lehrhaften Erzählung ist in Versform abgefasst. In langwierigen Erörterungen vertraten die drei Freunde den Standpunkt der traditionellen Weisheitslehre. Nach deren Ansicht musste es einen Tat-Ergehen-Zusammenhang geben. Sie gingen davon aus, dass Hiob gesündigt haben musste, möglicherweise auch unbewusst. Der Disput nahm zunehmend schärfere Formen an, Hiob verteidigte sich immer leidenschaftlicher. Er beharrte strikt auf seiner Untadeligkeit und forderte sogar Gott heraus, ihm eine Schuld nachzuweisen. Nachdem sich diese Diskussion in drei Gesprächszyklen mit Reden und Gegenreden entsponnen hatte, trat der junge Elihu hinzu. Er unterstützte die drei Freunde, ohne die Gegensätze zwischen den Disputanten überbrücken zu können.

Dann aber kam die entscheidende Wende. Gott selbst erschien in einem Gewittersturm und sprach zu Hiob. Er kündete ihm von den Wundern und der Weisheit seiner Schöpfung. Da erkannte Hiob seine Vermessenheit, mit Gott rechten zu wollen: »So habe ich denn im Unverstand geredet über Dinge, die zu wunderbar für mich und unbegreiflich sind … jetzt aber hat mein Auge dich geschaut. Darum widerrufe ich und atme auf, in Staub und Asche.« Damit war die zentrale Erkenntnis des Hiobbuches formuliert: Dem Menschen ist der Einblick in das Handeln Gottes verwehrt, er kann sich diesem nur demütig unterwerfen. Eine religiös befriedigende Lösung von Hiobs Dilemma war innerhalb der Erzählung nur in der abschließenden Gotteserscheinung zu finden. Sie machte alle menschlichen Fragen klein und nichtig. Dennoch endet die Geschichte auch unter weltlichen Gesichtspunkten gut. Hiob wurde geheilt, bekam wieder zehn Kinder, sogar doppelt soviel Besitz wie zuvor und konnte noch in einem langen Leben die Geschenke des Herrn genießen.

DIE LEIDEN HIOBS

ÜBERLIEFERUNG

Quellen: Die Hiobs-Erzählung geht vermutlich auf eine alte Sage aus edomitischen Kreisen zurück. Sie diente unter anderem zur Deutung des dort vorkommenden Namens Ajjab, der im Arabischen »der Bekehrte« bedeutet. Später wurde sie von den Israeliten adaptiert und zu einer Bekehrung zu Israels Gott Jahwe umgebogen. Der hebräische Name Ijob heißt übersetzt »der Angefeindete« und bildet damit das perfekte Gegenstück zum »Feind« Satan. Der Name Gottes spielt in der Erzählung ebenfalls eine Rolle. Wie Abraham, Isaak und Jakob kennt auch Hiob Gott zunächst nur unter der Bezeichnung El oder El schadaj. Dies war im gesamten altpalästinensischen Raum der Name Gottes. Als Gott dem Hiob aber erscheint, gibt er sich mit seinem Gottesnamen Jahwe zu erkennen. Daher verlegt der Erzähler die Geschichte in die Zeit kurz nach dem Wirken Moses'. Denn nach der Überlieferung hatte Gott sich zuallererst Moses mit dem Name Jahwe offenbart. Und dieser Überlieferung durfte nicht widersprochen werden. Der unbekannte Verfasser des Buches Hiob war vermutlich ein Israelit, der in Palästina lebte, aber auch einige Reisen unternommen haben dürfte. Er kennt fremde Sitten und Gebräuche. So schildert er Hiob als nichtisraelitischen gottergebenen Mann aus dem Osten. Er fügt unterschiedliche Quellenschichten zusammen. So hatte wohl der in Versen gehaltene mittlere Diskursteil eine andere Herkunft als die in Prosa verfasste Rahmenerzählung über Hiobs Schicksalsschläge und spätere Belohnung. Auch unterscheidet sich Hiobs Charakter in Mittelteil und Rahmenhandlung sehr stark. In den Diskussionen nimmt er eine Gott herausfordernde, fast schon aufrührerische Haltung ein. In der Rahmenhandlung dagegen ist er treu und untadelig und wird dafür schließlich reich belohnt. Diese Diskrepanz weist sehr stark auf unterschiedliche Quellen hin.

Literatur: Die bekannteste literarische Verarbeitung des Hiobstoffes enthält Goethes nach Jahrzehnten 1831 endgültig fertiggestelltes Drama *Faust*. Es geht auch hier um eine Wette, die Gott mit dem Teufel abschließt. Deren Gegenstand ist aber diesmal nicht die Untadeligkeit des Menschen, sondern sein Erkenntnisstreben. Der Teufel, der hier den Namen Mephistopheles trägt, behauptet, dass er den Doktor Faust durch allerlei Zerstreuungen von der Suche nach höherer Erkenntnis abbringen kann. Auch diese Geschichte wird mit einem Prolog im Himmel eingeleitet, in dem Gott und Mephistopheles um Fausts Seele wetten.

EMPFEHLUNG

Lesenswert:

Die Bibel, Einheitsübersetzung, mit dem Kommentar der *Neuen Jerusalemer Bibel*. Hiob, Kapitel 1, Vers 1 – Kapitel 42, Vers 17, Freiburg im Breisgau 2000.

Kurt Galling (Hg.): *Die Religion in Geschichte und Gegenwart*, Band 3, Tübingen 1986.

Klaus Koch, Eckart Otto, Jürgen Roloff und Hans Schmoldt (Hg.): *Reclams Bibellexikon*, Seite 226 – 227 , Stuttgart 2000.

Dr. Georg Herlitz und Bruno Kirschner (Hg.): *Jüdisches Lexikon*, Band 2, Frankfurt am Main 1987.

Johann Wolfgang von Goethe: *Faust*, München 1998.

Hörenswert:

Luigi Dallapiccola: *Hiob*, Oper, Uraufführung: Rom 1950.

Wilfried Hiller: *Hiob*, Oper, Uraufführung: München 1979.

Sehenswert:

Fra Bartolommeo: *Hiob*, 1516, Öl auf Holz, 169 x 108 cm, Galleria dell' Academia, Florenz.

AUF DEN PUNKT GEBRACHT

Das Buch Hiob versucht, die Gerechtigkeit Gottes mit dem Leid guter Menschen in der Welt zu vereinbaren. Es eröffnet damit eine jahrtausendelange theologische und philosophische Diskussion.

Das Hohelied

Das Hohelied 1, 1–8, 14

Was wäre ein gutes Buch ohne Romantik und Liebe? Die Bibel hat hier einen Superlativ zu bieten: das Hohelied oder das »Lied der Lieder, das schönste Lied«, wie das Buch in der wörtlichen Übersetzung heißt. Der Name »Hohelied« geht auf Luthers Wiedergabe des hebräischen Originals zurück. Es handelt sich um eine Sammlung von dreißig relativ kurzen Liebesliedern, die meist auf jüdischen Hochzeiten gesungen wurden und werden. Mit ihrer Entstehung hat es eine ganz eigene Bewandtnis. Sie bildeten einen Gegenpol zu den Abschottungsbemühungen der Leviten und Propheten gegen die Freizügigkeit ihrer heidnischen Umwelt. Die Verfasser der hier gesammelten Liebeslieder waren offensichtlich unabhängige, gebildete Dichter mit einem freien Geist. Ihre Haltung deckte sich mit der des Adels nach dem Exil, der die Liberalität einer international orientierten Kultur vertrat. So ist es auch kaum verwunderlich, dass der zur Zeit der Zusammenstellung der Verse längst verstorbene König Salomo, die imperialste und höfischste Gestalt der jüdischen Geschichte, zum Namensgeber des Hohenliedes wurde. Der freizügige Umgang des Werkes mit dem Thema der körperlichen Liebe rief sowohl bei vielen jüdischen als auch später bei christlichen Theologen Befremdung und Irritation hervor. Sie versuchten daher, die konkreten Aussagen des Buches zur Sexualität auf eine symbolische Ebene umzudeuten. So hat das Hohelied eine abenteuerliche Auslegungsgeschichte.

■ *Das Hohelied*. Erste Seite der eigenhändigen Handschrift der Partitur von Carl Loewe (1796–1869). Faksimile des in der Staatsbibliothek Berlin befindlichen Originals.

Relativ einfach erschließt sich der Sinn des Texts einer realistischen Lektüre. Mit all der poetischen Kraft der Sprache jener Zeit wird die Schönheit der menschlichen Liebe besungen. Es handelt sich größtenteils um eine Wechselrede von Braut und Bräutigam in Versform, die vom Paar während eines Hochzeitsfests gesungen wurde. Dabei wird der Freude über Liebesspiel und Liebesgenuss sehr offenherzig Ausdruck verliehen. »Mit Küssen seines Mundes bedecke er mich«, heißt es gleich zu Anfang. »Zieh mich her hinter dir! Lass uns eilen! Der König führt mich in seine Gemächer.«

Der letzte Vers nimmt Bezug auf die israelitischen Hochzeitsge-

bräuche. Die Hochzeit wurde damals mit einem rauschenden Fest sieben Tage lang gefeiert. Daher sprach man von der Hochzeitswoche. Diese wurde auch Königswoche genannt, denn nach alter Sitte feierte man das Brautpaar in dieser Zeit als Königspaar. So meint die Dichtung den Bräutigam, wenn sie vom König spricht. Auf diese Weise fand Salomo Eingang in das Hohelied. Er war der prächtigste König, den die israelitische Geschichte kennt. Und so galt er auch als die ehrenvollste Versinnbildlichung des idealen Bräutigams: »Schaut, ihr Töchter Zions, König Salomo mit der Krone! Damit hat ihn seine Mutter gekrönt am Tage seiner Hochzeit, an dem Tag seiner Herzensfreude.«
In der Dichtung hat Salomo ein weibliches Gegenstück mit Namen Sulamith. Manche Deutungen vermuteten hinter dieser Sulamith die schöne Abischag. Sie war das junge Mädchen, das zu dem hochbetagten König David geschickt wurde, um ihn auf seinem Lager zu wärmen. Gemäß 1. Könige, Kapitel 1, Vers 3, kam sie aus der alten Stadt Schunem in der Ebene Jesreel. Ob sich der Begriff »Sulamith« tatsächlich auf eine Einwohnerin dieser Stadt bezog, bleibt reine Spekulation. Letztlich ist diese Frage für die Deutung des Hohenlieds nicht entscheidend. Denn Salomo und Sulamith sind nur ein Paar innerhalb des Buches, wenn auch ein

■ *Jüdische Hochzeit in Marokko.* Das Hohelied wurde und wird gern bei jüdischen Hochzeiten gesungen. Gemälde, um 1839, von Eugène Delacroix (1798–1860). Paris, Louvre

LIEBE UND NATUR

Eine sinnliche Naturpoesie beherrscht die Sprache des Hohenlieds in solcher Fülle, wie sie das übrige Alte Testament nicht kennt: »Am Feigenbaum reifen die ersten Früchte; die blühenden Reben duften.« Beliebt sind auch Metaphern vom »Garten« oder »Lustgarten«.

■ *Salomo als Dichter des Hohenlieds.* Kupferstich von Matthäus Merian d. Ä. (1593–1650) aus der Folge der 258 Kupfer zur Heiligen Schrift, 1625–1627.

zentrales und im Laufe der Jahrhunderte gern zitiertes. Als nicht ausgeschlossen gilt, dass diese Passage für die Hochzeit Salomos mit einer seiner zahlreichen fremdländischen Frauen gedichtet und später eingefügt wurde.

Die anderen Gedichte handeln von namenlosen Liebespaaren. Die Handlungsverläufe der verschiedenen Lieder bauen nicht aufeinander auf. Das lose Band, das sie miteinander verknüpft, ist nichts weiter als das Thema der Liebe. Die Geschichten variieren die immer gleichen Elemente von den Reizen der Braut und des Bräutigams aus der Sicht des Partners. Mehr noch als die Freuden des Beisammenseins besingen die Lieder die Sehnsucht der Liebenden in Phasen der Trennung. Die Orte der Handlung weisen auf eine weite Verbreitung der Liebesgedichte hin. Einige entspringen offensichtlich einem ländlichen Umfeld, andere einem eher städtischen Milieu. Die Prägung durch eine agrarische Kultur ist jedoch in allen Liedern erkennbar, sie bedienen sich durchweg einer reichen Palette sprachlicher Bilder aus der Tier- und Pflanzenwelt. Sowohl das orthodoxe Judentum als auch das frühe Christentum hatten mit dem sinnenfrohen Hohelied ihre Probleme. Daher versuchten beide Theologien, das Verhältnis der Liebenden in den Gedichten als Sinnbild für den Umgang Gottes mit seiner Braut Israel zu deuten. Dieser Metapher bedienen sich auch andere Stellen des Alten Testaments. Die christliche Auslegung machte aus den Liebenden des Hohenlieds Christus zum Bräutigam und die Kirche zur Braut. Auch die seelischen Beziehungen des Einzelnen zu Christus wurden so gedeutet. Insbesondere im Mittelalter versuchte man, vom Hohelied eine Verkündigungsspur zur Marienverehrung zu legen.

ALTORIENTALISCHE LIEBESLIEDER

Das Hohelied steht in einer langen und fruchtbaren Tradition altorientalischer Liebeslieder. Eine Reihe von Parallelen finden sich in den Dichtungen der Nachbarvölker der alten Israeliten. So klingt beispielsweise das Motiv »krank vor Liebe« auch in altägyptischen Liebesliedern mehrfach an. Verwandte Elemente lassen sich ebenfalls in arabischer Liebeslyrik finden sowie in den Vermählungsliedern von Vegetationsgöttern wie der babylonischen Ischtar und des sumerischen Tammuz.

DAS HOHELIED

ÜBERLIEFERUNG

Quellen: Salomo war nicht der Verfasser des Hohenlieds, auch wenn er im ersten Vers des Gedichts als solcher angegeben wird: »Das Hohelied Salomos.« Weil die Überlieferung wusste, dass er Lieder verfasst hatte, schrieb man ihm dieses Buch mit dem schönsten aller biblischen Lieder zu. Nach demselben Muster hielt man ihn auch für den Autor der biblischen Bücher der Weisheit, der Sprüche und des Predigers, weil er der Bibel als der weiseste König Israels gilt. Auch das Hohelied wird zur biblischen Weisheitsliteratur gezählt. Es befasst sich mit dem elementaren Bereich der geschlechtlichen Liebe. Die irrtümliche Annahme der Verfasserschaft Salomos hat vermutlich das Überdauern des Hohenlieds in erotophoben Epochen gesichert. Man nimmt an, dass das Werk in Palästina zwischen dem 5. und 3. Jahrhundert v. Chr., also in nachexilischer Zeit, von einem unbekannten Redakteur zusammengestellt wurde und relativ spät Eingang in den biblischen Kanon fand. Auf diese Zeitspanne deuten gewisse sprachliche Eigenheiten der Bearbeitung im hebräischen Urtext. Die einzelnen Gedichte des Hohenlieds sind zum Teil wesentlich älter und wurden bis zu ihrer Zusammenfassung mündlich oder auch schriftlich überliefert. Bestimmte geografische oder topografische Bezeichnungen innerhalb der Verse lassen auf eine Herkunft eher aus dem ehemaligen Nordreich Israel als aus Juda schließen. Insgesamt aber sind die verschiedensten Gegenden Palästinas vertreten. Inhaltlich nimmt das Hohelied eine positive, sinnenfreudige, körperbejahende Haltung zur geschlechtlichen Liebe ein. Es hebt sich damit von den Positionen strenggläubiger Leviten zur Zeit seiner Zusammenstellung genauso ab wie von der Mystifizierung der Sexualität in den Fruchtbarkeitskulten der Nachbarvölker. Die körperliche Liebe wird hier unbefangen als unwiderstehliche gegenseitige Anziehungskraft, Zuneigung und Sinnenfreude gezeigt. Im Laufe der Jahrhunderte ist das Hohelied im Judentum immer salonfähiger geworden und wurde schließlich auch zu der Festrolle hinzugefügt, die anlässlich des hohen Paschafestes verlesen wird.

EMPFEHLUNG

Lesenswert:

Die Bibel, Einheitsübersetzung, mit dem Kommentar der *Neuen Jerusalemer Bibel.* Das Hohelied, Kapitel 1, Vers 1 – Kapitel 8, Vers 14, Freiburg im Breisgau 2000.

Deutsche Bibelgesellschaft (Hg.): *Die Bibel nach der Übersetzung Martin Luthers*, Das Hohelied, Kapitel 1, Vers 1 – Kapitel 8, Vers 14, Stuttgart 1999.

Kurt Galling (Hg.): *Die Religion in Geschichte und Gegenwart*, Band 3, Tübingen 1986.

Klaus Koch, Eckart Otto, Jürgen Roloff und Hans Schmoldt (Hg.): *Reclams Bibellexikon*, Seite 221, Stuttgart 2000.

Dr. Georg Herlitz und Bruno Kirschner (Hg.): *Jüdisches Lexikon*, Band 4, 2, Frankfurt am Main 1987.

AUF DEN PUNKT GEBRACHT

Das Hohelied ist ein frühes Zeugnis für einen religiös gebilligten unbefangenen natürlichen Umgang mit der geschlechtlichen Liebe. Wegen seiner poetischen Kraft und seiner Nähe zur prophetischen Literatur waren unter Strenggläubigen Deutungen im allegorischen Sinn stets beliebter als wörtliche Interpretationen.

Jonah und der große Fisch

Jonah 1, 1–4, 11

■ Die Initiale E mit Jonah und dem Wal. Buchmalerei, Frankreich, 12. Jahrhundert, aus einer Bibelhandschrift. Paris, Bibliothèque Nationale

Das Buch Jonah ist anders als alle anderen Prophetenbücher des Alten Testaments. Es findet sich an fünfter Stelle der zwölf »kleinen Propheten« und enthält keine Reden, Drohworte oder Weissagungen. Vom Charakter her gehört das Buch zur biblischen Weisheitsliteratur. Es ist eine Lehrerzählung, die wir heute als sehr modern empfinden. Sie wendet sich gegen die Abgrenzung der Israeliten von ihren Nachbarvölkern. Dabei bedient sie sich teilweise satirischer Elemente, in denen der Spott über die Partikularisten kaum verhüllt durchscheint. Das Ende der Geschichte veranschaulicht in einem treffenden Gleichnis die Zuneigung Jahwes zu allen Völkern der Welt.

Jonah, der Sohn Amittais, lebte im achten Jahrhundert v. Chr. im Nordreich Israel. Eines Tages befahl der Herr ihm, in die assyrische Hauptstadt Ninive zu gehen. Er sollte deren Bewohnern wegen ihrer Schlechtigkeit Gottes Strafgericht androhen. Doch Jonah weigerte sich. Stattdessen begab er sich in die alte Hafenstadt Jafo an der Mittelmeerküste, dem heutigen Jaffa. Dort bestieg er ein Schiff nach Tarschisch. Mit dieser Ortsbezeichnung war vermutlich eine Gegend in Südspanien gemeint. Für die alten Hebräer lag diese Lokalität am Ende der Welt. Mit der Wahl seines Reiseziels dokumentierte Jonah, dass er sich seiner Mission so weit wie möglich entziehen wollte.

Doch der Herr beharrte auf seinem Befehl. Er ließ unterwegs einen gewaltigen Sturm losbrechen. Die Seeleute wussten in ihrer Not weder aus noch ein. Jeder von ihnen rief zu einem anderen Gott um Hilfe. Schließlich warfen sie die Ladung ins Meer, damit das Schiff leichter wurde und nicht sank.

Jonah hatte unterdessen von diesem Chaos noch gar nichts mitbekommen und schlief fest im untersten Raum des Schiffes. Der Kapitän weckte ihn mit empörten Worten: »Wie kannst du schlafen?« Dann forderte er ihn auf, seinen Gott um Hilfe anzurufen, damit dieser sie vielleicht rette.

Als auch Jonahs Gebete nichts bewirkten, warfen die Seeleute Lose. In der Antike war der Glaube weit verbreitet, dass die Anwesenheit eines Schuldigen auf einem Schiff für die Mitreisenden gefährlich sei. Selbstverständlich fiel das Los auf Jonah. Die Seeleute fragten ihn nun aus, wer er sei und woher er komme. Als er ihnen eingestand, dass er ein Hebräer sei und Jahwe verehre, bekamen sie große Angst. Sie wuchs zum blanken Entsetzen, als er zugab, auf der Flucht vor seinem Gott zu sein. Die Seeleute forderten ihn auf, einen Rat zu geben, wie das Meer wieder zu beruhigen sei. Er hieß sie, ihn einfach über Bord zu werfen. Nur durch seine Schuld sei der Sturm losgebrochen. Aber die braven Matrosen wollten Jonah nicht opfern. Sie ließen ihn auf dem Schiff und ruderten mit aller Kraft gegen den Wind an.

Doch das Unwetter wurde immer schlimmer. Schließlich wussten sich die Männer nicht mehr anders zu helfen, als Jonahs Rat zu folgen. Sie beteten zu Jahwe um Vergebung und warfen dann

DIE KLEINEN PROPHETEN

Die Bücher der zwölf kleinen Propheten werden wegen ihrer relativen Kürze so genannt. Das hebräische Wort »nabi«, das mit »Prophet« übersetzt wird, bedeutet »Rufer«. Bis auf das Jonah-Buch enthalten die Bücher von Amos, Hosea, Micha, Zephanja, Nahum, Habakuk, Haggai, Sacharja, Maleachi, Obadja und Joel hauptsächlich Weissagungen, Drohungen und Verheißungen. Diese Propheten wirkten in der Königszeit, im Exil oder kurz danach.

■ *Jonah und der Wal* (Jonah 1, 1–3, 13). Kupferstich, von Matthäus Merian d. Ä. (1593–1650) aus der Folge der 258 Kupfer zur Heiligen Schrift, 1625–1627. Einziges koloriertes Exemplar.

JONAHS VERGANGENHEIT

In 2. Könige, Kapitel 14, Vers 25, wird Jonah als der Prophet genannt, der Jerobeam II., der von 783 bis 743 v. Chr. König des Nordreiches Israel war, die Ausdehnung seines Reiches bis hin zur Größe des alten davidischen Königtums vorhergesagt hatte. Mehr ist dort über Jonah nicht zu erfahren.

ihren Passagier ins Meer. Und augenblicklich beruhigte sich die stürmische See. Da befiel die Männer große Furcht vor der Allmacht Jahwes, und sie brachten ihm ein Opfer dar.

Jonah aber ertrank nicht. Der Herr schickte einen großen Fisch, der ihn verschlang. In seinem Bauch gefangen, bereute Jonah endlich. Er rief Gott an und gelobte, die aufgetragene Mission zu erfüllen. Nach drei Tagen befahl der Herr dem Fisch, Jonah an Land zu speien.

Der Prophet ging nun nach Ninive, wie der Herr es gefordert hatte. Es war eine große Stadt mit 120 000 Einwohnern. Man brauchte drei Tage, um sie zu durchqueren.

Jonah stellte sich mitten in der Stadt auf und rief laut aus, dass Ninive in vierzig Tagen zerstört würde. Als die Bewohner das hörten, bereuten sie und kehrten von ihren bösen Taten um. Alle, auch der König, legten Bußgewänder an und fasteten. Gerührt von ihrer aufrichtigen Reue, machte Gott seine Drohung nicht wahr und ließ von seinem Strafgericht ab.

Darüber wurde Jonah sehr zornig. Er haderte mit dem Herrn: »Habe ich das nicht schon gesagt, als ich noch daheim war? Eben darum wollte ich ja nach Tarschisch fliehen; denn ich wusste, dass du ein gnädiger und barmherziger Gott bist.«

Der Erfolg seiner Predigt enttäuschte den Propheten so tief, dass er die Lust am Leben verlor. Er bat den Herrn, ihn sterben zu lassen.

Vor der Stadt setzte er sich nieder und wartete, ob nicht doch noch ein Strafgericht hereinbräche. Da ließ der Herr über ihm einen Rizinusstrauch emporwachsen, der ihm Schatten geben und seinen Ärger vertreiben sollte. Darüber freute sich der Prophet sehr. Am nächsten Morgen aber schickte Gott einen Wurm, der den Strauch annagte und verdorren ließ. Als dann die Sonne aufging, brannte sie heiß auf Jonahs Kopf. Wieder wünschte sich der Prophet zu sterben. Da belehrte ihn der Herr mit einer Frage: »Dir ist es leid um den Rizinusstrauch, den du nicht großgezogen hast. Mir aber sollte es nicht leid sein um Ninive, die große Stadt?«

Die Moral dieser Geschichte macht deutlich, dass Jahwe nicht nur der Gott Israels, sondern der ganzen Welt ist. Er wünscht das Heil aller Menschen. Auch Heiden sind ihm nicht gleichgültig.

■ *Jonah*, um 1520. Freie Nachzeichnung der Skulptur des Jonas in der Chigi-Kapelle in Santa Maria del Popolo in Rom, von Giovanni Udine (1487–1561). Dresden, Staatliches Kupferstichkabinett

JONAH UND DER GROSSE FISCH

ÜBERLIEFERUNG

Quellen: Es war nicht der Prophet Jonah, der im 8. Jahrhundert v. Chr. lebte, der im Jonahbuch seine eigene Geschichte aufgeschrieben hat. Die sprachlichen Eigenheiten des Werkes deuten auf eine Abfassungszeit zwischen dem 4. und 3. Jahrhundert v. Chr. hin. Es handelt sich um eine Lehrerzählung eines unbekannten Verfassers, die der biblischen Weisheitsliteratur zuzuordnen ist. Die Gestalt des relativ unbekannten Propheten Jonah wurde vermutlich als Hauptfigur gewählt, weil man mit ihm die Geschichte umso freier erzählerisch ausarbeiten und mit anderen Überlieferungen verknüpfen konnte. So findet sich beispielsweise das Motiv vom Menschen, der von einem Tier verschlungen und danach unbeschadet wieder daraus hervorkommt, in der indischen, der ägyptischen und der griechischen Sagenwelt. Auch Anklänge an alte Seemannserzählungen sowie an Überlieferungen von assyrischen Bußtagen sind im Jonahbuch zu entdecken. Der Zweck der Erzählung aber ist ein sehr zeitbezogener. Die nachexilische Periode, in welcher der Verfasser lebte, ist durch starke Abgrenzungstendenzen gegen das umgebende Heidentum gekennzeichnet. Sie finden ihre Sprecher in Esra und Nehemia, die zur Reinheit der Gemeinde aufrufen, aber auch in den zahlreichen Untergangsvisionen anderer Propheten, die darin stets ein göttliches Strafgericht über die Fremdvölker sehen. Der Autor des Jonahbuches hingegen verficht eine gegensätzliche Theologie. Keineswegs müssen bei ihm die Heiden vernichtet werden, um das Heil Israels zu erwirken. Er lässt Jonah die Rolle einnehmen, die nach seinem Konzept einem neuen Israel zukommt, nämlich durch Beispiel und Mahnung alle Völker der Welt zur religiösen Umkehr zu bewegen und zu retten. Israels prophetisches Amt ist es, Zeugnis für den Herrn unter den Fremdvölkern abzulegen. Und Jahwe erreicht damit sein Ziel, denn die Bewohner Ninives bereuen und kehren um. Auch wenn Jonah oder das von ihm versinnbildlichte Israel in Wahrheit den Untergang der Fremdvölker wünscht. In diesem Umstand liegt auch die satirische Qualität der Erzählung. Ausgerechnet der größte Feind des ehemaligen Nordreiches Israel, die Assyrer mit ihrer Hauptstadt Ninive, geben den Juden ein Beispiel aufrichtiger Unterwerfung. Alle wirken in dieser Erzählung sympathisch, die Assyrer, ihr König und auch die heidnischen Seeleute. Nur Jonah, der einzige Israelit in der Erzählung, der zudem noch ein Prophet ist, verhält sich unangenehm. Doch Gott ist barmherzig mit allen und freut sich über die Möglichkeit, den Assyrern zu vergeben. Auch seinem rebellischen Propheten verzeiht er und belehrt ihn nachsichtig.

EMPFEHLUNG

Lesenswert:

Die Bibel, Einheitsübersetzung, mit dem Kommentar der *Neuen Jerusalemer Bibel*. Jonah, Kapitel 1, Vers 1 – Kapitel 4, Vers 11, Freiburg im Breisgau 2000.

Deutsche Bibelgesellschaft (Hg.): *Die Bibel nach der Übersetzung Martin Luthers*, Jonah, Kapitel 1, Vers 1 – Kapitel 4, Vers 11, Stuttgart 1999.

Kurt Galling (Hg.): *Die Religion in Geschichte und Gegenwart*, Band 3, Tübingen 1986.

Klaus Koch, Eckart Otto, Jürgen Roloff und Hans Schmoldt (Hg.): *Reclams Bibellexikon*, Seite 257 – 258, Stuttgart 2000.

Dr. Georg Herlitz und Bruno Kirschner (Hg.): *Jüdisches Lexikon*, Band 3, Frankfurt am Main 1987.

Eugen Drewermann: *Und der Fisch spie Jona an Land*, Düsseldorf 2001.

AUF DEN PUNKT GEBRACHT

Mit der universalistischen Auffassung, dass auch die anderen Völker Gottes Geschöpfe sind und Gott sich ihrer annimmt, steht das Jonahbuch dem Neuen Testament schon sehr nahe.

Die Makkabäer

1. Makkabäer 1, 1-2 und 15, 39

Die spätesten Erzählungen des Alten Testaments, die Makkabäerbücher, haben für heutige Leser eine beklemmende Ähnlichkeit mit zeitgeschichtlichen Vorgängen. Sie berichten von den Freiheitskämpfen, die die Israeliten im zweiten Jahrhundert v. Chr. führten. Damals mussten sich die Juden militärisch gegen feindliche Völker in ihrer unmittelbaren Nachbarschaft behaupten. In der Schilderung des Widerstandes kommen die Makkabäerbücher ganz ohne göttliches Eingreifen, Wunder oder Propheten aus. Die Erfolge der Israeliten werden ausschließlich auf Klugheit, Tatkraft und persönlichen Mut zurückgeführt. Am Ende steht eine Periode des Friedens und Wohlstands in politischer Selbstständigkeit. Vor diesem Hintergrund bilden die Berichte aus den Makkabäerbüchern einen Geschichtsmythos für das moderne Israel.

Der Namensgeber der Makkabäerbücher war ihr Hauptheld Judas mit dem Beinamen Makkabäus, was soviel wie »Hammer« bedeutet. Er stammte aus dem Priester- und späteren Herrschergeschlecht der Hasmonäer, die ihren Namen von ihrem Stammvater Hasmon ableiteten. Im Gedenken an Judas Makkabäus wurden die Hasmonäer teilweise auch Makkabäer genannt. Ihre großen Gegenspieler waren die Seleukiden. Diese mazedonische Dynastie stammte von König Seleukus I. Nikator ab, der von 312 bis 281 v. Chr. regierte. Er errichtete in der Nachfolge Alexanders des Großen ein hellenistisches Großreich. Um 200 v. Chr. dehnte sich die Macht der Seleukiden bis nach Ägypten aus. Auch Palästina gehörte zu ihrem Einflussbereich. Sie hatten es sich zum Ziel gesetzt, ihr gesamtes Herrschaftsgebiet religiös zu vereinheitlichen. Deshalb forderten sie von allen anhängigen Völkern die Beteiligung an der Praktizierung des Staatskultes.

Diese Politik stieß insbesondere im jüdischen Volk auf erhebliche Widerstände. An staatliche Fremdbestimmung hatten sich die Juden seit dem babylonischen Exil und der nachfolgenden persischen Oberhoheit längst gewöhnt, religiöse Bevormundung waren sie nicht bereit hinzunehmen. Als daher Antiochus IV. Epiphanes, der von 175 bis 164 v. Chr. das Seleukidenreich regierte, versuchte, die jüdi-

■ Eine Tetradrachme, Münzbildnis des Antiochus IV. Epiphanes, des makedonischen Königs des Seleukidenreichs (175–164 v.Chr.). Durch seine Provokationen wurde 167 v. Chr. der Makkabäeraufstand ausgelöst. Jerusalem, Israel Museum

sche Religion abzuschaffen, provozierte er damit blutige Unruhen. Im Jahre 169 v. Chr. plünderte er den Tempel in Jerusalem und raubte den Altar. Zwei Jahre später ließ er die Stadtmauern niederreißen und eine befestigte Burg auf dem alten, ehemals von David eingenommenen Stadtgebiet errichten. Schließlich befahl er, den herrschenden Kult offiziell auch in Jerusalem und Judäa einzuführen. Die Teilnahme an heidnischen Opferriten wurde bindende Pflicht. Außerdem verbot Antiochus die Beschneidung und ließ die Gesetzesrollen zerreißen und verbrennen. Auf den Besitz der Thora stand die Todesstrafe. Gipfel der religiösen Zumutung war die Anbetung des olymischen Zeus. Dies erschien den Juden so frevelhaft, dass sie sich sogar weigerten, seinen Namen auszusprechen. »Der König ließ den unheilvollen Gräuel aufstellen«, heißt es im ersten Makkabäerbuch in dürren Worten. Gemeint war die Errichtung eines Altars des Zeus Olympios auf dem großen Brandopferaltar des Tempels in Jerusalem.

Eines Tages kamen Beamte des Königs Antiochus auch in die

■ Brad Harris als Simeon, einem der fünf Söhne des Hohepriesters Mattathias. Aus dem italienischen Film *Der Kampf der Makkabäer* von Giancarlo Parolini, 1962.

■ Illustrationen zum Buch der Makkabäer. Hier wird der Kampf zwischen Juden und Römern dargestellt als Kampf zwischen Kreuzfahrern und Sarazenen. Buchmalerei, Frankreich, 13. Jahrhundert. Paris, Bibliothèque Nationale

Stadt Modein, in welcher der Hohepriester Mattathias mit seinen fünf Söhnen Johanan, Simeon, Judas Makkabäus, Eleasar und Jonathan lebte. Mattathias genoss großes Ansehen, an ihm orientierten sich seine Mitbürger. Daher forderten die Beamten ihn als Ersten auf, vor allem Volk dem Zeus zu opfern. Doch der Priester weigerte sich hartnäckig. Da trat ein anderer Jude aus der Menge hervor und wollte das gewünschte Opfer darbringen. Bebend vor Zorn und Erregung erstach Mattathias den Abtrünnigen über dem Altar. In seiner heiligen Raserei erschlug er auch gleich noch den königlichen Beamten und riss den Altar nieder. Danach floh er mit seinen Söhnen in die Berge und forderte alle Gleichgesinnten auf, ihm zu folgen. Bald schlossen sich weitere Kämpfer an, die ihrem Glauben treu bleiben wollten. Wie eine moderne Guerillabewegung schlugen sie aus dem Verborgenen zu. Sie rissen die Altäre des fremden Kults nieder, sie töteten dessen Priester und dessen Anhänger und verschwanden danach wieder im Untergrund. Anstelle der beabsichtigten religiösen Gleichschaltung hatte die seleukidische Politik plötzlich einen militärischen Aufstand gefährlichen Ausmaßes verursacht.

DIE HASMONÄER

Die Hasmonäer waren die letzte unabhängige Dynastie der Juden vor der Einnahme ihres Reiches durch den römischen Feldherren Pompejus 63 v. Chr. Dem letzten in den Makkabäerbüchern genannten Herrscher Johanan Hyrkan I. folgten noch Alexander Jannäus, die Königin Salome Alexandra und Aristobul II. Dessen Bruder Johanan Hyrkan II. regierte nur noch mit römischer Billigung.

Ein Jahr später starb Mattathias. Nachfolger wurde sein Sohn Judas Makkabäus, dessen militärisches Talent ihn für diese Rolle prädestinierte. In der relativ kurzen Epoche seiner Führung von 166 bis 160 v. Chr. erzielten die Makkabäer bedeutende Erfolge. Judas Makkabäus errang trotz erheblicher Unterzahl seiner Truppen und mangelhafter Bewaffnung eine ganze Reihe von Siegen gegen die Seleukiden. Den Tod des Königs Antiochus IV. Epiphanes führen die Makkabäerbücher auf seinen Gram über die Erfolge der Makkabäer zurück. Ihm folgte Antiochus V. auf dem Thron. Mit seinen Truppen nahm Judas Makkabäus den Berg Zion in Jerusalem ein, reinigte den Tempel von den heidnischen Göttersymbolen und führte dort feierlich den Jahwekult wieder ein. Bald danach gaben die Seleukiden ihre religiösen Umerziehungsversuche auf und gewährten den Juden offiziell die freie Ausübung ihrer Religion.

Doch nun hatte sich der Aufstand verselbstständigt. Die Kämpfe gingen weiter. Judas Makkabäus versuchte noch, ein Bündnis mit den Römern zu schließen, aber er fiel im Kampf, bevor er seine Absichten verwirklichen konnte. Ihm folgte sein Bruder Jonathan, der die Makkabäer von 160 bis 142 v. Chr. anführte. Jonathan war bestrebt, den äußeren und inneren Frie-

■ *Judas Makkabäus erobert Kaspin* (2. Makkabäer 12,8–20). Matthäus Merian d. Ä. (1593–1650) aus der Folge der 258 Kupfer zur Heiligen Schrift, 1625–1627.

■ *Das Ende des Antiochus Epiphanus* (2. Makkabäer 9,1–29). Kupferstich von Matthäus Merian d. Ä. (1593–1650) aus »Flavius Josephus, Histoire des Juifs«. Amsterdam, 1700.

den mehr durch geschickte Bündnispolitik als durch militärische Aktionen zu erhalten. Doch auch er starb eines gewaltsamen Todes durch einen Widersacher des seleukidischen Königs Antiochus VI., mit dem er sich arrangiert hatte. Nach Jonathan übernahm sein Bruder Simeon von 142 bis 134 v. Chr. die Führung der Makkabäer und erreichte durch ausgeprägte politische Klugheit das Endziel des Aufstandes. Antiochus VII., der mittlerweile auf dem seleukidischen Thron saß, erkannte Simeon als Hohepriester, Heerführer und Ethnarchen der Juden an. Damit war deren politische Selbstständigkeit errungen und eine Periode des Friedens und Wohlstandes eingeleitet. Diese setzte sich auch unter Simeons Sohn Johanan Hyrkan I. fort, obgleich sein Vater Opfer eines Meuchelmordes wurde. Das Buch der Bücher hatte nun seinen zeitlosen Geschichtsmythos.

APOKRYPHE MAKKABÄERBÜCHER

In christlichen Bibelausgaben finden sich das erste und zweite Makkabäerbuch, die über die Geschichte der Dynastie berichten. Es gibt aber noch zwei weitere apokryphe Makkabäerbücher, das dritte und das vierte, die nicht in den Kanon aufgenommen wurden. Sie erzählen von der Verfolgung der Juden in Ägypten unter Ptolemäus IV. Philopator und ihrer wunderbaren Rettung sowie von dem Martyrium einer frommen jüdischen Familie unter Antiochus IV. Epiphanes. Die letztere Martyriumserzählung aus dem vierten Makkabäerbuch hatte einen erheblichen Einfluss auf die christliche Märtyrertheologie.

DIE MAKKABÄER

ÜBERLIEFERUNG

Quellen: »Die große Zeit, eine der größten der jüdischen Geschichte, hat hier eine würdige Schilderung gefunden; das Buch war wert, in die Bibel aufgenommen zu werden.« Soweit Martin Luther, der die ersten zwei Makkabäerbücher den alttestamentarischen Apokryphen zugeordnet hatte. Die Juden kannten und schätzten die Makkabäerbücher zwar, haben sie aber als nicht kanonisch eingestuft. Daher fanden sie in die hebräische Bibel keinen Eingang. Die katholische Kirche hat die ersten beiden Makkabäerbücher als inspiriert anerkannt und als deuterokanonisch klassifiziert. Inhaltlich bauen das erste und das zweite Makkabäerbuch nicht aufeinander auf, sondern laufen teilweise parallel. Beide Bücher sind unabhängig voneinander entstanden. Das erste Makkabäerbuch ist in der Schilderung der Ereignisse nachvollziehbarer und in der Regel historisch zuverlässiger. Sein unbekannter Autor war ein Jude aus Palästina, der um 110 v. Chr. sein Werk in hebräischer Sprache verfasste. Er konnte für seine Arbeit unter anderem aus einer syrischen Königschronik, einer gesonderten Mattathias-Überlieferung, mündlichen Erzählungen sowie hohepriesterlichen Jahrbüchern über Jonathan und Simeon schöpfen, denn die Makkabäer (oder Hasmonäer) amteten nicht nur als Volksfürsten, sondern gleichzeitig auch als Hohepriester. Aufgrund ihrer weltzugewandten politischen Tätigkeit handelten sie sich dadurch teilweise herbe Kritik vonseiten besonders glaubensstrenger jüdischer Zeitgenossen ein. Die theologische Motivation spielt für den Verfasser des ersten Makkabäerbuches offensichtlich eine entscheidende Rolle. Er steht ganz in der Tradition der biblischen Chronikbücher und will offensichtlich eine religiöse Geschichtsdeutung bieten. Kultische Fragen spielen für ihn eine entscheidende Rolle. Seine Bewunderung gilt den Helden des religiösen Freiheitskampfes, durch die das Judentum als Träger der göttlichen Offenbarung gerettet wird. Ähnlich liegt der Fall im zweiten Makkabäerbuch, dessen Erzählung zeitlich früher beginnt. Dafür endet sie aber noch vor dem Tod des Judas Makkabäus. Als Verfasser wird ein Jason von Kyrene angegeben. Der Inhalt stützt sich vermutlich ebenfalls auf eine syrische Chronik, Urkunden und mündliche Erzählungen, aber auch auf eine Judäas-Makkabäus-Überlieferung. Die chronistische Tradition wird in dieser Erzählung noch deutlicher, denn der Jerusalemer Tempel spielt eine weit gewichtigere Rolle als im ersten Makkabäerbuch.

EMPFEHLUNG

Lesenswert:

Die Bibel, Einheitsübersetzung, mit dem Kommentar der *Neuen Jerusalemer Bibel*. 1. Makkabäer, Kapitel 1, Vers 1 – 2. 1. Makkabäer, Kapitel 15, Vers 39, Freiburg im Breisgau 2000.

Deutsche Bibelgesellschaft (Hg.): *Die Bibel nach der Übersetzung Martin Luthers*, 1. Makkabäer, Kapitel 1, Vers 11 – 2. Makkabäer, Kapitel 15, Vers 39, Stuttgart 1999.

Kurt Galling (Hg.): *Die Religion in Geschichte und Gegenwart*, Band 4, Tübingen 1986.

Klaus Koch, Eckart Otto, Jürgen Roloff und Hans Schmoldt (Hg.): *Reclams Bibellexikon*, Seite 319 – 320, Stuttgart 2000.

Dr. Georg Herlitz und Bruno Kirschner (Hg.): *Jüdisches Lexikon*, Band 3, Frankfurt am Main 1987.

AUF DEN PUNKT GEBRACHT

Die Makkabäererzählung, die ganz ohne Wundersagen auskommt, hat für das Judentum einen zeitlosen Geschichtsmythos geschaffen und unterstreicht damit die Rolle der Bibel als Buch der Bücher.

DIE BÜCHER DES ALTEN TESTAMENTS

In diesem Buch wird stets nach der »Einheitsübersetzung« zitiert: Herausgegeben im Auftrag der Bischöfe Deutschlands, Österreichs, der Schweiz, des Bischofs von Luxemburg, des Bischofs von Lüttich, des Bischofs von Bozen-Brixen. Für die Psalmen und das Neue Testament auch im Auftrag des Rates der Evangelischen Kirche in Deutschland und des Evangelischen Bibelwerks in der Bundesrepublik Deutschland.

GESCHICHTSBÜCHER

Das erste Buch Mose (Genesis)

Das zweite Buch Mose (Exodus)

Das dritte Buch Mose (Levitikus)

Das vierte Buch Mose (Numeri)

Das fünfte Buch Mose (Deuteronomium)

Josuah

Richter

Ruth

1. Samuel

2. Samuel

1. Könige

2. Könige

1. Chronik

2. Chronik

Esra

Nehemia

Esther

PROPHETENBÜCHER

Jesaja

Jeremia

Die Klagelieder Jeremias

Hesekiel

Daniel

Hosea

Joel

Amos

Obadja

Jona

Micha

Nahum

Habakuk

Zephanja

Haggai

Sacharja

Maleachi

WEISHEITSBÜCHER

Hiob

Psalmen

Sprichwörter

Prediger (Kohelet)

Das Hohelied

APOKRYPHEN

Judith

Die Weisheit Salomos

Tobit

Jesus Sirach

Baruch

1. Makkabäer

2. Makkabäer

ABWEICHENDE NAMEN WICHTIGER BIBLISCHER GESTALTEN

Schreibweise aufgrund der griechischen Bibelübersetzungen	**An das Hebräische angelehnte Schreibweise**
Absolom	Abschalom
Ahasver(os) (=Xerxes)	Achaschwerosch
Belsazar	Belschazzar
Dalila(h)	Delila(h)
Elia(s)	Elija
Elisa	Elischa
Hesekiel	Ezechiel
Hiob, Job	Ijob
Hiskia	Hiskija
Hoseas	Hosea(h)
Isaias / Jesaias	Jesaja
Hieremias / Jeremias	Jeremia
Jonas	Jona(h)
Josia	Joschija
Malachias	Maleachi
Melchisedech	Melchisedek
Moses	Mose / Mosche
Nathan	Natan
Nabuchodonosor	Nebukadnez(z)ar
Noa	Noa(c)h
Potiphar	Potifar
Raphael	Rafael
Salomon	Salomo
Simson	Samson
Sulamit(h)	Schulammit
Tobit	Tobias
Uria(s)	Urija
Vasti	Waschti
Zedekia	Zidkija

PERSONENREGISTER

BILDNACHWEIS

Der Verlag dankt allen, die uns Bilder zur Verfügung gestellt haben, für die freundliche Genehmigung zum Abdruck.

AKG, Berlin: 4, 5, 12, 13 und U1, 14, 16, 17 und U1, 18, 20, 22 und Buchrücken, 23, 26, 30 unten, 31, 32, 35, 36, 37, 38, 42, 45 und U4, 48, 49, 52, 54, 55 und U4, 56, 57, 58, 62, 67, 70, 72, 73, 74, 76, 77, 80, 82, 84, 90, 93, 95, 96, 98, 100, 102, 104, 106, 112, 116, 118, 120, 121, 122, 123, 124, 126, 127, 128, 130, 131, 132, 136, 137, 140, 141, 144, 145, 148, 150, 151, 152, 153, 156, 158, 160, 161, 162, 164, 166, 170, 174, 178, 179, 180, 182, 185, 188, 189, 192, 193, 194, 195, 196, 199, 202, 203, 204, 206, 209, 210, 211, 215, 216, 217, 218, 220, 225, 226, 227, 228, 231, 235, 237, 238, 240, 241, 242, 245, 246, 247, 248, 250, 251, 252, 254, 255, 256, 260, 261, 262, 272 © AKG, Berlin / Orsi Battaglini: 30 oben, 83, 87 © AKG, Berlin / British Library: 111 © AKG, Berlin / Cameraphoto: 40, 46, 198, 222 © AKG, Berlin / S. Domingie: 208, 244 und U4 © AKG, Berlin/Werner Forman: 154 © AKG, Berlin/Erich Lessing: 3 unten, 7 und U1, 24 und U1, 27 und U1, 41, 61, 63, 64, 68, 78, 79, 86, 88, 89, 110, 113, 114, 157, 168, 171, 200, 205, 221, 230, 234, 258 © AKG, Berlin / Joseph Martin: 117, 224 © AKG, Berlin/Gilles Mermet: 44 © AKG, Berlin / Jean-Louis Nou: 176, 190 © AKG, Berlin / Schütze / Rodemann: 232 © AKG, Berlin / Visioars: 181 © Jauch und Scheikowski: 1, 3 oben, 4, 5, 6, 21, 28, 34, 51 und U4, 60 und U4, 69 und U1, 92, 99, 101, 105, 107, 108, 134, 135, 138, 142, 147, 165, 172, 184, 186, 212, 236, 259, 264–265

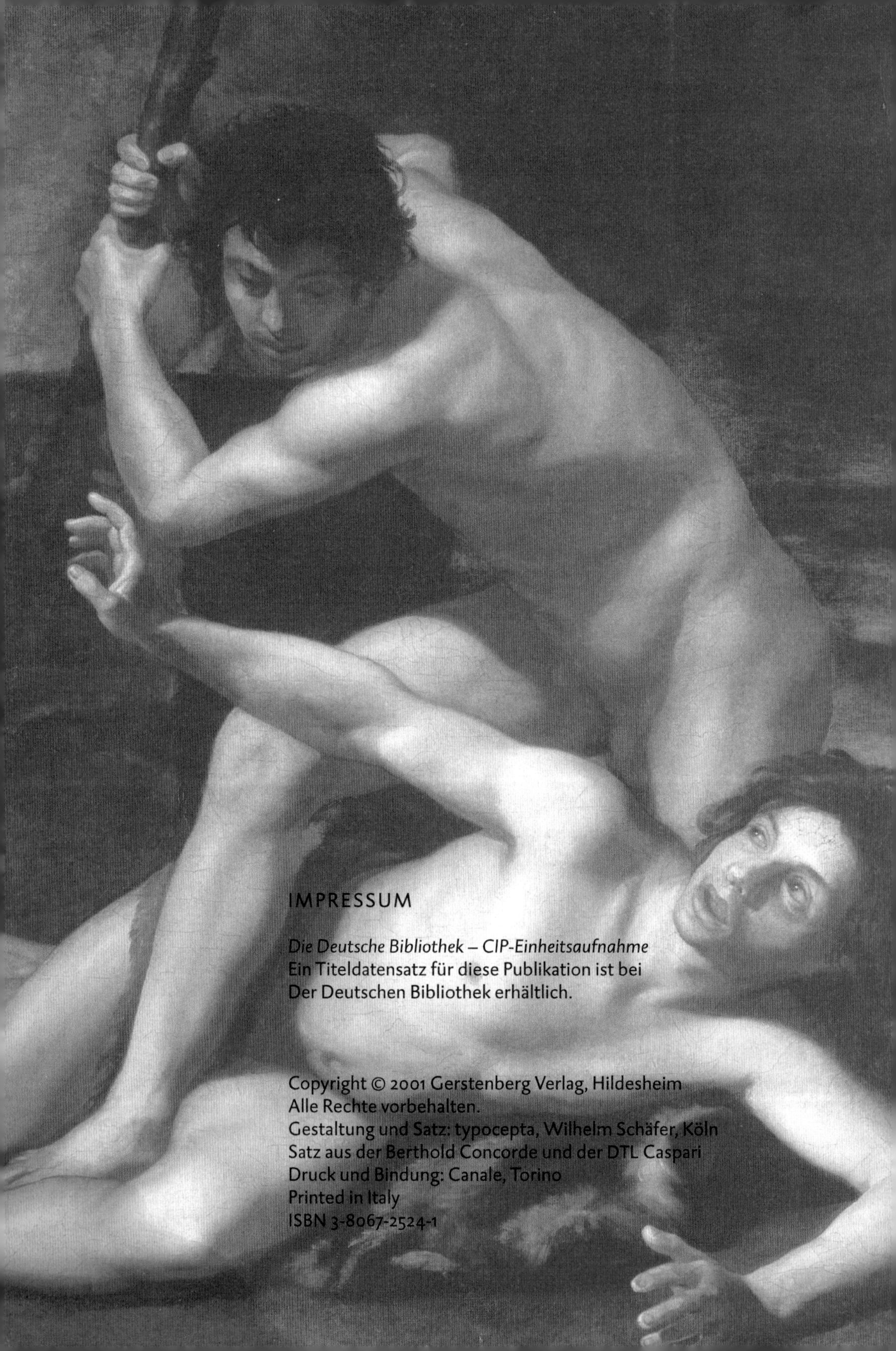

IMPRESSUM

Die Deutsche Bibliothek – CIP-Einheitsaufnahme
Ein Titeldatensatz für diese Publikation ist bei
Der Deutschen Bibliothek erhältlich.

Gestaltung und Satz: typocepta, Wilhelm Schäfer, Köln
Satz aus der Berthold Concorde und der DTL Caspari
Druck und Bindung: Canale, Torino
Printed in Italy
ISBN 3-8067-2524-1